PETER BURSCH'S

Gitarrenbuch

Online: Audio & Video

MIT BEKANNTEN SONGBEISPIELEN AUS:

POP · FOLK · ROCK · BLUES

Voggenreiter

Ich danke allen, die liebevoll an diesem Buch mitgearbeitet haben. Ganz besonders meiner Frau Marita für ihre Ideen, Texte und ihre Korrekturarbeiten, Frank Bruno Napierala für die tollen Griff- und technischen Fotos, dem City Sound Studio von Michael Strohm für das exakte Mastern der Audiotracks, den Gitarrenherstellern und Firmen die mich schon seit vielen Jahren unterstützen wie z. B. Martin und Sigma, Gibson und Fender, Fame und Düsenberg, Ibanez und Gretsch, Epiphone und Korg, Boss und Nobels, Engl, Marshall und Boogie, Shadow und Elixir. Ein besonderer Dank geht an Bernd Stolle für die Ovation Gitarre (S. 166).
Ein großes Dankeschön gilt natürlich auch Franco Parisi und seinen Opposition Studios für die tollen Film-Aufnahmen.
Zusätzlich möchte ich mich noch für die Hilfe und nette Unterstützung bei den Mitarbeitern des Voggenreiter Verlags bedanken.

Ich widme dieses Buch dem leider viel zu früh verstorbenen Dr. Ernst Voggenreiter und auch meiner viel zu früh verstorbenen Tochter Sita.

Fotos: Frank Bruno Napierala Fotodesign, Duisburg (Griffbilder und Haltung)
Fender® Musical Instruments GmbH (105 rechts)
Musik Meyer GmbH/Marshall (S. 108 unten links)
Lakewood (S. 175)
Yamaha (S. 109 oben)
Nobles, Dank an Sandy (S. 109 unten)
picture alliance/Photoshot (S. 11), picture alliance/AP Photo/Howard Lipin (S. 16), picture alliance/dpa/Mario Ruiz (S. 44), picture alliance / NurPhoto/ Manuel Nauta (S. 58), picture alliance/Klaus Rose (S. 75), picture alliance/dpa/Katerina Sulova (S. 76), picture alliance/Pixsell/Davor Visnjic (S. 80), picture-alliance/dpa/Roger Williams (S. 94), picture alliance/dpa/Jeon Heon-Kyun (S. 115), picture alliance/dpa/Felix Hörhager (S. 125), picture-alliance/dpa/ Jörg Carstensen (S. 153)

Satz & Layout: B & O
Covergestaltung: OZ, Essen (Katrin & Christian Brackmann) unter Verwendung einer Illustration von Justo Garcia Pulido

Wittfelder Stich 1, 53343 Wachtberg/Germany
www.voggenreiter.de
Telefon: 0228.93 575-0

Auflage 2025

ISBN: 978-3-8024-0208-1

VORWORT

VIDEO 1

Vor kurzem spielte ich mit meiner Band auf einem großen Rock-Festival. Kurz vor unserem Auftritt kamen einige Gitarristen von den anderen Bands zu mir und sagten, wenn ich nicht gewesen wäre, dann würden sie heute hier nicht auf der Bühne stehen. Sie haben nach meinen Gitarrenbüchern gelernt. Das ist natürlich ein großes Kompliment. Es hat ihnen vor allem riesigen Spaß gemacht danach zu lernen – und das soll bei dir genauso sein.
Wichtig ist, dass du mit diesem Buch so locker wie möglich den Einstieg schaffst. Alles andere kommt wie von selbst. Deswegen erkläre ich dir alles ohne Noten, nur nach Griffbildern und Tabulaturen. Der Vorteil ist, dass du direkt auf deiner Gitarre siehst, wo und was du greifen und spielen sollst.
Alle paar Jahre überarbeite ich dieses Buch. Die Neuauflage beinhaltet nicht nur neue aktuelle Songs, sondern einen didaktisch von Null an gleichmäßigeren Lernaufbau. Ich habe in den letzten Jahren durch meine vielen Workshops und Seminare sowie die vielen Zuschriften eine Menge dazugelernt. Ich kann die Fragezeichen in den Köpfen der Teilnehmer jetzt noch viel besser erkennen und darauf eingehen. Somit ist gerade der vermeintlich schwierige Einstieg noch kinderleichter geworden, mit vielen ergänzenden Tipps und Tricks und es geht noch gleichmäßiger vorwärts. Nach einigen Minuten kannst du schon den ersten Song spielen. Es ist wichtig dich zu begeistern und schrittweise von Erfolgserlebnis zu Erfolgserlebnis zu führen. Dabei steigert sich stetig dein Spaß am Spielen.
Damit du alles mit Leichtigkeit lernst, gibt es zu jeder Übung mehrere populäre Liedbeispiele, z. B. von *Bob Dylan*, *Metallica*, *Scorpions*, *Die Toten Hosen* oder aus der internationalen Folkmusik und dem Blues. Zusätzlich findest du in den einzelnen Kapiteln viele spaßige Anmerkungen und Quizfragen.
Mit diesem Buch kann also jeder das Gitarrenspiel erlernen – ob alleine, mit Freund oder Freundin, in Gruppen, Musikschulen oder mit seinem Gitarrenlehrer.
Dieses Buch besteht aus drei Teilen und einem umfangreichen Anhang:

- Im 1. Teil lernst du das Stimmen, die ersten Griffe und einfache Anschlagtechniken.
- Im 2. Teil zeige ich dir leichte Zupftechniken, das Melodie- und Solospiel, wie du mit dem Plektrum umgehst sowie Hammering- und Barré-Techniken.
- Im 3. Teil erkläre ich dir den Blues, einfache Rock-Spieltechniken, einiges über die E-Gitarre, Verstärker und Effektgeräte, neue Zupfsysteme bis hin zum Picking und wie du dir bekannte Lieder selbst heraushören kannst.

Im Anhang findest du alle Liedtexte mit allen Griffen, Grifftabellen, viele Tipps zu deiner Gitarre, zu den Saiten und ihrer Pflege, Hinweise für Linkshänder und vieles mehr.
Zusätzlich gibt es zu diesem Buch Audiotracks. Hier habe ich dir alle Übungen und Beispiele so aufgenommen, dass du direkt mitspielen kannst.
Damit dir das noch mehr Spaß macht, habe ich noch Videos für dich aufgenommen. Hier kannst du genau sehen, was ich dir alles erkläre und vorspiele. Es ist fast so, als käme ich zu dir ins Wohnzimmer. Lege sie sofort ein und spiele direkt mit, wann immer du willst. Dein Lerntempo bestimmst du allein.
Zum Schluss danke ich noch meinen Lesern und Gitarrenschülern für die vielen Tipps und Hinweise.
Ich wünsche dir viel Spaß!

Dein Peter Bursch

Alle Videos aus diesem Buch kannst du auf dem **YouTube-Kanal „Voggenreiter Verlag"** anschauen. Wenn du den QR-Code links mit einem Handy oder Tablet scannst, gelangst du direkt zu meiner Playlist bei YouTube.
Außerdem findest du einen QR-Code zu jedem einzelnen Film an der entsprechenden Stelle im Buch.

Du kannst dir die Audiotracks zu diesem Buch (im MP3-Format) ganz einfach auf dein Smartphone, dein Tablet oder deinen Computer laden. Scanne dafür einfach den QR-Code rechts und entpacke die heruntergeladene Datei mit einem Doppelklick.

INHALT

1. TEIL 7

2. TEIL 55

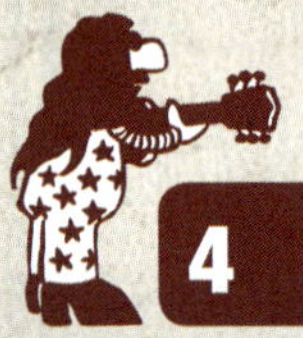

3. TEIL 93

ANHANG 133

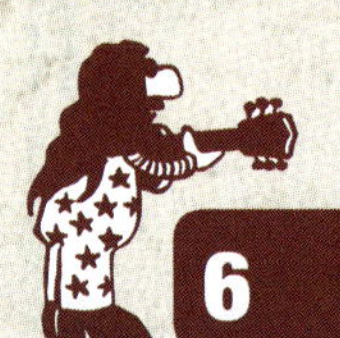

1. TEIL

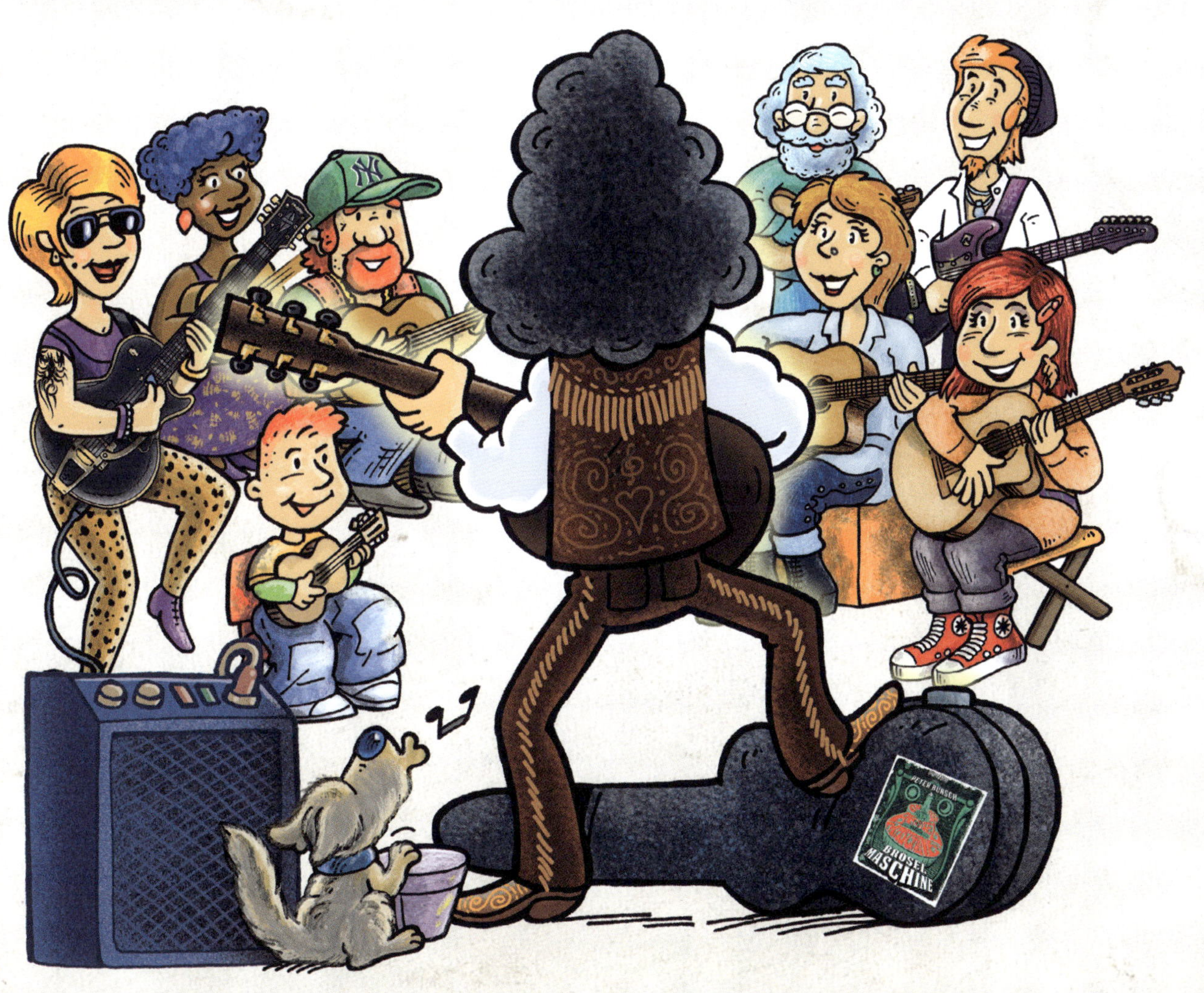

VORBEMERKUNG

Im 1. Teil erkläre ich dir in unkomplizierter Weise den Einstieg ins Gitarrenspiel ohne Noten, nur nach Gehör, Gefühl und Rhythmus.
Du lernst zuerst einige Grundbegriffe:

Wie halte ich meine Gitarre?
Wie stimme ich die Saiten?
Wie spiele ich die ersten Griffe?

Dabei zeige ich dir einfache Anschlagtechniken und zu jedem Griff populäre Liedbeispiele.
Ein stures Einpauken der Technik wird dich nicht weit bringen. Du sollst einfach Spaß am Spielen haben.
Die Liedbeispiele, die ich für dich ausgesucht habe, beziehen sich auf die Musik, die du jeden Tag hörst, z. B. aus der Rock- und Pop-Musik, aus der internationalen Folklore und dem Blues.

Mit anderen Worten:
Du brauchst also von nix 'ne Ahnung zu haben,
leg einfach los!

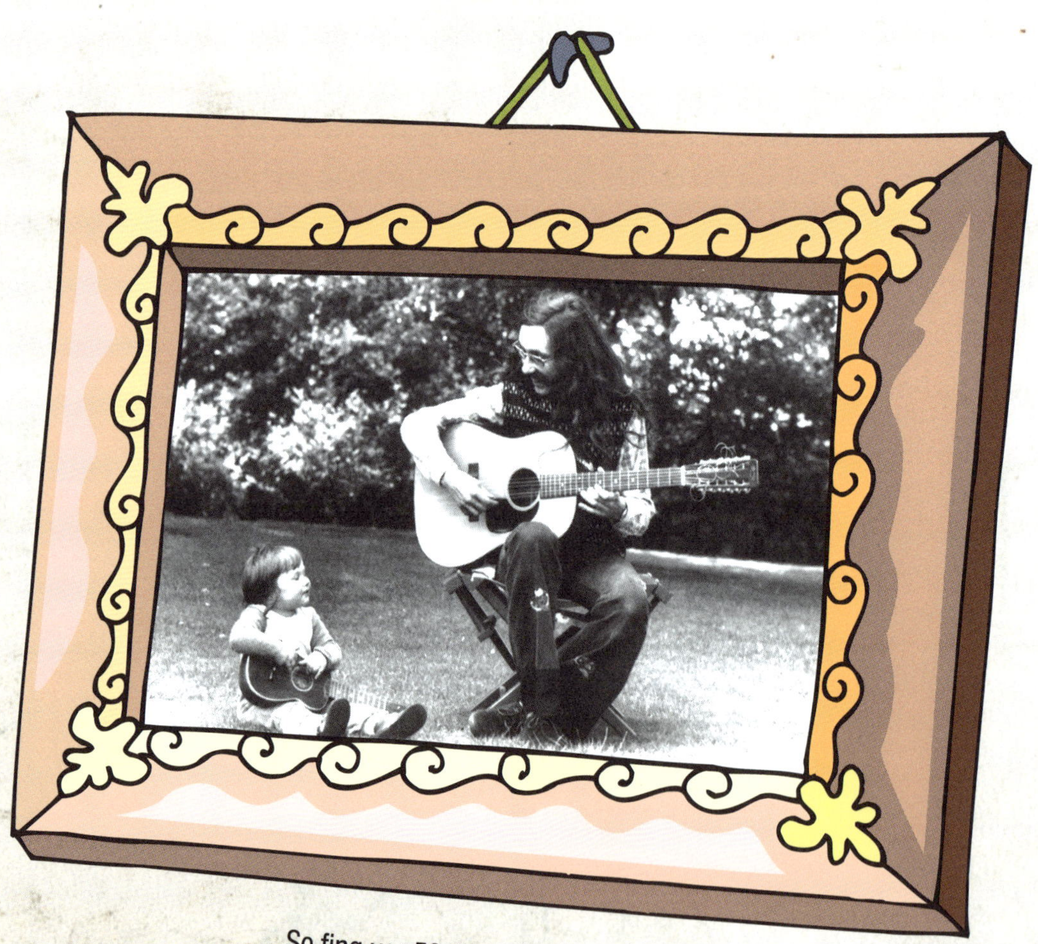

So fing vor 50 Jahren alles an.
Wir wünschen dir viel Spaß.

1. EINIGES ZUM GITARRENKAUF

Du startest am Anfang mit einer gut spielbaren **Konzertgitarre**. Die hat **Kunststoffsaiten** und ist am leichtesten zu spielen. Du siehst hier ein Foto mit allen wichtigen Bezeichnungen.

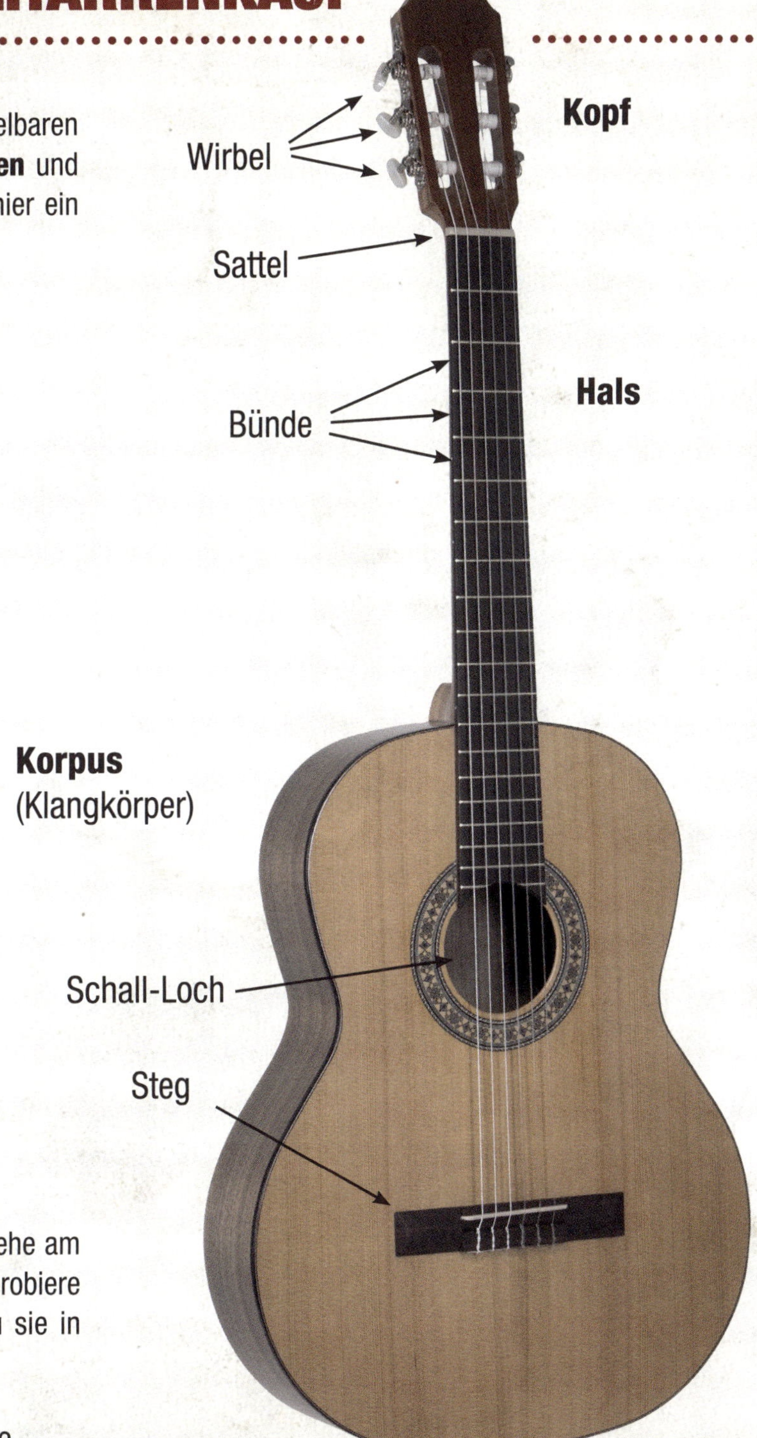

Wenn du noch keine Gitarre hast, dann gehe am besten in ein gutes Musikgeschäft und probiere mehrere Gitarren aus. Dabei nimmst du sie in die Hand und kontrollierst Folgendes:

- Ist der **Hals** beim Greifen nicht zu dick?
- Ist der **Abstand** zwischen den Saiten und dem Griffbrett nicht zu groß?
- Lassen sich die **Wirbel** leicht drehen?
- Ist der **Hals** gerade?
- Stimmt die **Oktave**?
- Bekommst du eine Garantie, falls einmal an deinem Instrument etwas dran ist?

Viele dieser Begriffe wirst du noch nicht kennen. Lass dich deshalb beim Gitarrenkauf von einem Fachmann beraten oder nimm, wenn möglich, deinen **Gitarrenlehrer** mit. Es kann auch dein **Freund** oder deine **Freundin** sein, der oder die schon etwas spielen kann.

Lass dir am besten mehrere Gitarren zeigen und vergleiche sie. Wenn du nicht so gut Bescheid weißt, dann soll dir der Verkäufer alle wichtigen Dinge, die ich oben aufgeführt habe erklären, oder lies im 3. Teil den Abschnitt *Die ideale Gitarre für dich* durch.

Du kannst auch mit einer E-Gitarre (elektrische Gitarre) starten. Allerdings brauchst du dafür auch ein Gitarrenkabel und einen Verstärker. Die wichtigsten Infos zum Thema E-Gitarre findest du auf Seite 105ff.

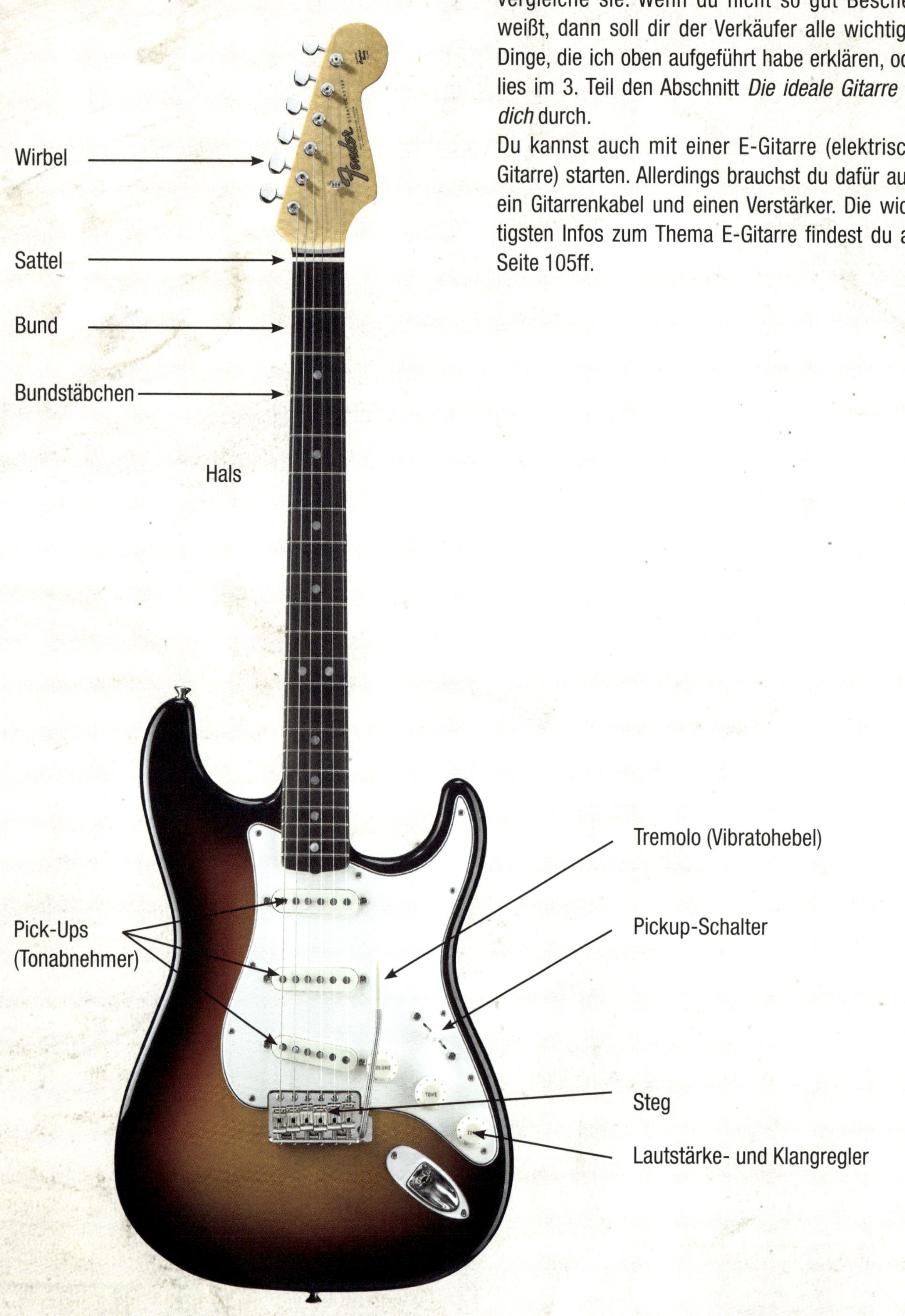

Benutze am Anfang **keine Hilfsmittel** zum **Anschlagen** der Saiten. Spiele erst alles direkt mit den **Fingern der rechten Hand**. Dann entwickelt sich dein Gefühl für das Anschlagen der einzelnen Saiten umso schneller. Alles andere kommt später wie von selbst!

Noch etwas: Wenn du deine Gitarre zum Unterricht und zu Freunden oder im Urlaub mitnehmen willst, dann besorge dir eine **Tragetasche** (Gig-Bag) oder einen **Koffer**. Dazu mehr im Anhang dieses Buches.

Tipp!

Hänge dein gutes Instrument auf keinen Fall direkt an die Wand. Die Temperatur der Wand ist meist geringer als die deines Instrumentes. Das Holz könnte sich dadurch verziehen. Benutze lieber einen Gitarrenständer. Wenn du dafür keinen Platz hast und deine Gitarre unbedingt an die Wand hängen willst, dann besorge dir einen Wandhalter, bei dem die Gitarre mindestens 10 cm von der Wand entfernt hängt.

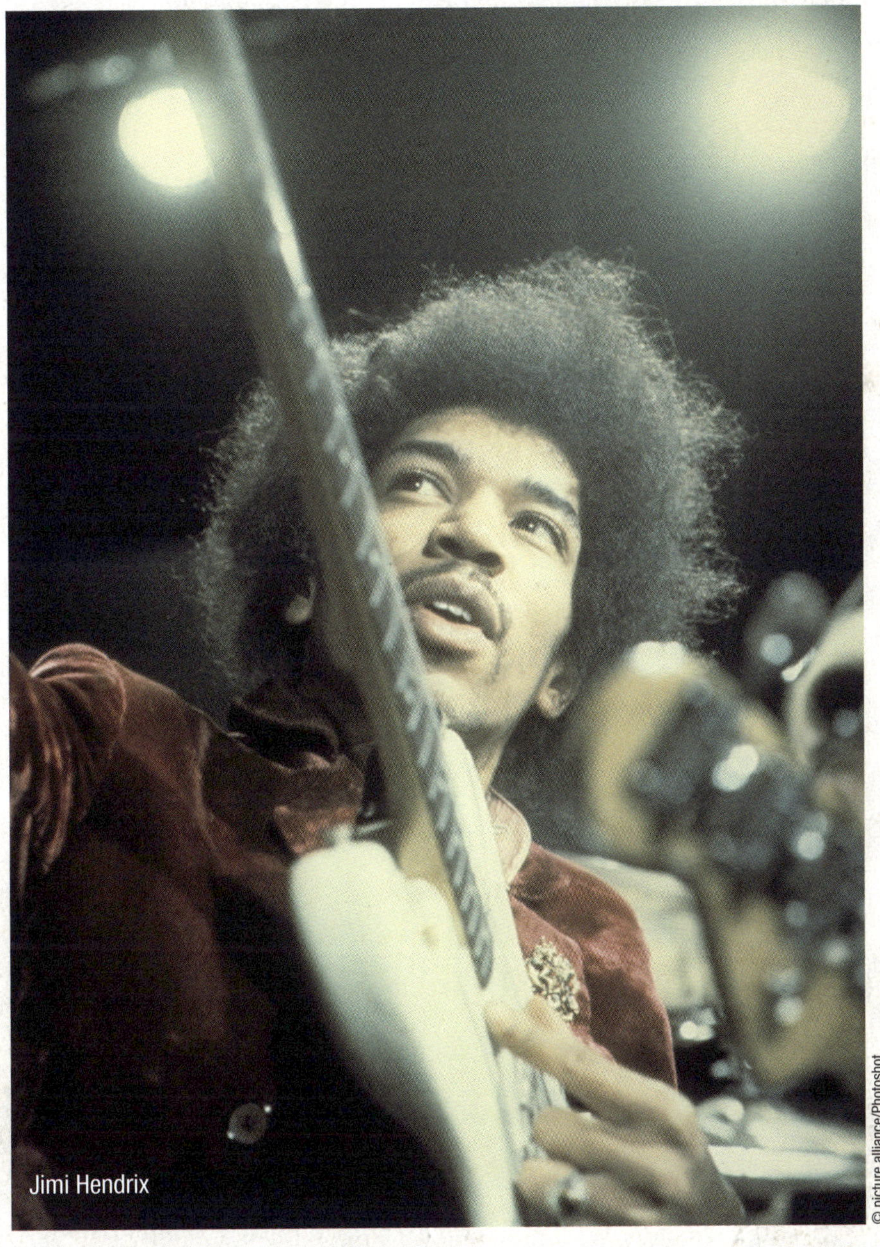

Jimi Hendrix

2. WIE WIRD DIE GITARRE GEHALTEN?

Suche dir einen Stuhl ohne Armlehne. Setze dich entspannt hin und nimm die Gitarre so, dass die untere Ausbuchtung des Gitarrenkörpers genau auf deinem rechten Oberschenkel liegt. Dein rechter Ellbogen liegt an der Deckenkante und drückt die Gitarre leicht gegen deine Brust. Jetzt hältst du den rechten Arm so, dass du mit den Fingern die Saiten über dem Schallloch berühren und anschlagen kannst.
Die linke Hand hält die Gitarre nicht, sondern muss vollkommen frei auf dem Griffbrett greifen können.
Wenn du **Linkshänder** bist, brauchst du eine spezielle Linkshändergitarre. Halte sie so, dass der Kopf nach rechts zeigt. Dann legst du die Einbuchtung deiner Gitarre natürlich auf dein linkes Bein und schlägst die Saiten mit den Fingern der linken Hand an. Weitere Tipps für Linkshänder findest du im Anhang dieses Buches.
Schaue dir die beiden Fotos genau an. Hier zeige ich dir, wie ich auf meiner Konzertgitarre spiele.

Dabei ist die dicke Saite oben und die dünne Saite unten.

VIDEO 2

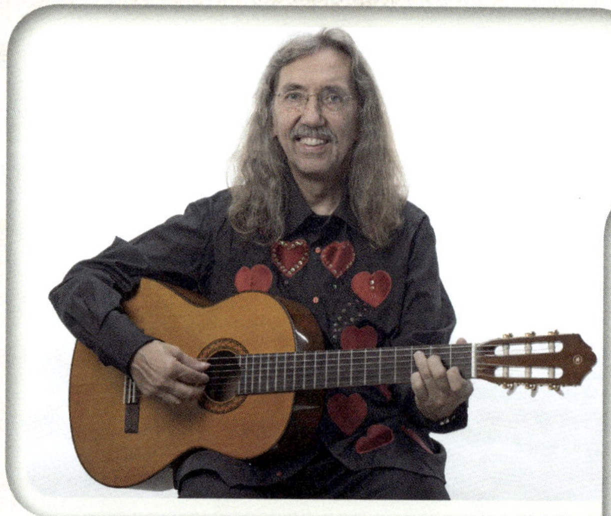

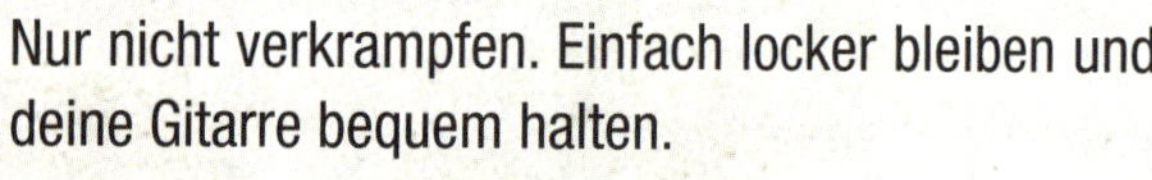

Nur nicht verkrampfen. Einfach locker bleiben und deine Gitarre bequem halten.

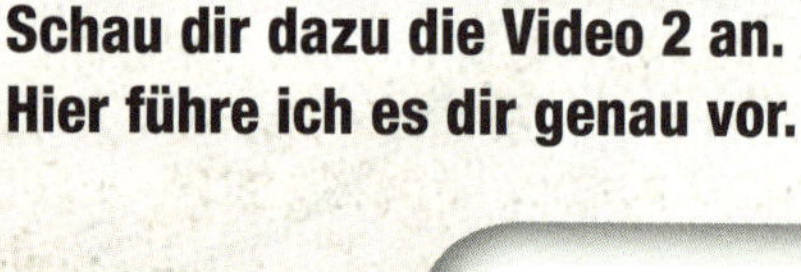

Schau dir dazu die Video 2 an.
Hier führe ich es dir genau vor.

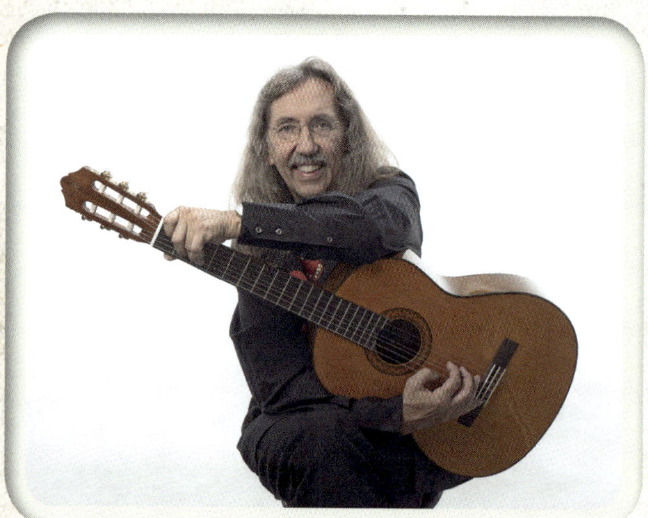

So besser nicht ...

Falls du mit einer **E-Gitarre** starten willst, dann kann es passieren, dass die Fingerkuppen beim Greifen etwas weh tun. Die E-Gitarre hat **Stahlsaiten** die etwas kräftiger zu greifen sind. Achte darauf, dass du besonders weiche Saiten benutzt. Dann kannst du die Saiten leichter runterdrücken.

Die **Konzertgitarre** hat dagegen **Kunststoffsaiten**, die sehr leicht zu greifen sind. Deswegen beginnen die meisten Gitarristen mit einer Konzertgitarre.
Es gibt natürlich noch andere Möglichkeiten, wie z. B. im Stehen spielen. Dafür brauchst du einen Gitarrengurt. Dadurch hast du die Möglichkeit, dich beim Spielen besser zu bewegen. Dann kannst du aber nicht so leicht in diesem Gitarrenbuch lesen oder dir die DVD anschauen.

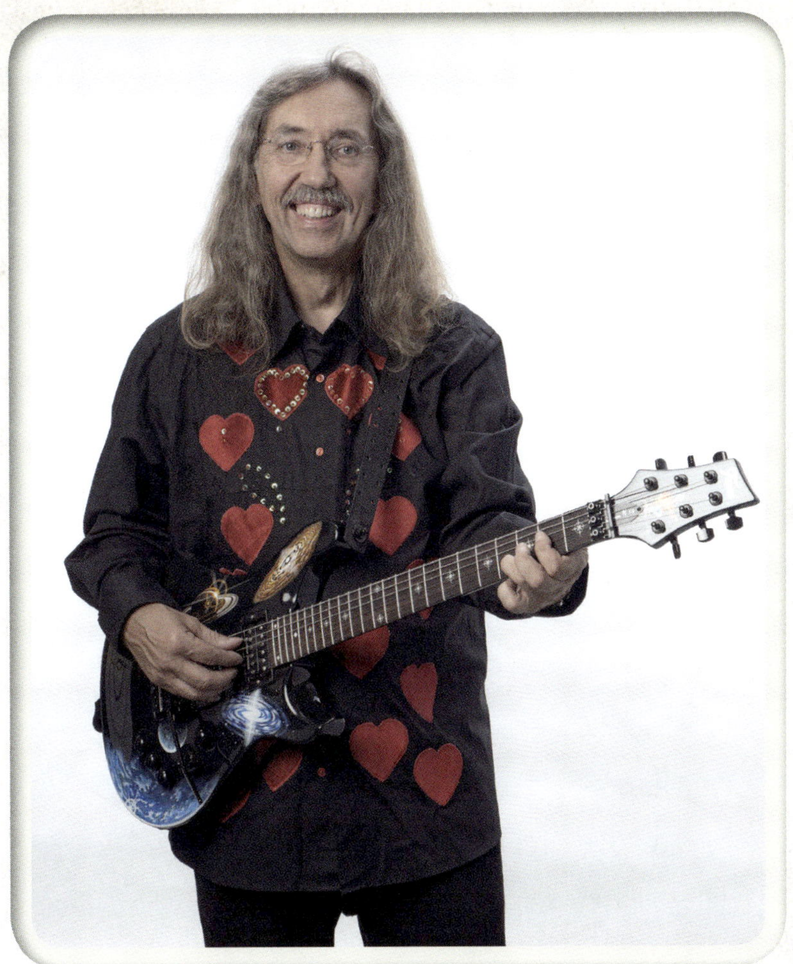

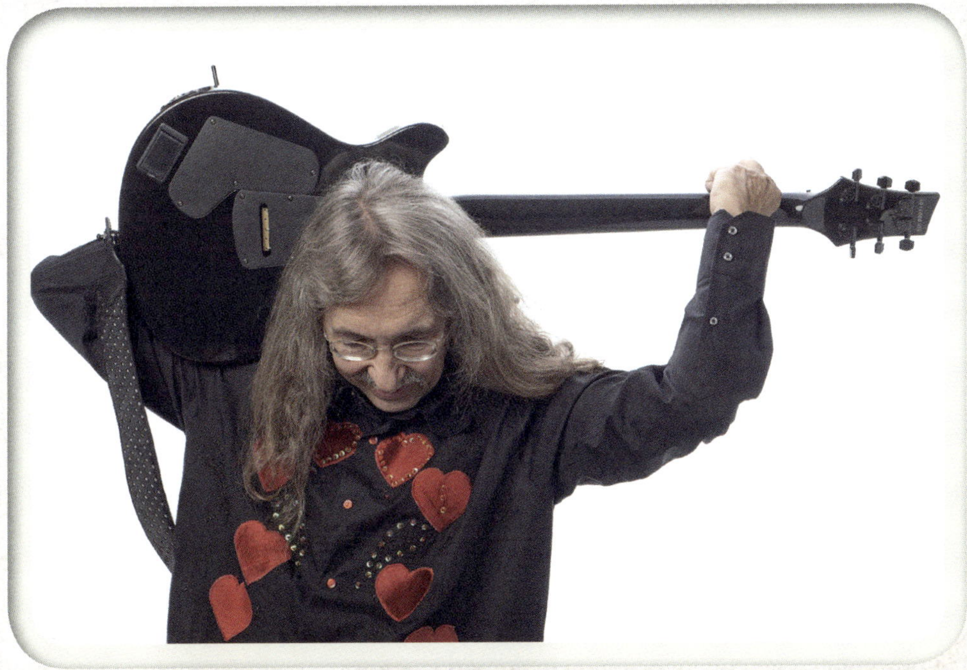

Ein berühmter Gitarrist, der leider schon vor vielen Jahren gestorben ist, spielte seine Gitarre als Showeffekt ab und zu hinter dem Kopf. Heute machen das einige Gitarristen als Erinnerung an ihn.
Wie hieß dieser berühmte Gitarrist?
(Lösung im Anhang)

Trotz allem fängt fast jeder so an, wie ich es oben beschrieben habe.

3. DAS STIMMEN DER SAITEN

Alles was ich hier erkläre, kannst du dir auch in den YouTube-Videos genau anschauen!

VIDEO 3

Deine Gitarre hat sechs Saiten. Die Bezeichnungen dafür sind:

E in — im Ton die tiefste Saite (dickste)
A nfänger
D er
G itarre
h at
e nergie — im Ton die höchste Saite (dünnste)

Dieser Spruch soll dir helfen, die Bezeichnungen der einzelnen Saiten **nicht mehr zu vergessen**. Die sollst du nämlich auswendig lernen. Es gibt noch eine Menge anderer Sprüche, wie z. B.:

Ein **A**bsoluter **D**raufgänger **G**reift **h**art **e**in.

Eine **A**lte **D**ame **G**ing **h**eringe **e**ssen.

Eine **A**lte **D**eutsche **G**itarre **h**ält **e**wig.

Du kannst dir auch selbst einen gigantischen Spruch ausdenken. Wenn du eine gute Idee hast, dann schreibe mir (meine Adresse findest du im Schlusswort).
Wie du siehst, gibt es **zwei Saiten** mit der gleichen Bezeichnung **E**. Damit du sie auseinanderhalten kannst, habe ich die **1. Saite (dickste)** mit einem großen **E**, und die **6. Saite (dünnste)** mit einem kleinen **e** bezeichnet.

2

Höre dir jetzt den **Audiotrack 2** an.
Als **erstes** hörst du den Ton meiner **dicken E-Saite** und vergleichst ihn mit der **dicksten Saite (obersten Saite)** auf **deiner Gitarre**. Wenn die beiden Töne übereinstimmen, dann kannst du direkt alle Saiten deiner Gitarre mit meinen vergleichen. Wenn nicht, dann machst du folgendes:

Du schlägst die dicke E-Saite an und drehst an dem **Wirbel**, an dem die Saite aufgezogen ist (s. Foto), nach **links oder rechts**. Dabei wird die Saite **strammer oder schlaffer**; der Ton **höher oder tiefer**. Das machst du so lange, bis **beide Töne übereinstimmen**.

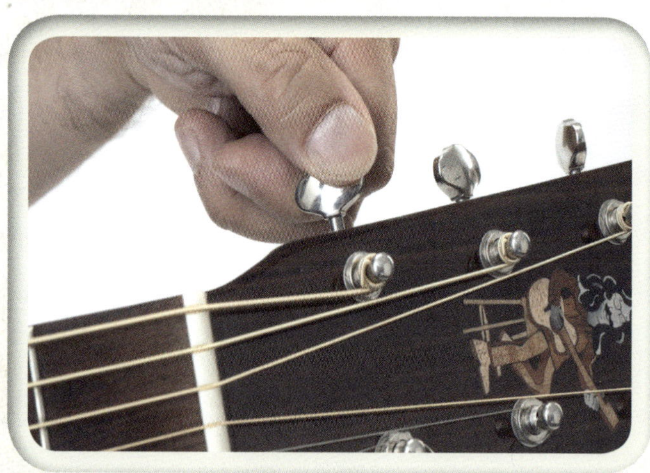

Die Schwierigkeit wird für dich sein, herauszufinden, ob dein E zu tief oder zu hoch gestimmt ist. Du solltest also deine E-Saite immer mit meinem Original-E auf der Audiotrack vergleichen. Das wird dir am Anfang noch schwer fallen.
Dafür gibt es ein Stimmgerät!

Das klemmst du an den Kopf deiner Gitarre wie auf diesem Foto:

Jetzt schlägst du die dicke E-Saite an und schaust auf dein Stimmgerät. Wenn der Zeiger zu weit nach links ausschlägt, dann ist die Saite zu tief gestimmt. Jetzt musst du den Wirbel der dicken E-Saite von dir weg drehen. Die Saite wird dadurch strammer und der Ton höher. Das machst du so lange bis der Zeiger genau in der Mitte ist. Jetzt ist die E-Saite richtig gestimmt.
Falls der Zeiger nach rechts ausschlägt, dann ist die Saite zu hoch gestimmt. Jetzt drehst du den Wirbel der E-Saite zu dir hin und der Ton wird tiefer usw.
Das machst du jetzt mit jeder Saite.

Damit du siehst, an welchem Wirbel welche Saite aufgezogen ist, schaue dir folgende Fotos an:

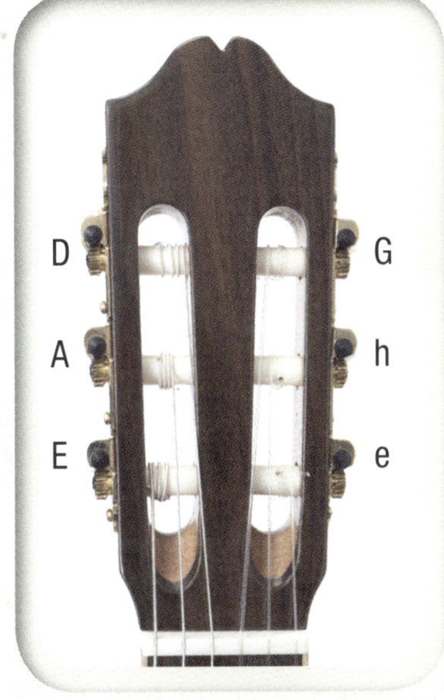

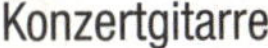
Konzertgitarre

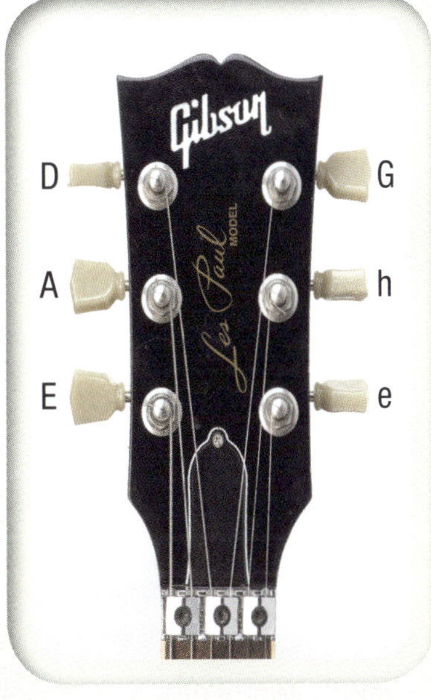

Akustik- oder E-Gitarre

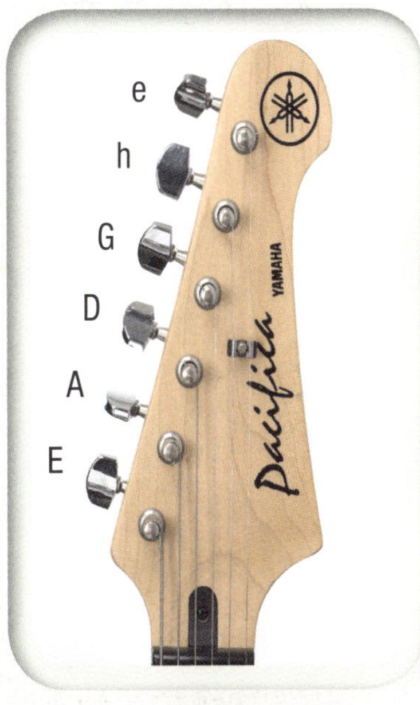

E-Gitarre

Tipp!

Auf dem Stimmgerät findest du allerdings kein H. Nur in deutschsprachigen Ländern gibt es den Ton H. In fast allen anderen Ländern der Welt wird dafür ein B verwendet. Man nimmt an, dass diese Veränderung im Mittelalter durch einen Schreibfehler entstanden ist.
Da die Stimmgeräte weltweit verkauft werden, hat man sich auf das mittlerweile internationale B verständigt. Auch im Internet findet man vor allem auf den englischen Seiten kein H sondern ein B!

Beim **Audiotrack 2** spiele ich dir jede Saite mehrmals vor. Vergleiche nun deine Saiten mit meinen. Die müssten jetzt gleich klingen. Wenn nicht, dann wiederhole noch mal den ganzen Stimmvorgang mit deinem Stimmgerät.

Beachte: Auch wenn du noch so gut spielen kannst: Wenn deine Gitarre nicht stimmt, dann klingt alles fürchterlich.

3

Du kannst es dir auch auf im **Video 3** sehr genau anschauen.

Näheres zu den richtigen Saiten und was du tun kannst damit sie möglichst lange halten, findest du im Anhang dieses Buches.
Auch das Stimmen der Saiten nach Gehör habe ich dir sehr ausführlich im Anhang erklärt.

Tipp!

Hier sind noch zwei Tipps zur Arbeit mit diesem Buch:

Falls dein Player die Möglichkeit hat bestimmte Passagen automatisch zu wiederholen (z. B. Repeat-Funktion), dann programmiere den Anfang und das Ende des entsprechenden Audiotracks ein. Das gilt natürlich auch für kleinere Ausschnitte des jeweiligen Beispiels. Desto leichter kannst du danach üben.

Egal ob du auf einer Klassik-, Akustik- oder einer E-Gitarre spielst. Alle Spieltechniken in diesem Buch kannst du auf jeder Gitarre spielen! Entscheide selbst.

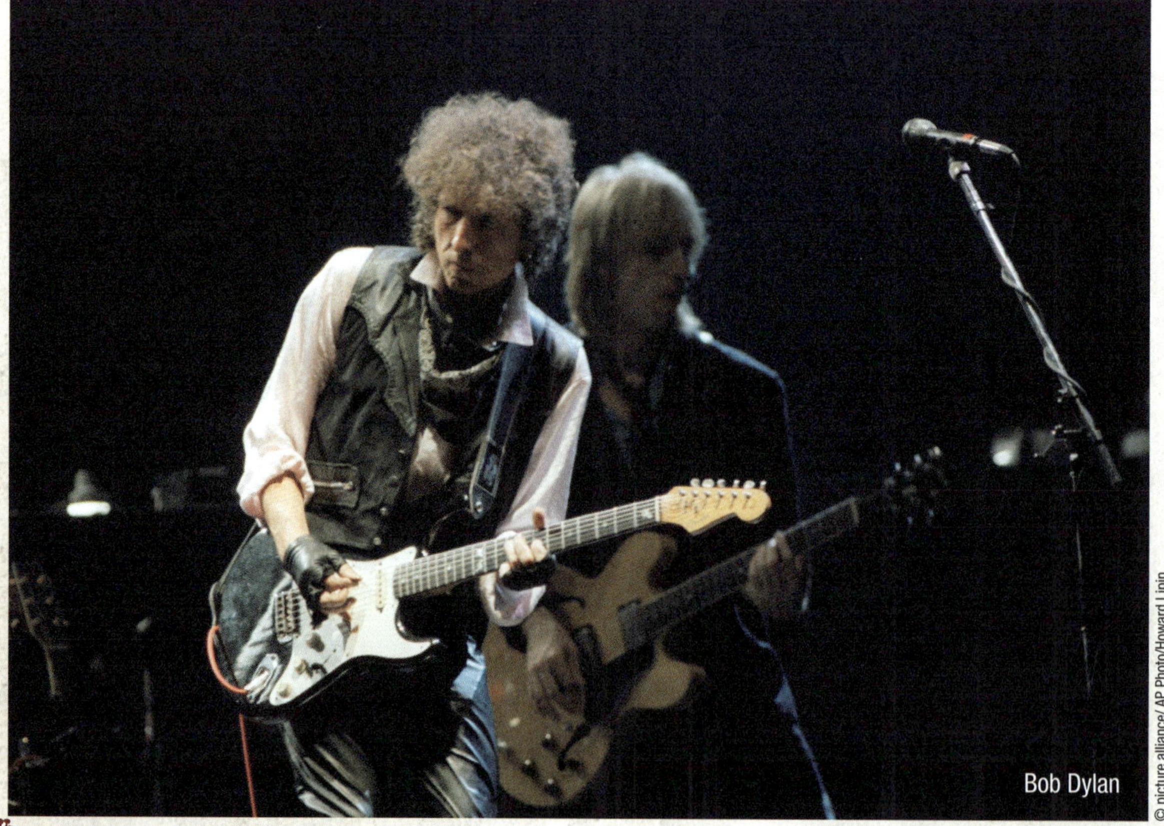
Bob Dylan

4. DIE ERSTEN GRIFFE

Ich zeige dir zuerst **den leichtesten Griff der Welt**. Das ist der einfache **G-Griff**.
Damit du weißt, wo du mit welchem Finger greifen sollst, habe ich dir hier die **Bezeichnungen der Finger der linken Hand** aufgeschrieben.

Linke Hand (Greifhand)

1 = Zeigefinger
2 = Mittelfinger
3 = Ringfinger
4 = kleiner Finger

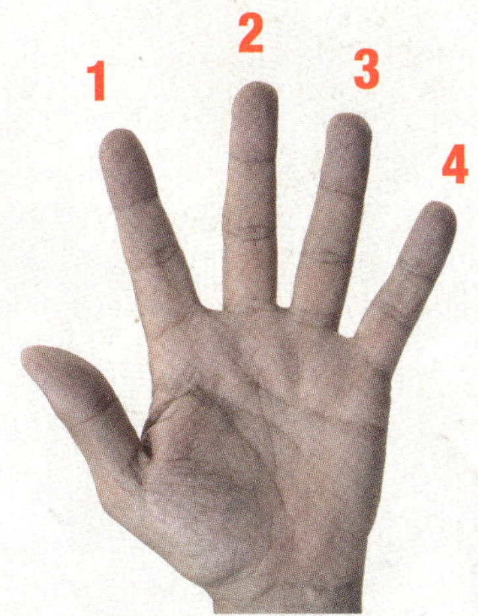

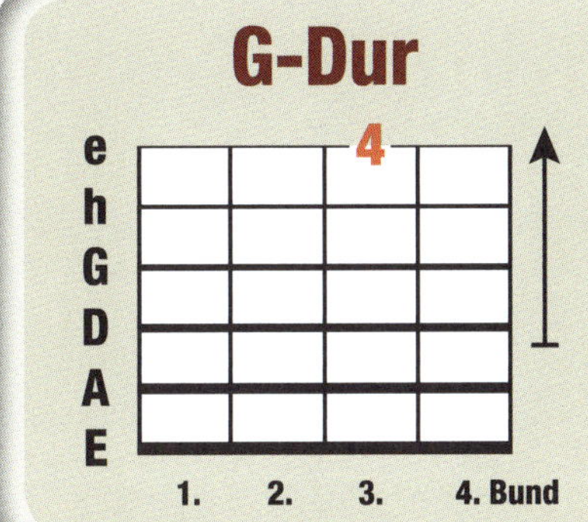

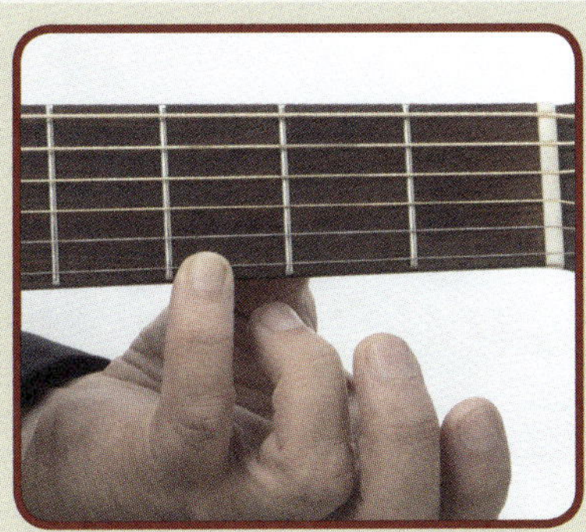

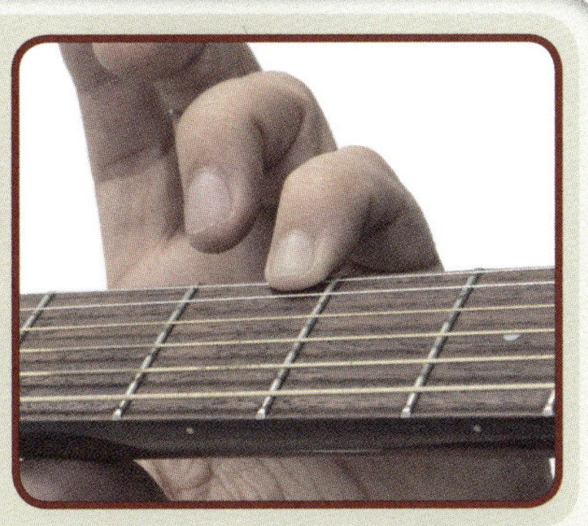

Der einfache G-Griff

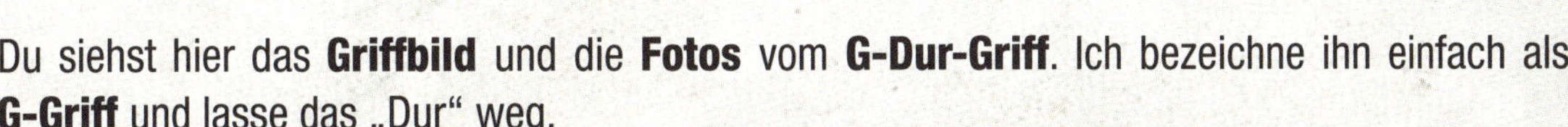

Du siehst hier das **Griffbild** und die **Fotos** vom **G-Dur-Griff**. Ich bezeichne ihn einfach als **G-Griff** und lasse das „Dur" weg.

- Die **senkrechten Linien** sind die **Bundstäbchen**. Die Zwischenräume zwischen diesen Metallstäbchen heißen Bünde; ein Zwischenraum heißt ein Bund. Früher gab es noch keine Metallstäbchen. Da wurden die Bünde mit einer Schnur oder Darm von Hand gebunden. Daher kommt der Begriff **Bund**.
- **Die waagerechten Linien sind die Saiten.**
- Die **dicke E-Saite** ist in der Zeichnung **unten** und die **dünne e-Saite** oben.
- **Links vor den sechs Linien** siehst du die **Bezeichnungen der einzelnen Saiten**.
- **Auf den Saiten** siehst du die **Nummerierung der einzelnen Finger**. Dadurch weißt du, in welchem Bund du mit welchem Finger greifen sollst.
- Der **Pfeil** rechts neben dem Griffbild zeigt dir, welche Saiten angeschlagen werden.

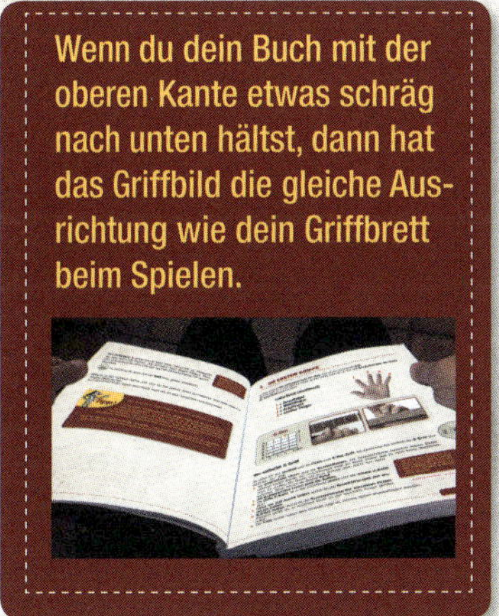

Mit dem **kleinen Finger (4)** der **linken Hand** greifst du nun kräftig in den **3. Bund** der dünnen **e-Saite** und schlägst mit dem rechten Daumen **die vier dünnsten Saiten**, von der D-Saite zur dünnen e-Saite hin, an.
Ich sage dazu von **oben nach unten**, weil du beim Spielen die dickeren Saiten oben hast und die dünneren unten (s. Pfeil rechts neben dem Griffbild).
Achte darauf, dass der Daumen auf der anderen Seite des Griffbrettes kräftig gegendrückt, wie bei einer Zange (s. Foto)

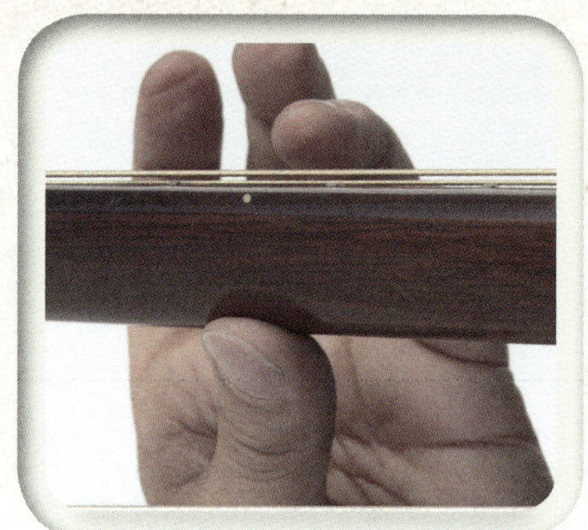

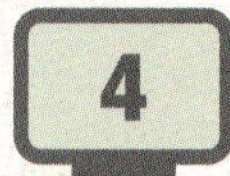

Schaue es dir auch **Video 4** an. Hier zeige ich dir, wie du am Anfang auch mit jedem anderen Finger den G-Griff greifen kannst.

Es wäre gut, wenn du an der linken Hand **kurze Fingernägel** hast. Dann kannst du besser greifen.

Wenn die Saiten **schnarren**, kann das mehrere Gründe haben.

- Entweder greifst du in der Mitte zwischen den Bünden (richtig ist, die Finger unmittelbar vor dem Bundstäbchen des nächsten Bundes aufzusetzen, vergleiche mit dem Foto),
- oder du drückst die e-Saite nicht fest genug auf das Griffbrett.
- Es könnte auch sein, dass du mit den Fingern der linken Hand andere Saiten berührst,
- oder dass die Gitarre Mängel hat (Saiten zu nah am Hals, Wirbel locker, krummer Hals usw.).

Die meisten Mängel an deiner Gitarre kannst du von einem Fachmann reparieren lassen. Schaue dir auch auf dem Foto an, wie ich mit dem **Daumen** die **untersten vier Saiten** anschlage.

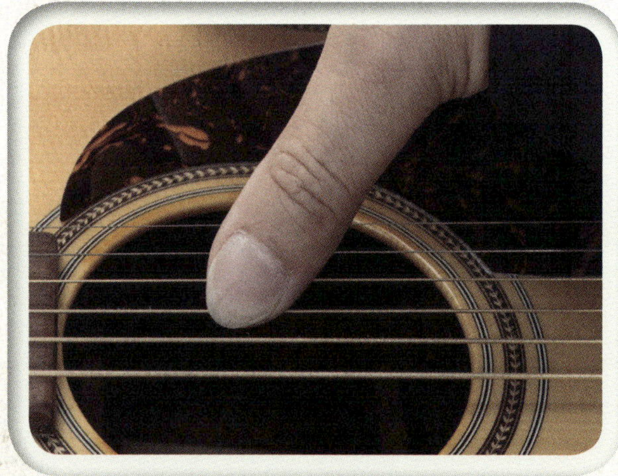
vor dem Anschlag

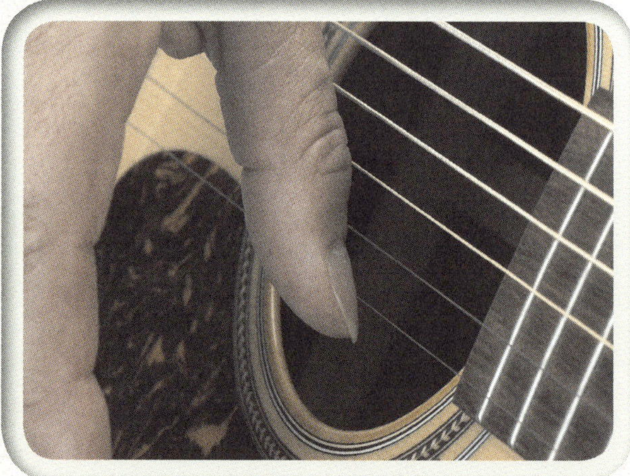
nach dem Anschlag

Wenn dir das Greifen mit dem kleinen Finger anfangs nicht so gut gelingt, dann kannst du auch jeden anderen Finger nehmen. Der G-Griff muss nur gut klingen.
Mit dem kleinen Finger greifst du in jedem Fall, wenn du später beim kompletten G-Griff die Bass-Saiten dazu greifst.

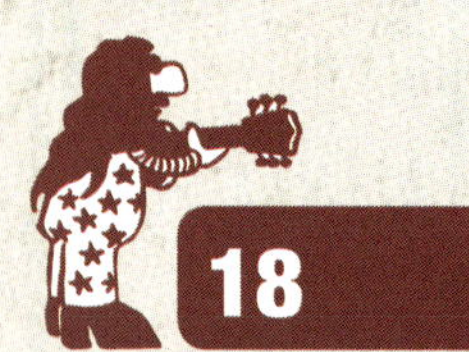

Mit diesem G-Griff kannst du schon dein erstes Lied spielen und das geht so:
Du schlägst langsam und gleichmäßig den G-Griff an, wie ich es schon beschrieben habe. Jetzt hörst du dir den Anfang vom **Audiotrack 3** an und spielst sofort den G-Griff mit. Achte darauf, dass du die untersten vier Saiten rhythmisch gleichmäßig anschlägst. Du spielst direkt mit mir zusammen. Dein G-Griff sollte also genauso klingen wie mein G-Griff im Audiotrack.

Wenn nicht, dann kann folgendes passiert sein:

- Du greifst nicht an der richtigen Stelle. Achte darauf, dass du mit dem kleinen Finger im dritten Bund auf der dünnsten Saite greifst, kurz vor dem Bundstäbchen.
- Du greifst nicht feste genug und die dünnste Saite schnarrt. Also kräftig draufdrücken. Das kann am Anfang ein bisschen weh tun. Mit der Zeit wird die Haut der Fingerkuppen kräftiger und unempfindlicher.
- Es klingt total anders, auch wenn du alles richtig gemacht hast?
  Dann sind die Saiten nicht richtig gestimmt. Nimm dein Stimmgerät und stimme alle Saiten noch mal nach.

Beachte!
Einige meiner Gitarrenschüler befürchteten, dass ihre Finger bald so aussehen wir ihre Füße – wegen der Hornhaut. Keine Angst, du bekommst keine dicke Hornhaut. Schau dir die Fotos von meiner Greifhand an. Ich spiele schon über 50 Jahre Gitarre und meine Finger sehen noch immer schön schlank aus.

Wenn das alles nicht der Fall ist, dann kommt der große Moment: Du spielst jetzt den G-Griff mit mir zusammen. Und du singst einfach mit mir, was ich dir beim **Audiotrack 3** vorsinge. Der Text geht so:

Die Musik ist wunderbar

3

1. Keine Frage, das ist klar
Die Musik ist wunderbar

2. Coole Musik den ganzen Tag
Mit viel Spaß, wie ich's mag

3. Gleichgesinnte überall
Deutlich in der Überzahl

4. Ich schreib einen großen Hit
Dieses Jahr spiel ich hier mit

5. Ich krieg nicht genug davon
Autogramme geb' ich schon

6. Für mich geht der Vorhang auf
Ich bin super lässig drauf

7. Lampenfieber kenn ich nicht
Bin ein Star im Rampenlicht

8. Auf die Bühne ist mein Ziel
Fehlt nur das Gitarrenspiel.

> In meinem Kinder-Gitarrenbuch zeige ich dir mit dem einfachen G-Griff die Lieder *Laterne, Laterne* und *Gitarre, Gitarre*.

Höre dir also den ersten Song beim **Audiotrack 3** genau an und spiele und singe einfach mit.

Bei diesem Track hörst du die Gitarre und den Gesang auf getrennten Kanälen. Du kannst dir also mit dem Balance-Regler deiner Stereo-Anlage die Gitarre oder den Gesang lauter oder leiser drehen. Damit hast du die Möglichkeit, wenn du gut spielen kannst, die Gitarre ganz wegzudrehen und dann ganz alleine dazu zu spielen. Falls du die Beispiele mit dem Kopfhöhrer hörst, dann schiebe die entsprechende Ohrmuschel etwas nach hinten.
Falls dein Abspielgerät bestimmte Passagen automatisch wiederholen kann, dann programmiere den Anfang und das Ende des jeweiligen Tracks ein. Das gilt natürlich auch für kleinere Ausschnitte des jeweiligen Beispiels. Damit kannst du dann leicht üben.

Wenn der erste Griff gut klingt, dann versuche direkt den zweiten Griff:

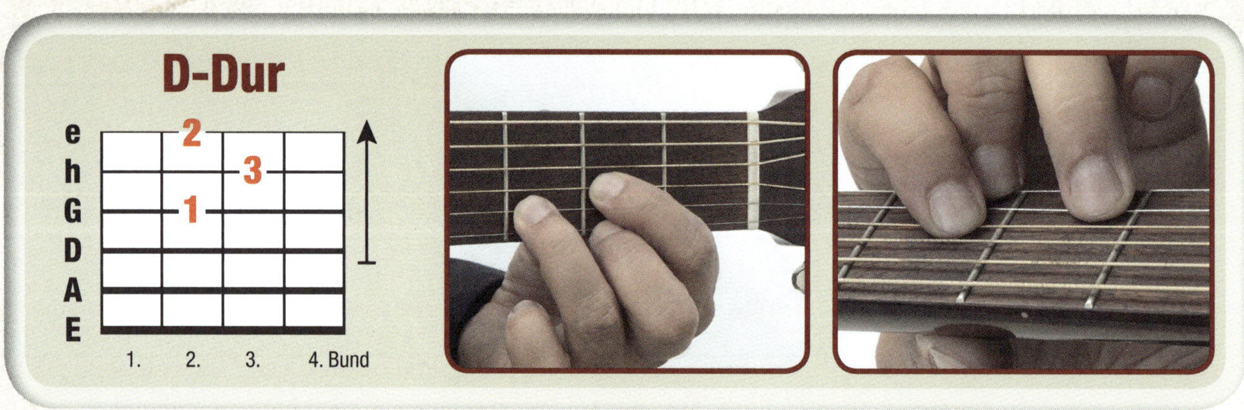

Du musst jetzt mit **drei Fingern** greifen.

- Der **erste Finger** ist der Zeigefinger (1). Den setzt du auf die G-Saite in den 2. Bund.
- Der **zweite Finger** ist der Mittelfinger (2). Auch diesen setzt du in den zweiten Bund, allerdings auf die dünne e-Saite.
- Der **dritte Finger** ist der Ringfinger (3). Den setzt du auf die h-Saite in den dritten Bund.

1	**Zeigefinger**	**2. Bund**	**G-Saite**
2	**Mittelfinger**	**2. Bund**	**e-Saite**
3	**Ringfinger**	**3. Bund**	**h-Saite**

Achte darauf, dass du immer kurz vor dem jeweiligen Bundstäbchen greifst und der Daumen auf der Rückseite des Griffbrettes kräftig gegendrückt. Denke an die Zange!
Wenn alle Finger an der richtigen Stelle sind, dann schlägst du nur die **vier untersten (dünnsten) Saiten** von **oben nach unten** an. Das sollte jetzt so klingen wie am Anfang des **Audiotracks 4**.
Wenn nicht, dann überprüfe die **Stellung der einzelnen Finger beim Greifen der Saiten**.
Vielleicht berührst du z. B. mit dem Ringfinger (3), der die h-Saite im 3. Bund greift, die dünne e-Saite, oder du drückst nicht kräftig genug auf die Saiten. Schau dir folgende Fotos an.

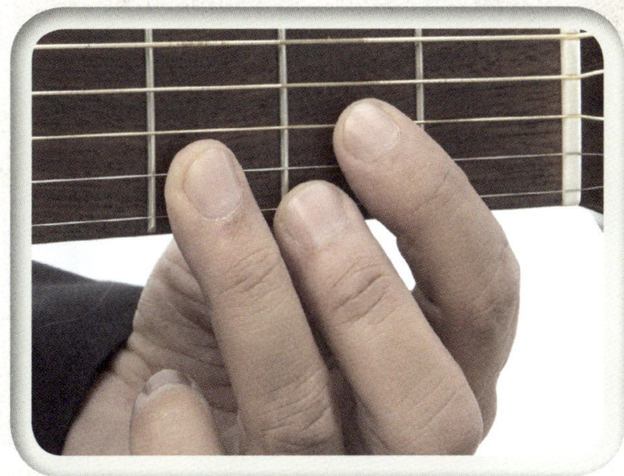

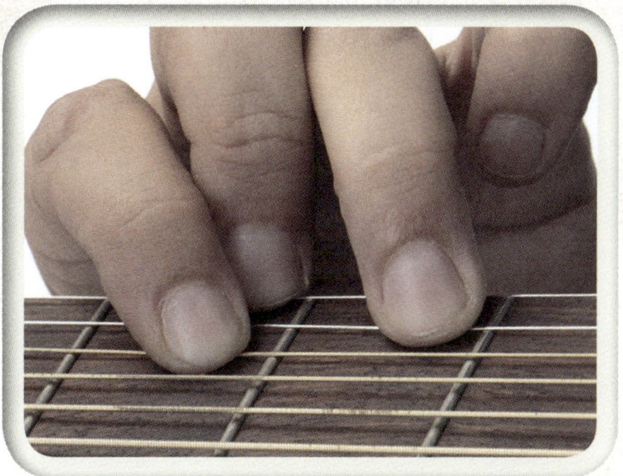

Auf dem linken Foto drücke ich den Ringfinger ganz flach auf die h-Saite im 3. Bund. Dadurch berühre ich die dünne e-Saite, die dann beim Anschlagen nicht klingen kann.
Beim rechten Foto knicke ich den Ringfinger so ein, dass ich die h-Saite möglichst senkrecht runterdrücke und die dünne e-Saite nicht berühre. So greifst du richtig. Denke an den Daumen. Der drückt immer von hinten gegen das Griffbrett.

Versuche den D-Griff genauso zu greifen, wie auf dem rechten Foto! Schaue dir auch das Video an. Hier spiele ich dir den D-Griff vor – auch mit allen möglichen Fehlern!

VIDEO 5

Jetzt spielst du deinen D-Griff noch mal an. Er klingt nun genauso wie beim **Audiotrack 4**.

Ich habe für dich auch ein D-Lied aufgenommen. Hier ist der Text:

Ich liebe den D-Griff

Ich will und ich kann
Ich fang heute an
Ich greif zur Gitarre
Auch wenn ich noch schnarre
Ich kann nicht aufhören
Lass mich nicht stören
Viel Spaß und abrocken
Es haut mich aus den Socken
Ich liebe den D-Griff (4x)

Text und Musik: Marita und Peter Bursch

Als nächstes übst du das **Wechseln der beiden Griffe**.

- Du startest mit dem **G-Griff**. Den spielst du **viermal** an.
- Jetzt greifst du so schnell wie möglich den **D-Griff** und spielst ihn auch **viermal** an.
- Dann wechselst du wieder zum **G-Griff** und spielst ihn wieder **viermal** an.

Der Trick dabei ist, dass du beim Wechseln der Griffe **keine rhythmischen Pausen** machst. Also immer rhythmisch gleichmäßig weiterspielen, auch wenn noch nicht alle Finger an der richtigen Stelle sind. Fange ganz langsam an, damit du genügend Zeit hast, die Finger an die richtigen Stellen zu setzen.

Im Video zeige ich dir, wie ich die Griffe ganz langsam spiele. Hier erkläre ich dir auch alle möglichen Fehler.

VIDEO 6

Höre dir dazu den **Audiotrack 5** an und versuche direkt mitzuspielen. Hier spiele ich dir den G- und den D-Griff jeweils viermal vor. Das machst du so oft, bis du beide Griffe im Schlaf spielen kannst. Ich fange dabei sehr langsam an und werde von Mal zu Mal etwas schneller. Achte immer darauf, dass du nur die untersten vier Saiten anschlägst und beim Wechseln keine rhythmischen Pausen machst!

Damit das noch mehr Spaß macht, versuche damit folgendes Lied, das durch *Peter Maffay* bekannt geworden ist. Er covert hier den Song *Tulsa time* von *Eric Clapton*. Der deutsche Text ist von dem bekannten Schauspieler *Volker Lechtenbrink*.

Leben so wie ich es mag

6

G
R. Leben so wie ich es mag,
D
Leben spüren Tag für Tag.
Das heißt immer wieder fragen,
Das heißt wagen, nicht nur klagen.
G
Leben so wie ich es mag.

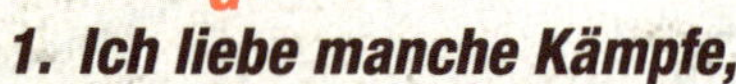

G
1. Ich liebe manche Kämpfe,
Lieber Kampf als all die Krämpfe,
D
Davon kriegt man ein Geschwür.
Und ich hasse Leisetreter,
Und auch Obrigkeitsanbeter,
G
Sie können alle was dafür.

G
2. Und auch ich lieb Diskussionen
Über Dinge die sich lohnen,
D
Lass mich gern überzeugen.
Doch so laschen Argumenten
So wie Sicherheit und Renten,
G
Will ich mich nun mal nicht beugen.

Über dem Text stehen an bestimmten Stellen die **Griffe**. Du fängst also mit dem **G-Griff** an, schlägst rhythmisch gleichmäßig die untersten vier Saiten an und spielst ihn so lange, bis der **D-Griff** kommt. Den spielst du dann auch wieder solange, bis der **G-Griff** kommt usw.
Spiele also zum **Audiotrack 6** einfach mit. Ich spiele dir das Lied so langsam wie möglich vor.

Wenn du die Griffe gut wechseln kannst, dann **singe** die **Melodie** mit. Das dürfte nicht zu schwer sein. Falls du die Melodie nicht so gut kennst, dann höre sie dir mehrmals an und singe immer wieder mit.
Wenn du den **Anfangston** beim Singen noch nicht so schnell findest, dann schlage die D-Saite an. Das ist der Anfangston der Melodie.

Ich spiele am Anfang den G-Griff viermal gleichmäßig und langsam vor, dann beginne ich mit der Melodie. Wenn ich dann zur Textstelle *Tag* komme, wechsele ich zum D-Griff. Diesen D-Griff spiele ich rhythmisch gleichmäßig weiter bis zu *mag*. Hier wechsele ich wieder zum G-Griff. So einfach ist das.
Spiele zum **Audiotrack 6** so oft mit, bis das Wechseln gut klappt und du das Lied locker spielen kannst. Wie gesagt, mache **keine Pausen** bei den Griffwechseln! Fange lieber so langsam wie möglich an.!

Es folgt nun die **3. Strophe**. Ich habe dir hier zur besonderen Übung **nicht** die **Griffe** drübergeschrieben. Das darfst du nun anhand der Melodie selbst machen. Dadurch lernst du mit der Zeit selbstständig Lieder zu begleiten, von denen du nur die Melodie kennst.
Nimm also die Gitarre und probiere zur **Melodie** nach **deinem Gefühl** verschiedene Griffe aus. Wenn du meinst, dass es so richtig ist, dann schreibe sie mit einem Bleistift über den Text der 3. Strophe. Vergleiche mit der Lösung im Anhang des Buches und verbessere die Griffe, falls es nötig ist.

Hier also die **3. Strophe ohne Griffangaben**:

3. Und ich hass die Selbstgerechten,

Diese echten Schlechten,

Die ihre Kinder heut noch hau'n.

Dafür liebe ich die Raren,

Die sich ihren Stolz bewahren,

Denen kann man noch vertrau'n.

Im Anhang findest du alle Strophen. Hier kannst du *Leben so wie ich es mag* komplett spielen!

Wenn das Wechseln der Griffe gut klappt, dann kannst du sogar direkt mit Peter Maffay zusammenspielen.
Du findest den Song bei YouTube unter: „Peter Maffay - Leben so wie ich es mag 1982". Viel Spaß!

Ich zeige dir jetzt den dritten Griff:

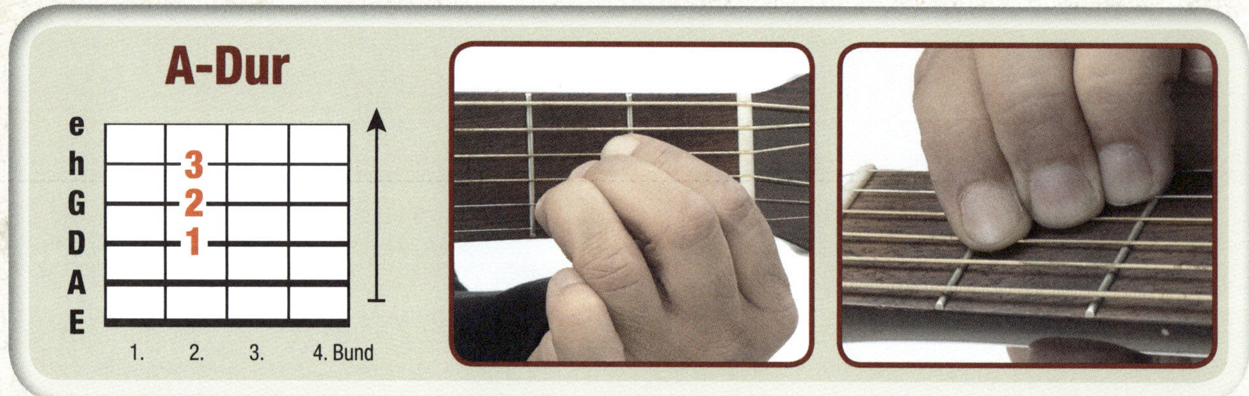

- Du lässt die beiden dicksten Saiten E und A frei.
- Greife mit dem **Zeigefinger (1)** in den **2. Bund der D-Saite**.
- Dann greifst du mit dem **Mittelfinger (2)** in den **2. Bund der G-Saite** und
- mit dem **Ringfinger (3)** in den **2. Bund der h-Saite**.

Also, alle **drei Finger** greifen **nebeneinander** im **2. Bund**, von der D- bis zur h-Saite.

1	**Zeigefinger**	**2. Bund**	**D-Saite**
2	**Mittelfinger**	**2. Bund**	**G-Saite**
3	**Ringfinger**	**2. Bund**	**h-Saite**

7

Du kannst bei diesem Griff **alle** Saiten anschlagen! Aber am besten klingt er, wenn du die Saiten ab der A-Saite nach unten hin anschlägst.

Höre dir den **A-Griff** beim **Audiotrack 7** genau an. Wenn dein A-Griff genauso klingt, dann machst du alles richtig. Wenn allerdings eine Saite schnarrt, dann hat dein Finger zuwenig Druck ausgeübt oder du hast die Finger nicht an die richtigen Stellen gesetzt.

Etwas Übung erfordert der Griff mit dem **Zeigefinger (1)** auf der **D-Saite**. Der Zeigefinger rutscht hier etwas nach hinten, da du ja mit allen drei Fingern nebeneinander greifst. Deswegen ist es wichtig, diesen Finger besonders kräftig auf die Saite und das Griffbrett zu drücken. Sonst schnarrt diese Saite. Vergleiche nochmal mit den **Fotos** und mit dem **Video**.

Jetzt übst du den Wechsel mit dem D-Griff. Du spielst also den A-Griff viermal an und dann den D-Griff viermal und wieder den A-Griff und wieder von vorne. Fange ganz langsam an, bis du beide Griffe auswendig greifen und ohne rhythmische Pause wechseln kannst.
Vergleiche mit dem **Audiotrack 7** und dem **Video** und spiele direkt mit.

Damit das nicht zu langweilig wird, haben die berühmten *Beatles* einen Song aufgenommen, den du mit diesen Griffen spielen kannst. Es ist einer ihrer erfolgreichsten Rock'n'Roll-Songs und heißt:

Get back

A
1. *Jojo was a man who thought he was a loner,*

D A
But he knew it couldn't last.

Jojo left his home in Tuscon, Arizona,

D A
For some California grass.

A
R. *Get back, get back,*

D A
Get back to where you once belonged.

A
Get back, get back,

D A
Get back to where you once belonged.

Du fängst also mit dem **A-Griff** an und spielst ihn rhythmisch gleichmäßig bis zur zweiten Zeile. Hier wechselst du bei *but* zum **D-Griff** und spielst ihn bis zum Ende der Zeile. Bei *last* wechselst du zum **A-Griff** usw. Spiele am Anfang den A-Griff viermal an und starte dann mit der Melodie. Den **Anfangston** findest auf der **D-Saite im 2. Bund**. Höre dir dazu den **Audiotrack 8** an und spiele direkt mit.

Hier wieder die nächste Strophe ohne Griffe:

2. *Sweet Loretta Martin thought she was a woman,*

But she was another man.

All the girls around her say she's got it coming,

But she gets it while she can.

Den ersten Griff kann ich dir verraten. Du startest natürlich mit dem **A-Griff**.
Jetzt singst du dazu die Melodie und suchst die Stelle, wo du zum D-Griff wechselst usw.

Versuche das so lange, bis du nach Gefühl die richtigen Wechselstellen findest. Mit der Zeit bekommst du ein Gefühl dafür, wann der nächste Griff kommt. Die Musiker sagen dazu „man spürt den Akkordwechsel".
Akkord ist das Gleiche wie Griff. Das Wort bezeichnet einen Zusammenklang verschiedener Töne.
Die Lösung findest du im Anhang dieses Buches.

Falls du die Originalaufnahme der Beatles hast, kannst du sofort mitspielen. Die Beatles spielen *Get back* mit den gleichen Griffen! Sie singen nur höher als ich.

5. DIE ERSTEN SONGS MIT DREI GRIFFEN

Du kannst jetzt schon **drei Griffe** greifen. Spiele sie nun in folgender Reihenfolge:

VIDEO 9

4x D, 4x G, 4x D, 4x A und wieder von vorne

Höre dir dazu den **Audiotrack 9** genau an. Hier spiele ich dir die Akkordfolge schön langsam vor. Wenn du die Griffe gut wechseln kannst, dann spiele einfach mit. Das Gleiche spiele ich dir auch auf im **Video 9** vor.

Mit diesen drei Griffen spielst du einen tollen Sommersong, der durch *Jürgen Drews* und *Stefan Raab* zum riesigen Hit wurde. Im Original heißt er *Let your love flow* und ist von den *Bellamy Brothers.*

Ein Bett im Kornfeld

D
1. Sommerabend über blühendem Land,

Schon seit Mittag stand ich am Straßenrand.

A
Bei jedem Wagen, der vorüber fuhr,

D
hob ich den Daumen.

Auf einem Fahrrad kam da ein Mädchen her,

Und sie sagte: „Ich bedaure dich sehr.“

A
Doch ich lachte und sprach:

D
„Ich brauch' keine weichen Daunen.“

Lerne wieder zuerst die **Melodie**. Höre dir dazu den **Audiotrack 10** an und singe solange mit, bis es ohne Probleme klappt.

Jetzt nimmst du die Gitarre, greifst den **D-Griff** und schlägst ihn **3x** an. Dann beginnst du erst mit dem Gesang. Man sagt dazu: Das Lied hat einen **Auftakt**. Dadurch kannst du das Lied besser starten und findest viel leichter den **Anfangston**. Den findest du auf der D-Saite im 4. Bund.

Wenn die erste Strophe gut klappt, dann spiele den folgenden Refrain:

```
              G
R. Ein Bett im Kornfeld,
                                       D
   Das ist immer frei, denn es ist Sommer,

   Und was ist schon dabei.
                A
   Die Grillen singen und es duftet nach Heu,
                D
   Wenn ich träume.
                G
   Ein Bett im Kornfeld, zwischen Blumen und Stroh,
               D
   Und die Sterne leuchten mir sowieso.
                A
   Ein Bett im Kornfeld,
                                        D
   Mach ich mir irgendwo ganz alleine.
```

Beginne deine Gitarrenbegleitung ganz langsam und mache bei den Griffwechseln keine rhythmischen Pausen. Schlage mit dem Daumen die entsprechenden Saiten immer von oben nach unten gleichmäßig an. Du brauchst einfach nur darauf zu achten, dass du an den richtigen Stellen die Griffe wechselst.
Höre dir dazu den **Audiotrack 10** an und spiele so oft es geht mit, bis du keine Fehler mehr machst.
Es folgt nun die **2. Strophe** wieder **ohne Griffe**. Nimm also die Gitarre, starte mit dem D-Griff und probiere zur Melodie nach deinem Gefühl die verschiedenen Griffwechsel aus. Es kommen ja nur drei Griffe vor. Wenn du meinst, dass es so richtig ist, dann schreibe sie mit einem Bleistift über den Text der 2. Strophe.
Vergleiche mit der Lösung im Anhang und verbessere die Griffe, falls es nötig ist.
Hier also die 2. Strophe ohne Griffangaben:

2. Etwas später lag ihr Fahrrad im Gras,

Und so kam es, dass sie die Zeit vergaß,

Mit der Gitarre hab' ich ihr erzählt,

Von meinem Leben.

Auf einmal rief sie: „Es ist höchste Zeit,

Schon ist es dunkel und mein Weg ist noch weit.“

Doch ich lachte und sprach:

„Ich hab dir noch viel zu geben.“

Tipp!

Übe alle Griffe und Griffwechsel, ohne hinzusehen! Am Klang kannst du kontrollieren, ob du die Saiten richtig getroffen hast. Wenn du es nicht vermeiden kannst mit einem Auge hinzublinzeln, dann übe im Dunkeln. Jetzt halten dich wohl alle für verrückt, aber so hast du das Problem gelöst. Probiere das doch einfach mal aus. Ich bin sicher, dass sich die Trefferquote schnell verbessern wird. Das Üben macht dir durch solche Auflockerungen bestimmt mehr Spaß.

Zur Übung noch ein **zweites Liedbeispiel** mit den **gleichen Griffen**. Es ist eines der schönsten Lieder über eine verlorene Liebe. Die *Everly Brothers* spielten diesen Song schon in den 50er Jahren. Die Thematik ist heute noch genauso populär wie damals. Tolle Versionen von diesem Lied gibt es u. a. von *Simon & Garfunkel* oder den *Olsen Brothers*. Der Song heißt:

Bye Bye, Love

```
D G       D
R. Bye bye, love.
   G      D
   Bye bye, happiness.
   G   D
   Hello loneliness,
             A     D
   I think I'm gonna cry.
   G      D
   Bye bye, love.
   G        D
   Bye bye, sweet caress.
   G  D
   Hello emptiness,
            A       D
   I feel like I could die.
              A        D
   Bye bye, my love, goodbye.
```

```
      D            A
1. There goes my baby
                  D
   With someone new.
                  A
   She sure looks happy,
               D
   I sure am blue.
                  G
   She was my baby
                  A
   Till he stepped in.
                  A
   Goodbye to romance,
                      D
   That might have been.
```


Lerne wieder zuerst die **Melodie**. Höre dir dazu den **Audiotrack 11** an und singe solange mit, bis es ohne Probleme klappt.
Jetzt nimmst du die Gitarre, greifst den **D-Griff** und schlägst ihn **8x** an. Dann wechselst du zum **G-Griff**, schlägst ihn **1x** an und fängst erst dann an zu singen. *Bye bye* startet also erst beim **zweiten G-Anschlag**. Dadurch kannst du den Song besser starten und findest viel einfacher den Anfangston der Gesangsmelodie. Falls du möchtest, kannst du vorher die **leere G-Saite** anschlagen; dann hast du den **Anfangston der Melodie**.

Fange deine Gitarrenbegleitung ganz langsam an und mache bei den Griffwechseln keine rhythmischen Pausen. Schlage mit dem Daumen die entsprechenden Saiten immer von oben nach unten gleichmäßig an. Wenn du dich mit den Griffwechseln sicher fühlst, dann spiele doch einfach zum **Audiotrack 11** mit.

Es folgt nun die **2. Strophe**. Ich habe dir hier wieder zur besonderen Übung die Griffe **nicht** über den Text geschrieben. Das sollst du anhand der Melodie **selbst** machen. Dadurch lernst du mit der Zeit selbstständig Lieder zu begleiten, von denen du nur die Melodie kennst.
Nimm also die Gitarre und probiere zur **Melodie** nach **deinem Gefühl verschiedene Griffe** aus. Wenn du meinst, dass es so richtig ist, dann schreibe sie mit einem Bleistift über den Text der 2. Strophe. Vergleiche mit der Lösung im Anhang und verbessere die Griffe, falls es nötig ist.

Hier also die **2. Strophe** ohne Griffangaben:

2. I'm through with romance,

I'm through with love.

I'm through with counting

The stars above.

And here's the reason,

That I'm so free.

My loving baby,

Is through with me.

Die restlichen Strophen findest du im Anhang.

Es gibt noch ein Lied, das jeder Gitarrist auf der Welt lernt. Es ist das berühmteste Geburtstagslied:

Happy Birthday

```
D                  A
Happy birthday to you
                   D
Happy birthday to you
                        G
Happy birthday, liebe(r) ..........
         D       (A) D
Happy birthday to you.
```

Wo die Pünktchen sind, setzt du den Namen derjenigen (desjenigen) ein, die (der) Geburtstag hat. Sonst denkst du dir einfach jemanden aus.
Wenn du das Lied so einfach wie möglich spielen willst, dann lass den A-Griff, der in Klammern steht einfach weg.

Wenn du allerdings den A-Griff schon schnell wechseln kannst, dann spiele ihn in der letzten Zeile mit. Dabei spielst du den D-Griff bei *birthday* zweimal, den A-Griff bei *to* einmal, und dann wieder den D-Griff bei *you* zweimal.

Höre dir dazu den **Audiotrack 12** an. Hier spiele ich dir das Lied mit allen Griffwechseln langsam vor. Ich zähle hier 1-2-3 vor, weil dieses Lied im 3er-Rhythmus gespielt wird. Man sagt dazu 3/4-Takt. Wenn du dich damit genauer beschäftigen möchtest, dann schaue dir die Erklärungen auf Seite 65 an.

Ich habe dir jetzt die deutsche Übersetzung aufgeschrieben, allerdings wieder ohne Griffe. Schreibe sie dir selbst drüber.

Geburtstags-Ständchen

Zum Geburtstag viel Glück!

Zum Geburtstag viel Glück!

Wünschen wir dir, liebe(r) ....

Zum Geburtstag viel Glück!

Die Lösung findest du wieder im Anhang.
Du kannst dir die deutsche Version auch beim **Audiotrack 12** anhören und mitspielen.

Tipp:
Mit den Griffen D, A und G kannst du noch folgende Lieder aus meinem Folk-Buch spielen:
- *Nehmt Abschied, Brüder*
- *Sloop John B.*
- *Pretty Peggy-O*

sowie viele Lieder aus meinem Kinder-Gitarrenbuch und Kinderliederbuch.

Der nächste Griff heißt:

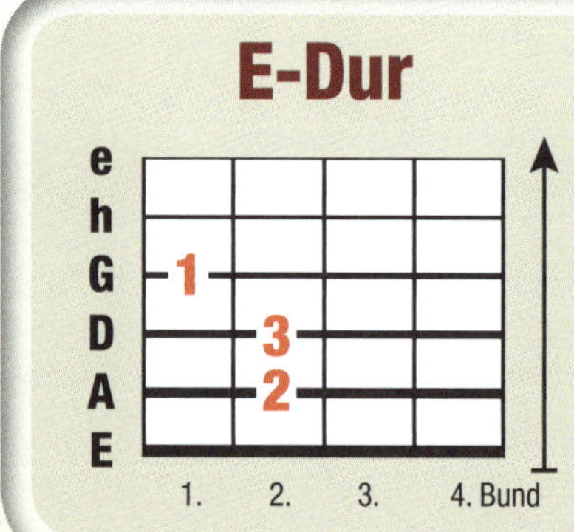

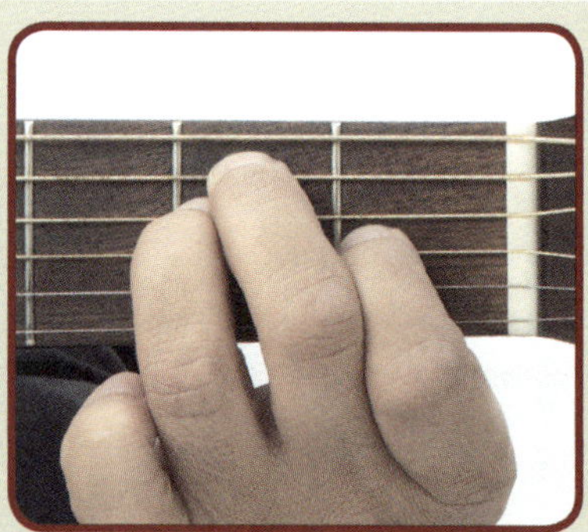

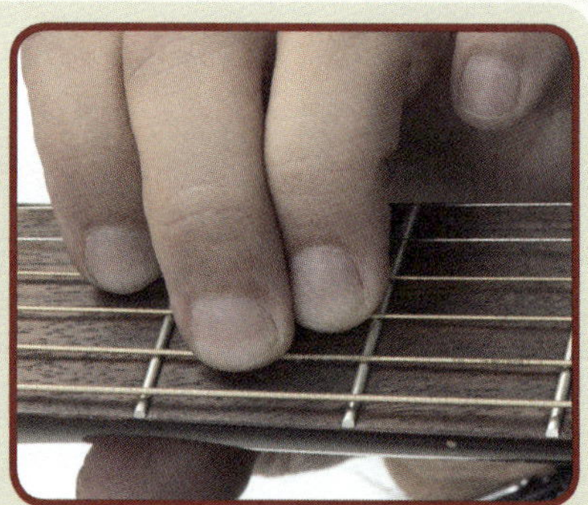

- Du greifst also mit dem **Zeigefinger (1)** in den **1. Bund** der **G-Saite**.
- Dann mit dem **Mittelfinger (2)** in den **2. Bund** der **A-Saite** und
- mit dem **Ringfinger (3)** in den **2. Bund** der **D-Saite**.

VIDEO 10

1	**Zeigefinger**	**1. Bund**	**G-Saite**
2	**Mittelfinger**	**2. Bund**	**A-Saite**
3	**Ringfinger**	**2. Bund**	**D-Saite**

Jetzt schlägst du mit der rechten Hand alle Saiten an. Falls nicht alle Saiten klingen, dann berührt vielleicht ein Finger beim Greifen die benachbarte Saite. Also mit allen Fingern so senkrecht wie möglich aufs Griffbrett greifen (s. Foto).
Denke auch an die kurzen Fingernägel. Je kürzer die Fingernägel der Greifhand, desto leichter kannst du greifen und die Saiten aufs Griffbrett drücken.
Ich mache es dir auch im **Video 11** genau vor!

Höre dir diesen Griff beim Anfang vom **Audiotrack 13** an.

Das Wechseln übst du in dieser Reihenfolge:

VIDEO 11

4x A, 4x E, 4x A, 4x E

Tipp!

Beim Wechseln vom E- zum A-Griff musst du nicht jeden Finger einzeln versetzen. Du kannst den Mittel- und Ringfinger zusammen zwei Saiten tiefer setzen und dann mit dem Zeigefinger von der G- zur D-Saite wechseln. Das Gleiche geht auch umgekehrt vom A- zum E-Griff. Probiere das mal aus. Schaue es dir auch auf der DVD genau an.

Damit das Spielen noch mehr Spaß macht, habe ich folgenden Song für dich:

He's got the whole world in His hand

```
   A
1. He's got the whole world in His hand,
                E
   He's got the whole world in His hand,
                A
   He's got the whole world in His hand,
                E                  A
   He's got the whole world in His hand.
```

Amerikanischer Spiriual

Dieser Song ist ein Spiritual. Spirituals sind religiöse afro-amerikanische Lieder.

Übe wieder zuerst den **Gesang**, bis du die Melodie auswendig singen kannst. Den **Anfangston** findest du auf der D-Saite im 2. Bund.
Dann schlägst du den **A-Griff 3x** an und beginnst mit dem Gesang.
Vergleiche mit dem **Audiotrack 13**. Hier spiele ich dir nach dem E-Griff die erste Strophe langsam vor.

Schreibe jetzt wieder selbst die Griffe über die zweite Strophe:

2. He's got the wind and the rain in His hand,

He's got the wind and the rain in His hand,

He's got the wind and the rain in His hand,

He's got the whole world in His hand.

Die Lösung und die restlichen Strophen findest du im Anhang.

Als nächstes übst du das Wechseln zwischen dem A-, D- und E-Griff und zwar in folgender Reihenfolge:

4x A, 4x D, 4x A, 4x E

Achte darauf, dass du keine Pause beim Wechseln machst! Ich spiele dir die Griffwechsel im **Video 12** schön langsam vor.

Für diese drei Griffe eignet sich sehr gut das Lied *Marmor, Stein und Eisen bricht* von *Drafi Deutscher*.
Er hatte damit in den 60er Jahren einen Millionenerfolg. Dieser Song ist nach wie vor auf jeder Party der absolute Hit.

Marmor, Stein und Eisen bricht

A
1. Weine nicht, wenn der Regen fällt,

E A
Dam, dam; dam dam.

Es gibt einen, der zu dir hält,

E A
Dam, dam; dam dam.

A D
R. Marmor, Stein und Eisen bricht,

E A
Aber unsere Liebe nicht!

D
Alles, alles geht vorbei,

E A
Doch wir sind uns treu!

Übe zuerst wieder das **Singen** der Melodie. Der Anfangston ist die leere A-Saite. Der Text wird dir riesigen Spaß machen, besonders die letzte Strophe (s. restlichen Text im Anhang dieses Buches).
Höre dir dazu den **Audiotrack 14** an.

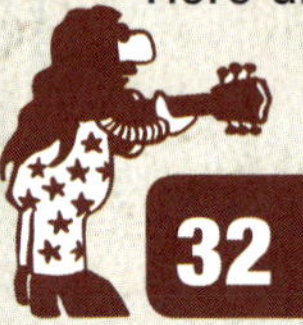

Wenn das gut klappt, dann versuche die Gitarrenbegleitung mit den angegebenen Griffen. Fange mit der Begleitung sehr langsam an.
Wenn du die Griffe ohne rhythmische Pausen locker wechseln kannst, dann werde von Mal zu Mal schneller. Versuche auch zum Audiotrack mitzuspielen. Mit diesem Lied kannst du auch einen traurigen Menschen zum Lachen bringen. Danach geht alles wie von selbst!

Hier nun die 2. Strophe ohne Griffe:

2. Kann ich einmal nicht bei dir sein,

Dam, dam; dam dam.

Denk daran, du bist nicht allein,

Dam, dam; dam dam.

Probiere wieder, nach deinem **Gehör** und **Gefühl**, die Gitarrenbegleitung mit verschiedenen Grifffolgen aus. Wenn du dich sicher fühlst, dann schreibe die Griffe über den Text und vergleiche mit der richtigen Lösung am Schluss des Buches.

Tipp!

Wenn du die neuen Griffe über die 2. Strophe schreibst, dann schreibe sie nicht von der 1. Strophe ab. Davon lernst du wenig. Mit dieser Übung sollst du ja dein Gehör und das Gefühl für die richtigen Griffwechsel entwickeln. Später wirst du es durch diesen Trick viel leichter haben, unbekannte Lieder schneller spielen zu können. Vielleicht schreibst du auch mal eigene Lieder und hast tolle Melodien im Kopf. Dann kannst du dir die Griffe dazu selbst heraussuchen.

Zur Übung mit den gleichen Griffen noch ein zweites Liedbeispiel. Es ist ein wunderschöner Song von *Bob Dylan*, einem der populärsten amerikanischen Liedermacher. Er hat mit seinen Songs eine ganze Generation beeinflusst.

Dieses Lied entstand Anfang der 60er Jahre in den USA und wurde zu einer Anti-Kriegs-Hymne. Es gibt unzählige Cover-Versionen von diesem Song. Er ist heute noch genauso wichtig wie damals.

Blowin' in the wind

A D A
1. How many roads must a man walk down,

D E
Before you call him a man?

A D A
How many seas must a white dove sail,

D E
Before she sleeps in the sand?

A D A
How many times must the cannonballs fly,

D E
Before they are forever banned?

D E
R. The answer my friend

A
Is blowin' in the wind,

D E A
The answer is blowin' in the wind.

Übe dieses Lied wieder zuerst singen, dann mit der einfachen Anschlagtechnik begleiten. Den **Anfangston** beim Singen findest du im 2. Bund auf der D-Saite.

Du kannst direkt zum **Audiotrack 15** mitspielen.

Wenn du damit keine Probleme hast, dann kommt jetzt etwas aufregend Neues dazu. Du startest langsam und einfach mit der **Zupftechnik**:

6. DIE BASSBEGLEITUNG

Damit ich dir diese Spieltechnik gut erklären kann, schaue dir zuerst folgende Zeichnung an:

e
h
G
D
A
E

Diese Zeichnung nennt man **Tabulatur**. Damit kann ich dir die Spieltechniken so aufschreiben, dass du sofort siehst, wie du alles auf der Gitarre greifen und spielen sollst.

- Du siehst hier die **6 waagerechten Linien**. Das sind die **6 Gitarrensaiten**.
- **Links** daneben siehst du die **Saitenbezeichnungen E, A, D, G, h, e**.
- Oben ist die dünne e-Saite, unten die dicke E-Saite.

Jetzt zeige ich dir die **Tabulatur** für die neue **Bassbegleitung**. Bei dieser Anschlagtechnik spielt der **Daumen der rechten Hand** eine **Bass-Saite** an und dann die **restlichen Saiten**. Das sieht in der Zeichnung so aus:

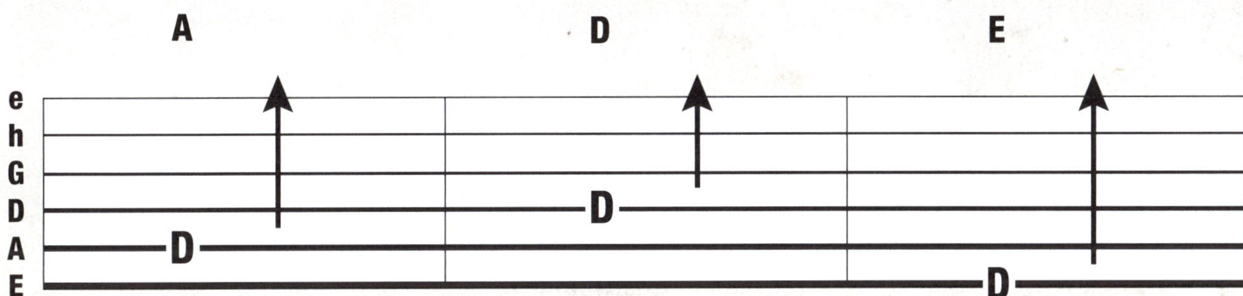

Wie du siehst, hat sich die Tabulatur jetzt etwas erweitert.

- **Über den Linien** stehen die **Griffbezeichnungen**.
- Das **D** auf den Linien bedeutet: **Daumen der rechten Hand** schlägt die Saite an, auf der das D steht.
- Der **Pfeil** bedeutet: mit dem **Daumen alle Saiten** in **Pfeilrichtung anschlagen, über die der Pfeil geht**.

Du greifst also **A-Dur** und schlägst mit dem **Daumen** der rechten Hand nur die **A-Saite** an. Danach mit dem **Daumen** zusammenhängend die **untersten vier Saiten**. Das wiederholst du so oft, bis du locker die richtigen Saiten triffst.
Bei dem nächsten Griff **D-Dur** schlägst du die **D-Saite** an und dann die **restlichen darunterliegenden Saiten**.
Bei **E-Dur** die dicke **E-Saite** und danach die **restlichen darunterliegenden Saiten**.
Das ist die einfachste Zupfart.

Du schlägst also mit dem Daumen der rechten Hand zu jedem Griff eine Bass-Saite an und danach die restlichen, darunterliegenden Saiten:

- Bei **A-Dur** die **A-Saite**,
- bei **D-Dur** die **D-Saite** und
- bei **E-Dur** die **E-Saite**

als Bass-Saite. Deswegen heißt diese Anschlagtechnik auch **Bassbegleitung**!

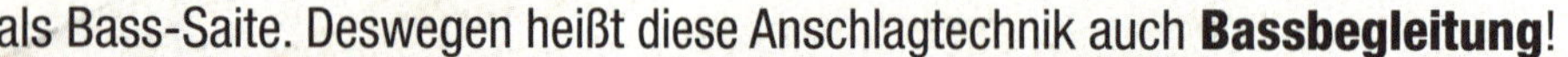

16

Höre dir dazu den **Audiotrack 16** an. Zusätzlich spiele ich dir die Bassbegleitung auch im **Video 13** vor.

Versuche jetzt mit dieser **Spieltechnik** das Lied *Blowin' in the wind* zu begleiten. Vergleiche immer wieder mit der Aufnahme des Audiotracks, bis du es ohne Probleme spielen kannst.

Bei der nun folgenden **2. Strophe** schreibst du wieder selbst die Griffe drüber. Ob du dies richtig gemacht hast, kannst du am Schluss des Buches überprüfen.

2. How many times must a man look up,

Before he can see the sky?

How many ears must one man have,

Before he can hear people cry?

How many deaths will it take till he knows,

That too many people have died?

Die restliche Strophen findest du im Anhang!

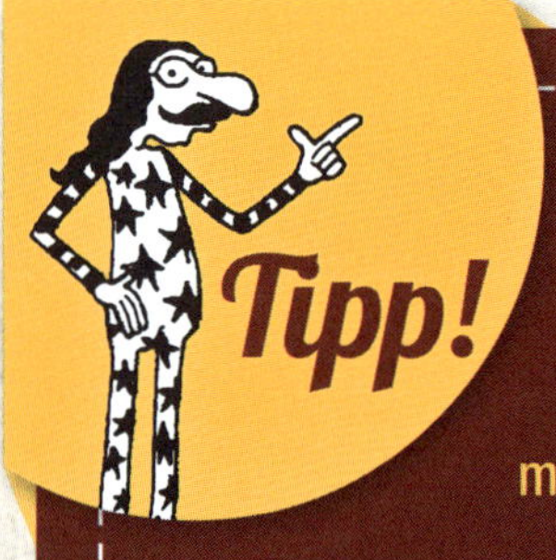

Versuche mit diesen Griffen auch *Johnny B. Goode* aus meinem Songbuch für Gitarre, *That's all right*, *Summertime Blues*, *Im ersten Morgengrauen* aus meinem Songbuch 2 oder *Die Gedanken sind frei* aus meinem Folk-Buch. Mit diesen Griffen kannst du auch viele Lieder aus meinem Kinder-Liederbuch und meinem Weihnachts-Liederbuch spielen.

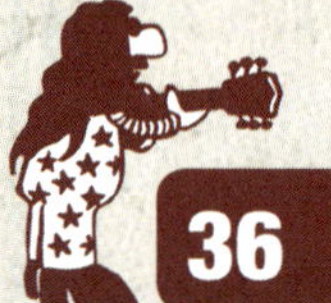

7. NOCH MEHR GRIFFE

Der nächste Griff, den du lernst, heißt:

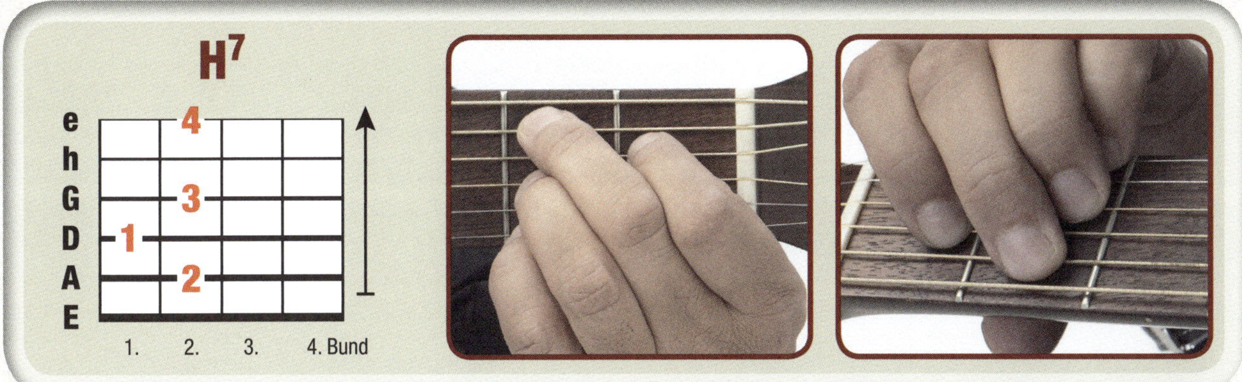

- Du greifst mit dem **Zeigefinger (1)** der linken Hand fest in den **1. Bund** der **D-Saite**.
- Dann setzt du den **Mittelfinger (2)** in den **2. Bund** der **A-Saite**.
- Zusätzlich musst du noch den **Ringfinger (3)** in den **2. Bund** der **G-Saite** setzen und
- den **kleinen Finger (4)** in den **2. Bund** der dünnen **e-Saite**.

VIDEO 14

Du brauchst also alle **vier Finger** der linken Hand (beim Linkshänder natürlich der rechten Hand). Deswegen nennt man diesen Griff auch den schwierigsten von den einfachen Griffen!
Die Herausforderung ist, alle vier Finger gleichzeitig auf alle Saiten zu setzen und dabei die danebenliegenden Saiten nicht zu berühren. Es kann leider einige Zeit dauern, bis du ihn gut spielen kannst.

Info:
Dieser Griff heißt H^7, weil du zusätzlich zum normalen H-Griff den 7. Ton der H-Tonleiter greifen musst. Den 7. Ton nennt man auch Septime. Es gibt allerdings eine große und kleine Septime. Beim H^7-Griff wird die kleine Septime gegriffen, das ist der Ton A. Der ist auf der G-Saite im 2. Bund.

Du schlägst jetzt nur die untersten fünf Saiten an. Nicht die dicke E-Saite. Die klingt dabei nicht richtig.

1	**Zeigefinger**	**1. Bund**	**D-Saite**
2	**Mittelfinger**	**2. Bund**	**A-Saite**
3	**Ringfinger**	**2. Bund**	**G-Saite**
4	**kleiner Finger**	**2. Bund**	**e-Saite**

VIDEO 15

Lerne auch diesen Griff auswendig. Übe am besten so, dass du den H^7-Griff greifst, dann alle Finger vom Griffbrett wegnimmst und alle wieder **gleichzeitig** aufsetzt. Wiederhole das, sooft du kannst. Ich mache es dir im Video genau vor.
Wenn das gut klappt, dann versuche folgende Griffwechsel.

4x E, 4x H^7, 4x E, 4x H^7

Spiele die Griffe mehrmals, bis du sie ohne Probleme und auswendig wechseln kannst.
Höre dir den **H^7-Griff** im **Audiotrack 17** genau an. Hier spiele ich dir auch die Griffwechsel zwischen E und H^7 schön langsam zum Mitspielen vor. Ich starte mit dem H^7-Griff und wechsele dann zum E-Griff usw.

Tipp!

Wenn du von E nach H^7 wechselst, dann kannst du den Mittelfinger (2) auf der A-Saite im 2. Bund lassen. Jetzt wechselst du mit dem Zeigefinger (1) vom ersten Bund der G-Saite eine Saite höher zum ersten Bund auf der D-Saite. Der Mittelfinger (3) verschiebt sich eine Saite tiefer auf die G-Saite im 2. Bund. Und der kleine Finger greift zusätzlich in den 2. Bund der dünnen E-Saite.

Jetzt versuche folgenden berühmten Rock'n'Roll-Song von *Chuck Berry*:

Memphis, Tennessee

E H^7
1. Long distance information, give me Memphis, Tennessee.

Help me find the party trying to get in touch with me.

E
She could not leave her number, but I know who placed the call.

H^7 E
'Cause my uncle took the message and he wrote it on the wall.

Höre dir zuerst den **Audiotrack 18** an und singe sooft mit, bis es klappt. Den **Anfangston** beim Singen findest du auf der A-Saite im 2. Bund.
Dann startest du mit dem **E-Griff**, den du mehrmals vorspielst und wechselst bei *distance* nach **H^7** usw.
Achte darauf, dass du mit der rechten Hand die richtigen Saiten anschlägst. Beim E-Griff alle Saiten und bei H^7 nicht die dicke E-Saite.
Hier nun die **2. Strophe** ohne Griffe:

2. Help me, information, get in touch with my Marie

She's the only one who'd phone me here from Memphis, Tennessee

Her home is on the south side, high up on a ridge

Just a half a mile from the Mississippi bridge

Singe die Melodie und probiere mit deiner Gitarre aus, wo welcher Griff hinkommt. Die Lösung findest du wieder im Anhang.
Von *Memphis, Tennessee* gibt es tolle Cover-Versionen von *Elvis*, den *Beatles*, *Status Quo*, sogar eine deutsche Version von *Roy Black*.
Auf dem Audiotrack singe ich das Lied eine Oktave tiefer, weil es mir so leichter fällt, es zu singen.

Jetzt probierst du folgende Griffolge:

4x E, 4x A, 4x E, 4x H^7

und wieder von vorne.
Dies sind auch die gebräuchlichsten **Blues-** und **Rock'n'Roll-Griffe**.
Wenn diese Griffwechsel gut klappen, dann spiele damit folgenden Gospelsong:

Can the circle be unbroken

E
R. Can the circle be unbroken,

A E
By and by, Lord by and by.

There's a better home awaiting

H^7 E
In the sky, Lord, in the sky.

Words & Music by R. Habershon & Charles H Gariel

Dieser Gospelsong aus den Südstaaten der USA ist heute noch so beliebt und populär, dass er sogar als Titelsong vieler LPs und CDs bekannter Musiker benutzt wird. Bei manchen Versionen findest du auch den Titel *Will the circle be unbroken*.

Übe hier wieder die Melodie mit den entsprechenden Griffen. Den **Anfangston** beim Singen findest du auf der A-Saite im 2. Bund.
Wichtig ist, dass der Wechsel zum H^7-Griff gut klappt. Falls du diesen Song mit der **Bassbegleitung** spielen möchtest, dann schlage bei **H^7** die **A-Saite** als **Bass-Saite** an.
Vergleiche mit dem **Audiotrack 19**.

Tipp!

Der Basston hat in unserem Fall immer die gleiche Bezeichnung wie der Griff. Du greifst bei H^7 mit dem Mittelfinger in den 2. Bund der A-Saite. Hier ist der Ton H, also der Grundton zu H^7. Deswegen spielst du hier die A-Saite an.
Beim E-Griff spielst du natürlich die dicke E-Saite an und beim A-Griff die A-Saite.

Es folgt die **1. Strophe** ohne Griffangaben. Sie hat die gleiche Melodie wie der Refrain.

1. I was standing by the window,

On one cold and cloudy day.

When I saw the hearse come rolling,

For to carry my mother away.

Die restlichen Strophen findest du wie immer im Anhang.

Tipp!

Wenn du mit dem Herausfinden der richtigen Griffe noch immer Probleme hast, dann achte auf die betonten Stellen in der Melodie und im Text. Vergleiche dabei den Refrain und die 1. Strophe, die ja bei „Can the circle be unbroken" die gleiche Melodie haben. Versuche diese Stellen zu spüren. Man kann nach einiger Zeit schon richtig ahnen, wann der Griffwechsel folgt. Dann probiere an dieser Stelle die unterschiedlichen Griffe aus und entscheide dich nach deinem Gefühl.
Auf jedem Fall findest du die richtigen Griffe im Anhang dieses Buches. Das solltest du immer wieder ausprobieren und üben. Also, nicht aufgeben.

Du kannst mit den gleichen Griffen auch folgende Songs spielen:
Pick a bale of cotton, *Take a whiff*, *Oh freedom* aus meinem Folk-Buch
Sweet home, Chicago, *Ich kann mich nicht entscheiden*, *Katastrophen-Blues* aus meinem Blues-Gitarrenbuch und viele Songs aus meinem Kinder-Liederbuch.

Den nächsten Griff kennst du schon, allerdings noch nicht vollständig.

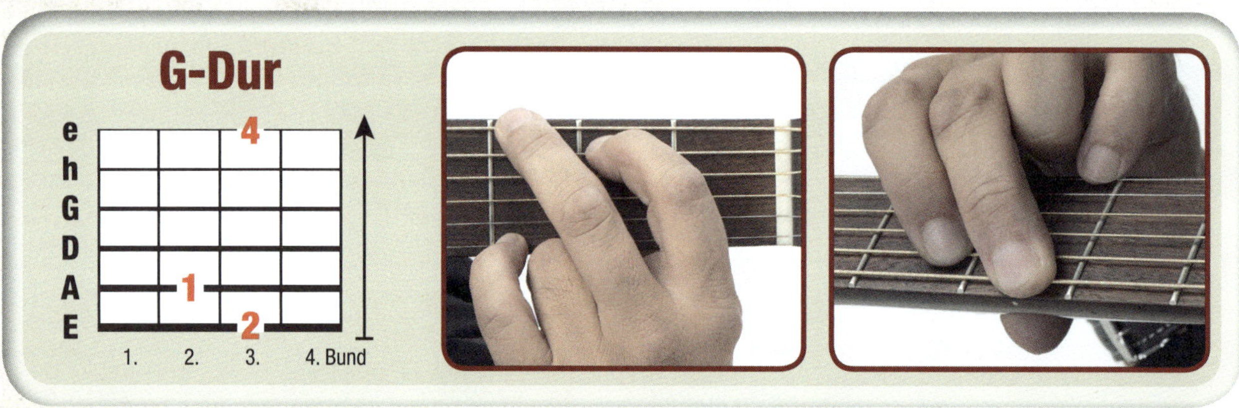

1	**Zeigefinger**	**2. Bund**	**A-Saite**
2	**Mittelfinger**	**3. Bund**	**E-Saite**
4	**kleiner Finger**	**3. Bund**	**e-Saite**

Du kannst jetzt alle Saiten anschlagen.

Hinweis:
In verschiedenen Lehrbüchern wird der G-Dur-Griff unterschiedlich erklärt. Ich greife den Griff so, dass ich mit dem kleinen Finger in den 3. Bund der dünnen e-Saite greife. Manche Gitarristen benutzen hierbei den Ringfinger (3). Andere greifen mit dem Mittelfinger in den 2. Bund der A-Saite, mit dem Ringfinger in den 3. Bund der dicken E-Saite und dann mit dem kleinen Finger in den 3. Bund der dünnen e-Saite. Du kannst auch so greifen, wie ich es auf dem Griffbild zeige und den Ringfinger (3) zusätzlich auf die h-Saite in den 3. Bund setzen. So spielen viele amerikanische Gitarristen den G-Griff.
Probiere es selbst aus und entscheide, welche Form für dich am einfachsten ist. Ich führe es dir zusätzlich im Video 16 genau vor.

Das Wechseln übst du erstmals so:

4x G, 4x D, 4x G, 4x D

VIDEO 17

Im Video spiele ich dir diese Griffwechsel schön langsam vor. Spiele zur Übung damit das Lied, das du schon gut kennst: *Leben so ich es mag.* Du findest alle Strophen im Anhang.

Dann probiere folgende Grifffolge:

4x D, 4x G, 4x D, 4x A und wieder von vorne.

Höre dir diese Grifffolge beim **Audiotrack 20** genau an. Hier spiele ich sie dir zur Übung so vor, dass du direkt mitspielen kannst.
Mit diesen drei Griffen kannst du einen sehr bekannten Pop-Song begleiten. Er heißt:

Sloop John B.

```
      D
1. We sailed on the sloop John B.

   My grandfather and me,
                           A
   Round Nassau town we did roam.
             D               G
   Drinkin' all night, we got in a fight.
     D              A          D
   I feel so broke-up,  I wanna go home.
```

Karibischer Folksong

Die Pop-Gruppe *The Beach Boys* hat dieses alte Volkslied von den Bahamas in der ganzen Welt bekannt gemacht.
Übe wieder zuerst den **Gesang** und spiele dazu die Griffe mit der einfachen Anschlagtechnik. Den **Anfangston** findest du auf der D-Saite im 4. Bund. Du kannst dir *Sloop John B.* im **Audiotrack 21** anhören.
Noch schöner klingt es mit der **doppelten Anschlagtechnik**, die ich dir jetzt zeige.

8. DIE DOPPELTE ANSCHLAGTECHNIK

VIDEO 18

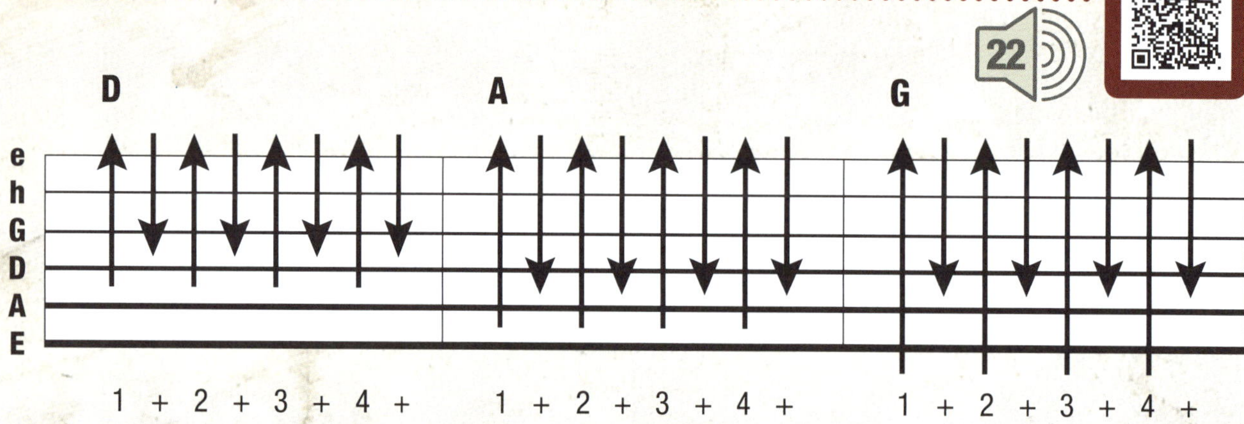

Du greifst den D-Griff und schlägst zuerst mit dem **Daumen** der rechten Hand die untersten vier Saiten von oben nach unten hin an. Dann drehst du deine Hand etwas nach vorne, so dass du jetzt die dünnen Saiten bequem von unten nach oben anschlagen kannst (s. Fotos). Am besten schlägst du beim D-Griff nur die untersten drei Saiten von unten aus an.

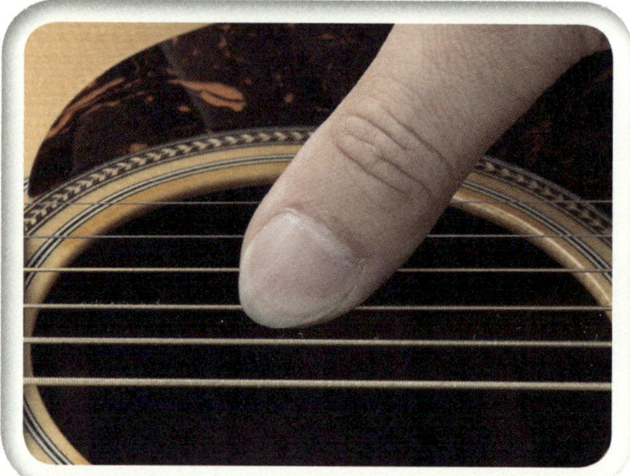

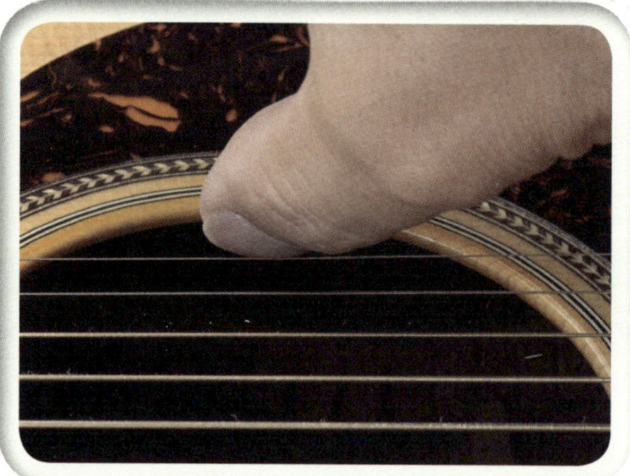

Das geht auch mit den **Fingern** der rechten Hand. Dabei schlägst du mit den Fingerkuppen oder den Fingernägeln die Saiten von oben nach unten an und die dünnen Saiten nach oben nur mit dem Zeigefinger. Drehe dabei wieder dein Handgelenk etwas hin und her.

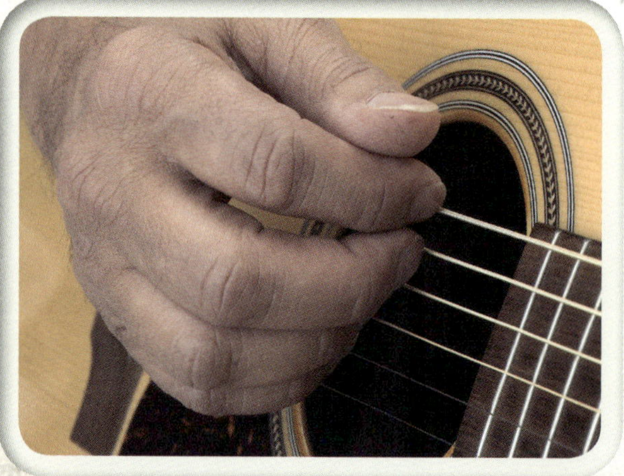

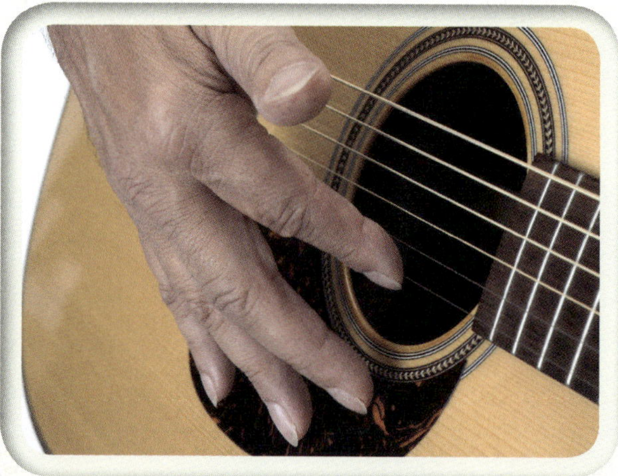

Die dritte Möglichkeit ist, den Anschlag von oben nach unten mit dem **Daumen** zu spielen und von unten nach oben mit dem **Zeigefinger**.

Viele Gitarristen spielen mit einem **Plektrum**. Das ist ein Plastikplättchen, das du zwischen Daumen und Zeigefinger der rechten Hand hältst. Du musst nur dein Handgelenk leicht hin und her drehen. Nicht den ganzen Arm. Schaue dir die dazu die Fotos genau an.

Du findest mehr zu der **Plektrumtechnik** im 2. Teil dieses Buches. Ich empfehle dir, zuerst mit dem Daumen oder den Fingern zu spielen. Dann bekommst du ein besseres Gefühl für den richtigen Saitenanschlag.

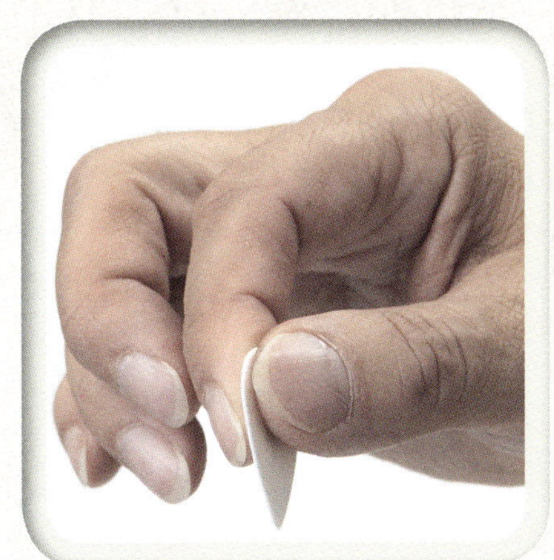

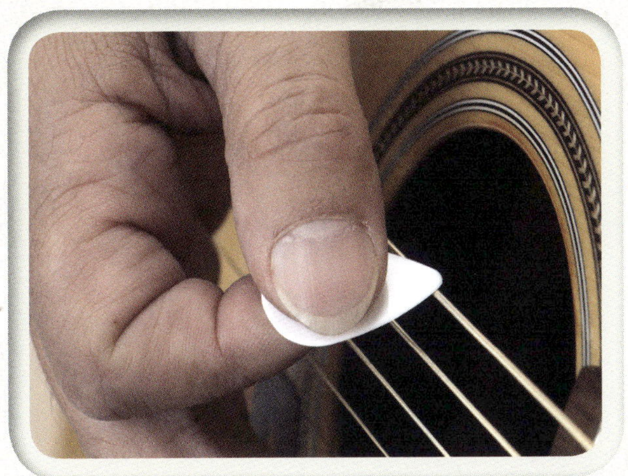

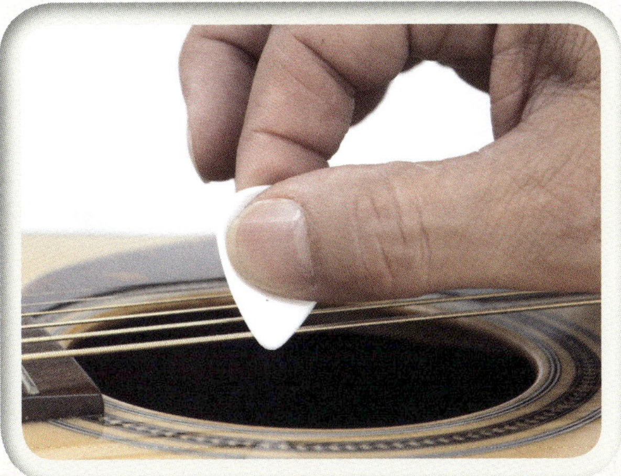

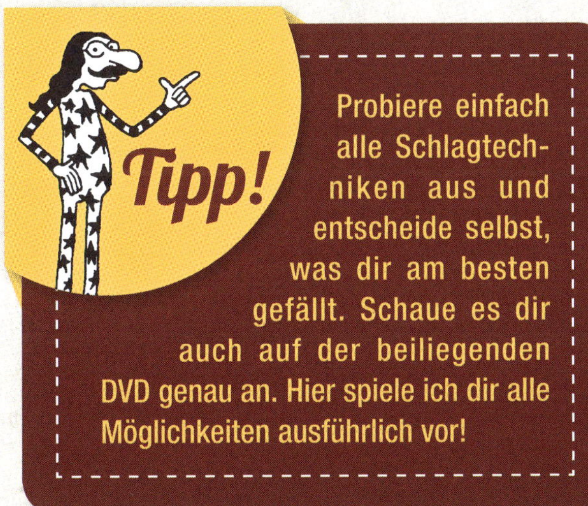

Probiere einfach alle Schlagtechniken aus und entscheide selbst, was dir am besten gefällt. Schaue es dir auch auf der beiliegenden DVD genau an. Hier spiele ich dir alle Möglichkeiten ausführlich vor!

Bei dieser Anschlagtechnik spielst du alles **doppelt so schnell** wie vorher.
Bis jetzt hast du nur Anschläge von oben nach unten gespielt. Das sind alles **Viertel-Anschläge (1/4)**. Jetzt spielst du alles von oben **und** von unten und **doppelt so schnell**. Deswegen heißen diese Anschläge **Achtel-Anschläge (1/8)**.
Achte auf die Zählzeiten unter den sechs waagerechten Linien. Hier steht jetzt : 1 + 2 + 3 + 4 +.

Bei den Zahlen spielst du alles von oben an; bei jedem + spielst du alles von unten an.

Welche Saiten du zu welchem Griff am besten anschlägst, siehst du in der Tabulatur. Achte dabei genau auf die **Pfeillänge**, d. h.: über welche Saiten die Pfeile gehen.

- Beim **D-Griff** spielst du nur die untersten vier Saiten an.
- Beim **A-Griff** spielst du alle Saiten ab der A-Saite an. Nicht die dicke E-Saite.
- Beim **G-Griff** kannst du jetzt alle Saiten spielen.
- Beim Anschlag **von unten nach** oben spielst du nicht alle Saiten, sondern nur die untersten drei beim D-Griff und die untersten vier bei den anderen Griffen.

Vergleiche mit dem **Audiotrack 22** und meinen Video-Beispielen.

Damit spielst du jetzt *Sloop John B.* Du kannst direkt mit dem **Audiotrack 23** mitspielen. Hier spiele ich dir den Song mit der doppelten Anschlagtechnik schön langsam vor.

Zur Übung schreibe ich dieses Mal den Refrain ohne Griffe auf. Er hat die gleiche Melodie und die gleichen Griffe wie die erste Strophe. Finde selbst die richtigen Stellen für die Griffwechsel. Vergleiche wieder, wenn du die Griffe drüber geschrieben hast, mit der richtigen Lösung im Anhang.

R. So, hoist up the John B. sails,

See how the main sail's set,

Send for the cap'n ashore, let me go home!

Let me go home, let me go home!

I feel so broke-up, I wanna go home!

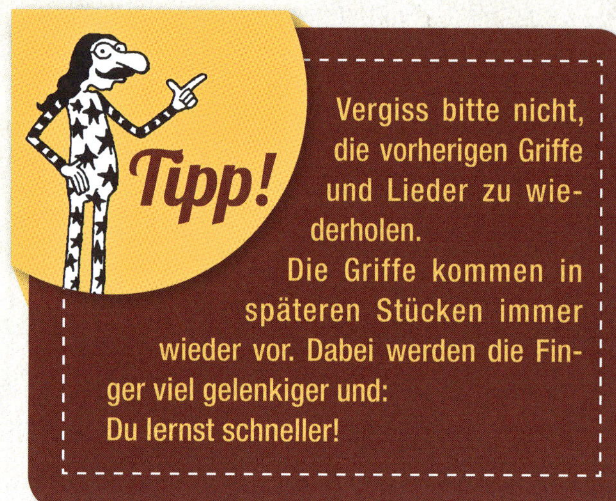

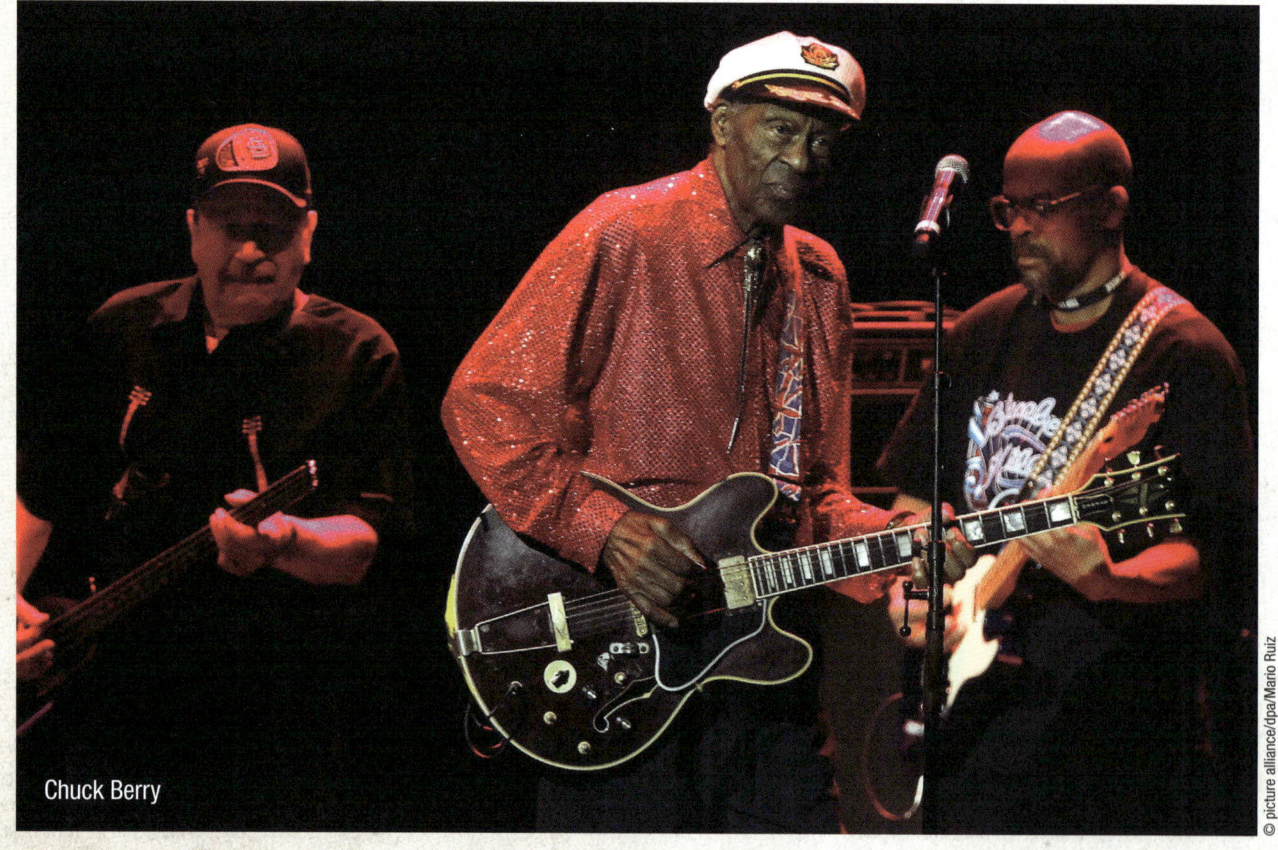

Chuck Berry

9. DIE ERSTEN MOLL-GRIFFE

Es gibt in der Musik Dur- und Moll-Tonarten. Bisher habe ich dir nur **Dur-Griffe** gezeigt. Man empfindet die Dur-Griffe als hell und klar klingend.
Die **Moll-Griffe** haben einen anderen Klangcharakter. Versuche das mal selbst zu empfinden, indem du folgenden Griff spielst:

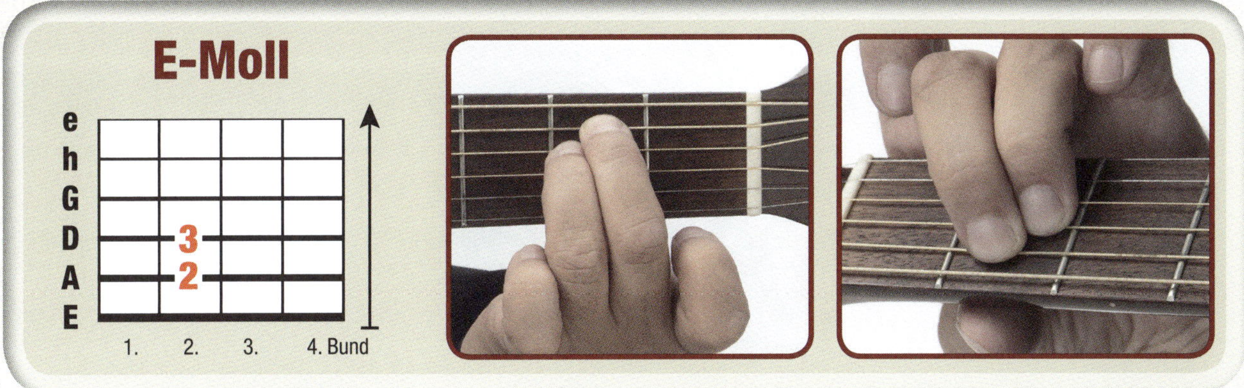

2	**Mittelfinger**	**2. Bund**	**A-Saite**
3	**Ringfinger**	**2. Bund**	**D-Saite**

Der E-Moll-Griff wird auch als **Em** oder **e** bezeichnet. Hier im Buch verwende ich das Griffsymbol **Em**.

Du greifst diesen Griff nur mit zwei Fingern:

- Den **Mittelfinger (2)** setzt du in den **2. Bund** der **A-Saite** und
- den **Ringfinger (3)** setzt du in den **2. Bund** der **D-Saite**.

Das ist ganz leicht. Du kannst hier alle Saiten anschlagen!

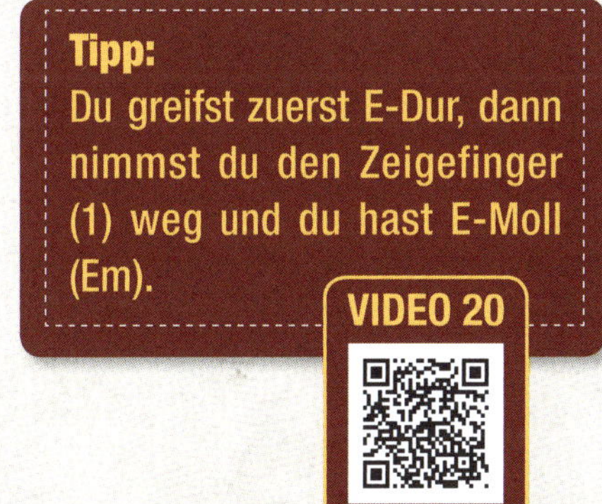

Wie klingt dieser Griff für dich? Für einige klingt er weicher als der E-Dur-Griff. Für andere verträumter oder sogar trauriger. Ich mag ihn jedenfalls und spiele ihn sehr gerne.
Höre dir den **E-Moll-Griff** beim **Audiotrack 24** an und spiele mit. Du kannst alle Saiten anschlagen!
Jetzt übst du ihn wechseln und das geht so:

4x Em, 4x D, 4x Em, 4x D

Jetzt spielst du viermal den Em-Griff und viermal den D-Griff. Versuche wieder, keine rhythmische Pause bei den Griffwechseln zu machen.
Ich spiele dir diese Griffwechsel beim **Audiotrack 24** schön langsam vor und du kannst direkt mitspielen.
Damit das nicht langweilig wird, habe ich dir wieder ein Lied dazu ausgesucht. Du kannst jetzt einen Klassiker aus der Rockmusik spielen. Es ist eine Ballade von der Rockband *Uriah Heep* und heißt:

Merke!
Alle Dur-Griffe werden einfach mit Großbuchstaben geschrieben.
Bei allen Moll-Griffen kommt ein kleines **m** dazu.

Lady in black

Em
1. *She came to me one morning,*

One lonely sunday morning,

D
Her long hair flowing

Em
In the midwinter wind.

I know not how she found me,

For in darkness I was walking,

D
And destruction lay around me

Em
From a fight I could not win.

Em D Em D Em
Ah......................Ah......................

Singe die **Melodie** zu meiner Aufnahme mehrmals mit, bis es gut klappt. Den **Anfangston** findest du auf der A-Saite im 2. Bund. Dann fängst du mit dem Em-Griff an und spielst *Lady in black* zuerst mit einer einfachen Anschlagtechnik.
Noch besser klingt es allerdings mit der **doppelten Anschlagtechnik**. Schaue dir folgende Tabulatur an:

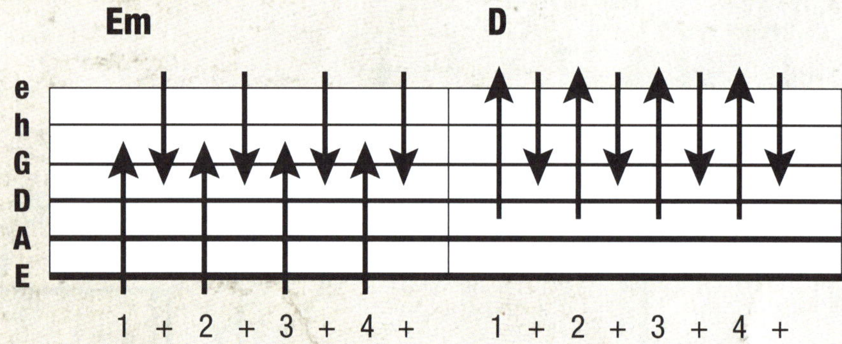

Du spielst jetzt bei **Em** nur die **vier Bass-Saiten**, bei **D** nur die **vier untersten Saiten** (dünnere Saiten) an. Wenn du von unten nach oben anschlägst, dann brauchst du nur drei Saiten anzuschlagen. Das genügt (s. Tabulatur).

Spiele alle Griffe rhythmisch schön gleichmäßig an. Mache keine rhythmischen Pausen bei den Griffwechseln. Vergleiche mit dem **Audiotrack 25**.

Hier wieder die 2. Strophe ohne Griffe:

2. She asked me name my foe then,

I said the need within some men,

To fight and kill their brothers

Without thought of love or god.

And I begged her give me horses,

To trample down my enemy,

So eager was my passion

To devour this waste of live.

Ah .... Ah ....

Es dürfte dir bei diesen zwei Griffen nicht schwer fallen, den jeweils richtigen Griff an die richtige Stelle über den Text zu setzen. Die Lösung findest du wie immer im Anhang.

Spiele *Lady in black* auch mit der **Bassbegleitung**. Das ist nicht besonders schwer und es klingt sehr gut. Dabei zupfst du bei **Em** die dicke **E-Saite** als Bass-Saite und bei **D** die **D-Saite** als Bass-Saite. Schaue dir dazu die Bassbegleitung im Kapitel 5 noch mal an.
Viel Spaß damit!

Tipp:
Spiele mit den Griffen Em und D den Song *Paddy works on the railway* aus meinem Folk-Buch.

Jetzt zeige ich dir den zweiten Moll-Griff:

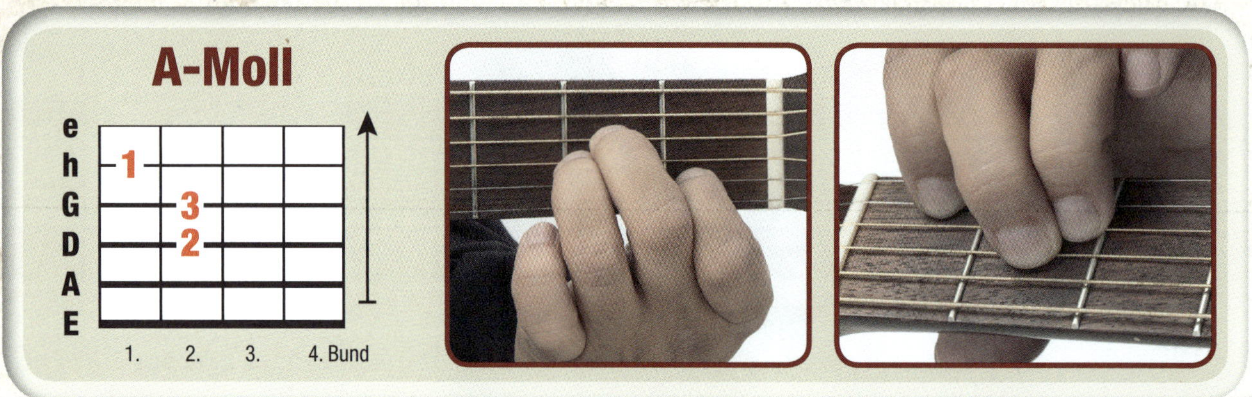

Diesen Griff greifst du mit drei Fingern:

1	**Zeigefinger**	**1. Bund**	**h-Saite**
2	**Mittelfinger**	**2. Bund**	**D-Saite**
3	**Ringfinger**	**2. Bund**	**G-Saite**

Tipp:
Du greifst zuerst E-Dur. Dann gehst du mit jedem einzelnen Finger eine Saite tiefer und du hast A-Moll. Du kannst es dir im Video genau anschauen.

Du kannst hier auch alle Saiten anschlagen. Am besten klingt Am aber ab der A-Saite (wie bei A-Dur).

Wenn du Am auswendig greifen kannst, dann versuche folgende Griffwechsel:

4x Am, 4x G, 4x Am, 4x G

Beim **Audiotrack 26** spiele ich dir den Am-Griff und den Griffwechsel mit Am und G schön langsam vor.

Mit diesen beiden Griffen spielst du das folgende populäre Shanty. Shanties sind Lieder der Seemänner. Es heißt *What shall we do with the drunken sailor?*

What shall we do with the drunken sailor?

Am
1. ***What shall we do with the drunken sailor?***
G
What shall we do with the drunken sailor?
Am
What shall we do with the drunken sailor?
G Am
Early in the morning.

Shanty aus England (1891)

- Singe zuerst zu meinem **Audiotrack 27** die Melodie mit. Den **Anfangston** findest du auf der D-Saite im 2. Bund.
- Dann spiele den Song mit einer einfachen Begleitung. Wenn das gut klappt, dann versuche die **Bassbegleitung**.
- Beim **Am-Griff** spielst du, wie beim A-Griff, die **A-Saite** und beim **G-Griff** die dicke **E-Saite** als Bass-Saite.

Spiele am besten direkt zu meinem **Audiotrack 27** mit.

Hier nun der Refrain (der die gleiche Melodie hat wie die Strophe) ohne Griffe:

R. Hooray and up she rises.

Hooray and up she rises.

Hooray and up she rises.

Early in the morning.

Schreibe selbst die Griffe drüber. Die Lösung findest du im Anhang.
Jetzt erweiterst du die Griffwechsel und spielst:

4x Em, 4x Am, 4x Em, 4x H7 und wieder von vorne.

Höre dir dazu den **Audiotrack** an. Hier spiele ich dir die entsprechenden Griffwechsel deutlich vor.

Als Liedbeispiel habe ich dir für diese Griffe einen alten Blues ausgesucht. Es ist die Geschichte von Moses, wie er die Israeliten aus Ägypten befreit.

> Wenn du von Em nach Am wechselst, dann kannst du beide Finger vom Em-Griff zusammen eine Saite tiefer setzen. Zurück natürlich genauso. Vielleicht hilft dir das etwas.

Go down, Moses

Em H^7 Em
1. *When Israel was in Egypt's Land,*
H^7 Em
Let my people go.
Em H^7 Em
Oppressed so hard, they could not stand,
H^7 Em
Let my people go.

Em Am
R. *Go down, Moses,*
H^7
Way down in Egypt's Land,
Em H^7 Em
Tell ol' Pharao, let my people go!

Amerikanischer Spiriual

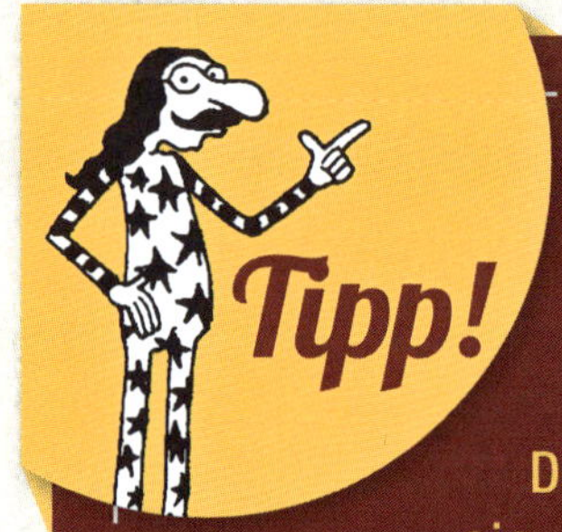

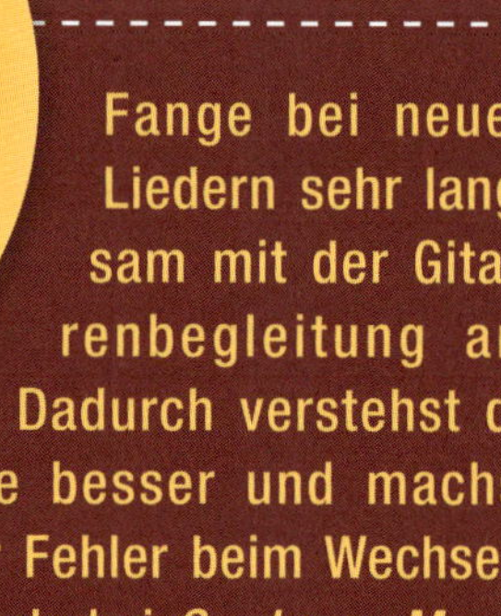

Fange bei neuen Liedern sehr langsam mit der Gitarrenbegleitung an. Dadurch verstehst du sie besser und machst weniger Fehler beim Wechseln der Griffe. Gerade bei *Go down, Moses* ist das sehr wichtig, da du die Griffe sehr schnell wechseln musst.
Natürlich sollst du auch nicht zu lange an einem Stück üben. Das tut den Fingern nur weh und dein Üben wird zu mechanisch. Also nicht einmal die Woche 5 Stunden hintereinander üben, sondern jeden Tag ein bisschen; vielleicht eine halbe Stunde.

Gerade unter der farbigen Bevölkerung der USA ist dieses Lied sehr populär, da es zu der sozialen Stellung unterdrückter Bevölkerungsschichten Bezug nimmt.

Übe zuerst die **Melodie** singen. Den Anfangston findest du auf der A-Saite im 2. Bund. Dann spielst du *Go down, Moses* mit einer einfachen Anschlagtechnik. Achte darauf, dass du meistens schon nach **zwei Anschlägen** die Griffe wechseln musst.
Wenn das gut klappt, dann versuche dazu die **Bassbegleitung**. Sie ist in diesem Fall sehr charakteristisch und verstärkt die Stimmung des Stückes.
Du spielst hierbei die **gleichen Bass-Saiten** wie bei den **Dur-Griffen**. Also bei **Em** die **dicke E-Saite**, bei **Am** die **A-Saite**. Natürlich spielst du bei **H^7** auch die **A-Saite** als Bass-Saite!

Bei der 2. Strophe suchst du dir wieder anhand der Melodie die Griffe selbst.

2. *No more shall they in bondage toil,*

Let my people go.

Let them come out with Egypt's spoil,

Let my people go.

Die Lösung steht wieder im Anhang!

Tipp:
Mit denselben Griffen kannst du z. B. die Lieder *Bella ciao*, *The Cuckoo* und *Un as der Rebbe singt* aus meinem Folk-Buch spielen.

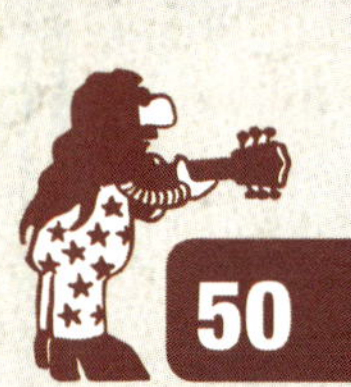

Zur Abwechslung folgt jetzt mal wieder ein **Dur-Griff**. Er heißt:

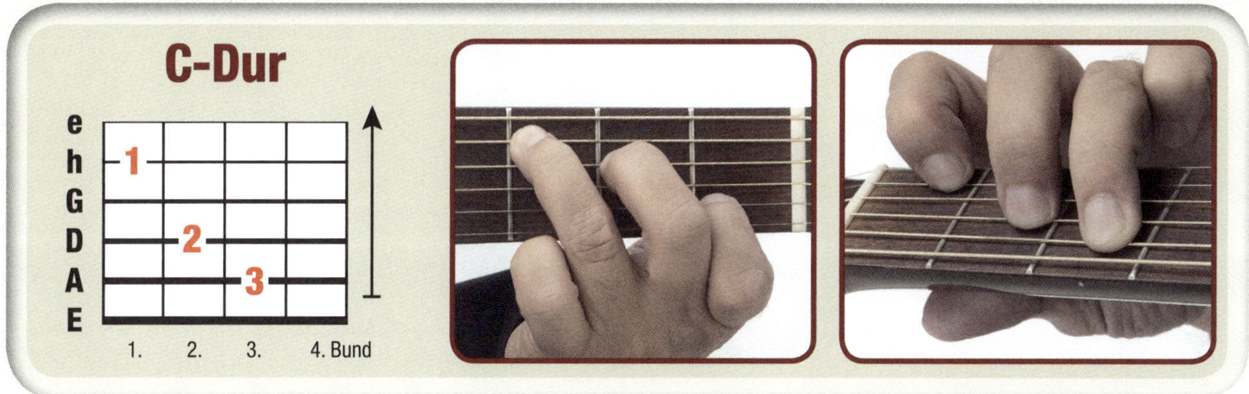

Auch diesen Griff greifst du mit **drei Fingern** und zwar:

1	**Zeigefinger**	**1. Bund**	**h-Saite**
2	**Mittelfinger**	**2. Bund**	**D-Saite**
3	**Ringfinger**	**3. Bund**	**A-Saite**

Du kannst alle Saiten anschlagen. Aber am besten klingt er ab der A-Saite, wie beim A-Griff.
Achte darauf, dass du deine Finger möglichst senkrecht auf die Saiten und auf das Griffbrett setzt. Sonst kann es sein, dass du die benachbarten Saiten berührst. Achte wieder auf die Daumenhaltung hinter dem Griffbrett! Schaue dir auch im **Video 22** an, wie ich den C-Griff greife.
Das Wechseln übst du in folgender Reihenfolge:

4x G, 4x Am, 4x C, 4x G

und wieder von vorne.

Du kannst diese Grifffolge direkt bei meinem **Audiotrack 30** mitspielen.

Tipp:
Wenn du vom Am-Griff zum C-Griff wechselst, dann brauchst du nur einen Finger zu verändern. Du setzt den Ringfinger (3) von der G-Saite auf die A-Saite im 3. Bund.

Mit diesen Griffen lernst du einen Hit spielen, bei dem bestimmt alle deine Freunde mitsingen. Er ist von den *4 Non Blondes* und wird von vielen bekannten Musikern gecovert:

What's up?

```
   G
1. Twenty Five years and my life is still
   Am                                   C
   Trying to get up that great big hill of hope
               G
   For a destination.
     G
   I realized quickly when I knew that I should
             Am                                     C
   That the world was made of this brotherhood of man
                        G
   For whatever that means.
              G
   And so I cry sometimes when I'm lying in bed
          Am                                C
   Just to get it all out what's in my head and I,
                             G
   I am feeling a little peculiar.
       G
   So I wake in the morning and I step outside
         Am                                     C
   And I take a deep breath and I get real high and I
                                               G
   Scream at the top of my lungs what's goin on?

               G                       Am
R. And I said hey-yeah-yeah-hey-hey, hey-yeah-yeah,
         C           G
   I said hey, what's going on?
               G                       Am
   And I said hey-yeah-yeah-hey-hey, hey-yeah-yeah,
         C           G
   I said hey, what's going on?
```


Übe wieder den **Gesang** zuerst. Den **Anfangston** findest du auf der A-Saite im 2. Bund.

Jetzt spielst du die Griffe mit der **doppelten Anschlagtechnik**. Wenn das gut klappt, dann spiele zum **Audiotrack 31** einfach mit. Das ist nicht schwer und macht unglaublich viel Spaß! Ich betone den Anschlag von oben nach unten etwas stärker als den Anschlag von unten nach oben. Dadurch swingt die Begleitung besser. Versuche das und vergleiche meine Anschlagtechnik mit meiner Aufnahme.
Die restlichen Strophen findest du im Anhang!

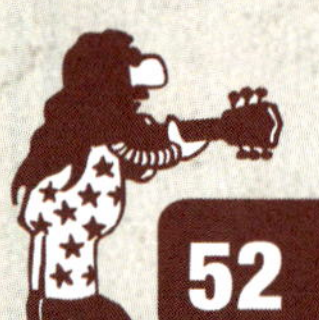

Als nächstes spielst du die Grifffolge:

4x G, 4x Am, 4x C, 4x D

und wieder von vorne.

Damit kannst du einen Klassiker der deutschsprachigen Popsongs spielen. Es ist eines der schönsten Lieder von **Reinhard Mey** und heißt:

Über den Wolken

G Am
1. Wind Nord-Ost, Startbahn null-drei,
D G
Bis hier hör' ich die Motoren.
Am
Wie ein Pfeil zieht sie vorbei,
D G
Und es dröhnt in meinen Ohren.
Am
Und der nasse Asphalt bebt,
D C G
Wie ein Schleier staubt der Regen.
Am
Bis sie abhebt und sie schwebt,
D G
Der Sonne entgegen.

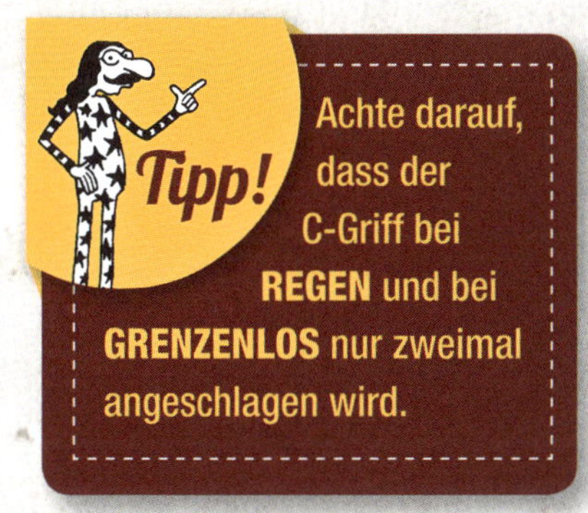

Am D C G
R. Über den Wolken, muss die Freiheit wohl grenzenlos sein.
Am
Alle Ängste, alle Sorgen, sagt man,
D G
Blieben darunter verborgen und dann,
C G
Würde was uns groß und wichtig erscheint,
D G
Plötzlich nichtig und klein.

Singe zum **Audiotrack 32** so lange mit, bis du die **Melodie** gut singen kannst. Den **Anfangston** findest du, wenn du die leere D-Saite anschlägst.

Dann spielst du die Griffe mit der **doppelten Anschlagtechnik** (s. Seite 42).

Hier die zweite Strophe ohne Griffe:

2. Ich seh' ihr noch lange nach,

Seh' sie die Wolken erklimmen.

Bis die Lichter nach und nach,

Ganz im Regengrau verschwimmen.

Meine Augen haben schon,

Jenen winz'gen Punkt verloren.

Nur von fern klingt monoton,

Das Summen der Motoren.

R. Über den Wolken, muss die Freiheit wohl grenzenlos sein.

Alle Ängste, alle Sorgen, sagt man,

Blieben darunter verborgen und dann,

Würde was uns groß und wichtig erscheint,

Plötzlich nichtig und klein.

Setze wieder selbst die Griffe an die richtige Stelle über dem Text.
Die Lösung und alle Strophen findest du im Anhang.

2. TEIL

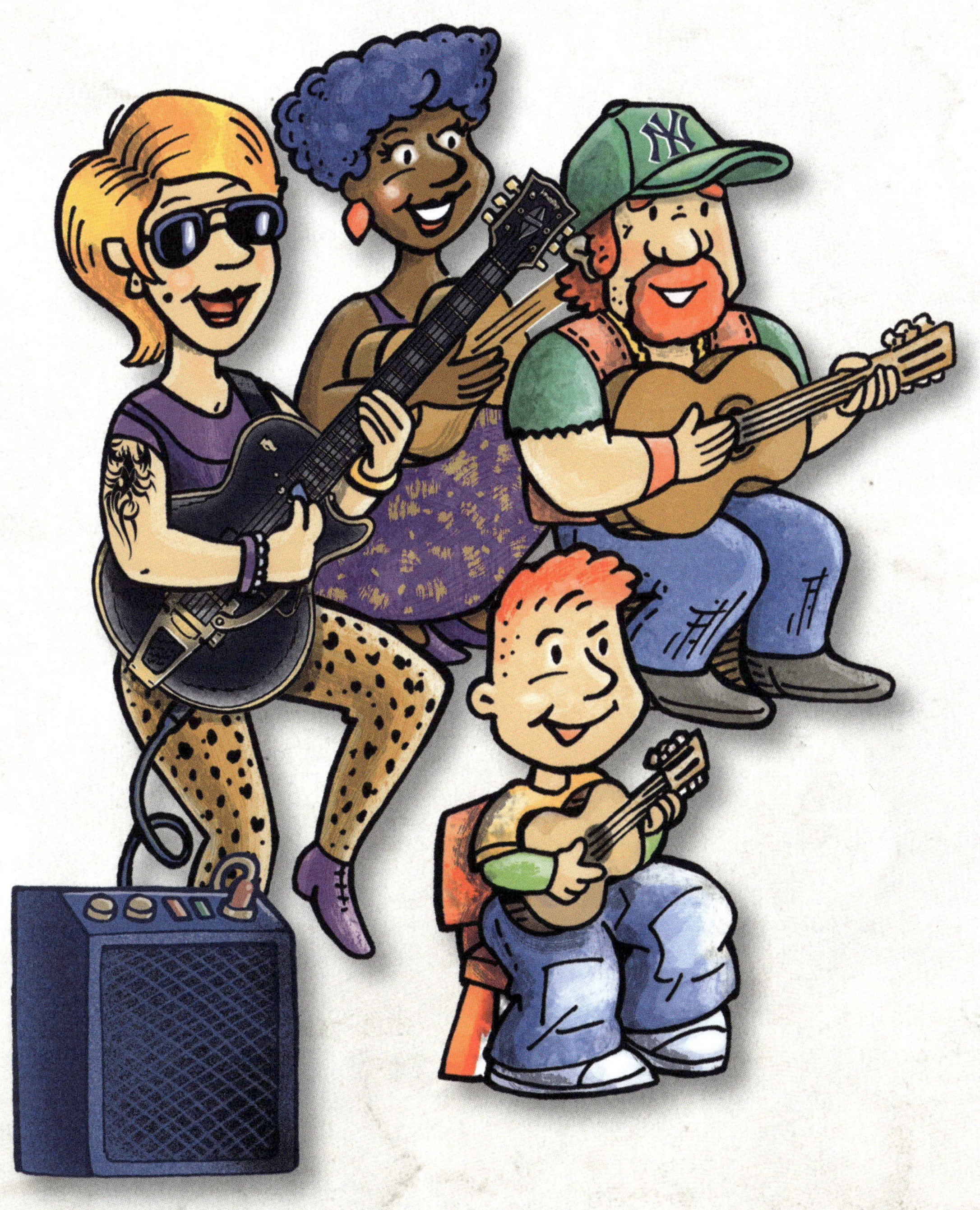

VORBEMERKUNG

In diesem Teil lernst du viele neue Griffen, neue Anschlagtechniken und leichte Zupftechniken. Darüber hinaus lernst du einiges über das Melodie- und Solospiel, wie du mit dem Plektrum umgehst, das Hammering und natürlich die Barré-Technik. Dabei wirst du andere Taktarten und Betonungen kennenlernen.
Das hört sich alles sehr kompliziert an, ist aber nicht zu schwer. Du bist jetzt bis zum 2. Teil gekommen, dann wirst du diese Hürde auch mit Leichtigkeit nehmen. Selbst die Barré-Griffe sind mit etwas Geduld zu schaffen. Aber wenn du da behutsam und nicht zu schnell dran gehst, dann schaffst du es.

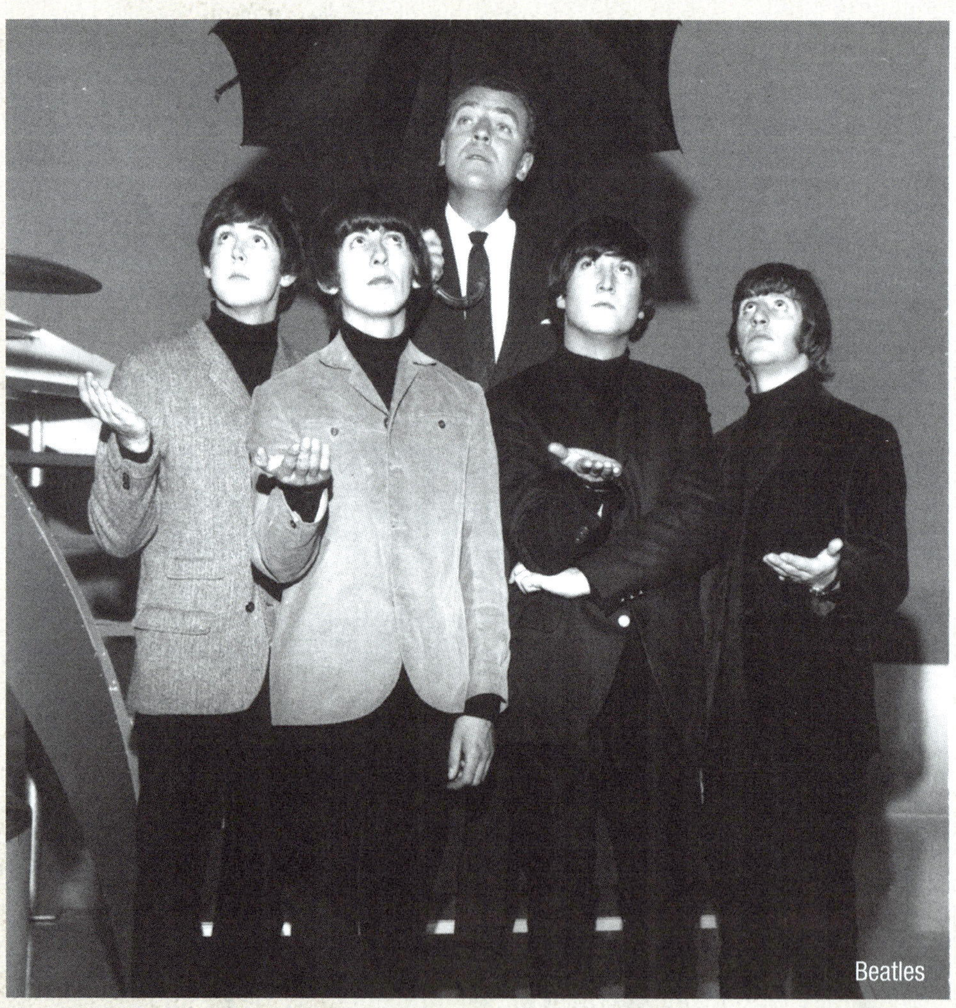
Beatles

Oh Herr, sollen wir nach dem 1. Teil mit diesen wunden Fingern weitermachen?

1. LEICHTE VORÜBUNG

Du startest mit einem Liedbeispiel, bei dem du einige Griffe aus dem 1. Teil gut üben und wiederholen kannst. Es ist eines der populärsten Lieder aus Irland und heißt:

Whiskey in the jar

G
1. As I was going over

Em
The far-famed mountain,

C
I met with Captain Farrell

G
And his money he was countin'.

I first produced my pistol

Em
And I then produced my rapier.

C
Saying: "Stand and deliver

G
For you are my bold deceiver".

D
R. Mush-a riggedum, diggedum dah.

G
Whack fol di daddy-o,

C
Whack fol di daddy-o,

G D G
There's Whiskey in the jar.

Textbearbeitung Peter Bursch,
in Anlehnung an die Version der Dubliners,
Melodie: Irische Volksweise

Tipp:
Übe zuerst die schnellen Griffwechsel am Ende des Refrains. Hier wechselst du die Griffe G und D schon nach zwei doppelten Anschlägen.

Lerne wieder zuerst die **Melodie**, dann die Griffwechsel. Wenn du die **leere D-Saite** anschlägst, dann hast du den **Anfangston** der Melodie. Klappt das gut, dann spiele diesen Song zuerst mit der **doppelten Anschlagtechnik**.

Noch schöner klingt es mit der **Bassbegleitung**.

- Bei den Griffen **G** und **Em** schlägst du die dicke E-Saite als Bass-Saite an;
- beim **C-Griff** die **A-Saite** und
- beim **D-Griff** die **D-Saite**.

Höre dir dazu den **Audiodtrack 33** an.

Nun die 2.Strophe ohne Griffangaben:

2. He counted out his money

And it made a pretty penny.

I put it in my pockets

And I gave it to my Jenny.

She sighed and she swore,

That she would never betray me.

But the devil take the women

For they never can be easy.

Bei den vielen Griffen ist es nicht leicht, sie an die richtige Stelle zu setzen. Du musst die Melodie mit der Begleitung immer wieder mit unterschiedlichen Griffen ausprobieren. Das machst du solange, bis du ein gutes Gefühl hast, dass die Griffe stimmen. Die Lösung findest du wieder im Anhang.

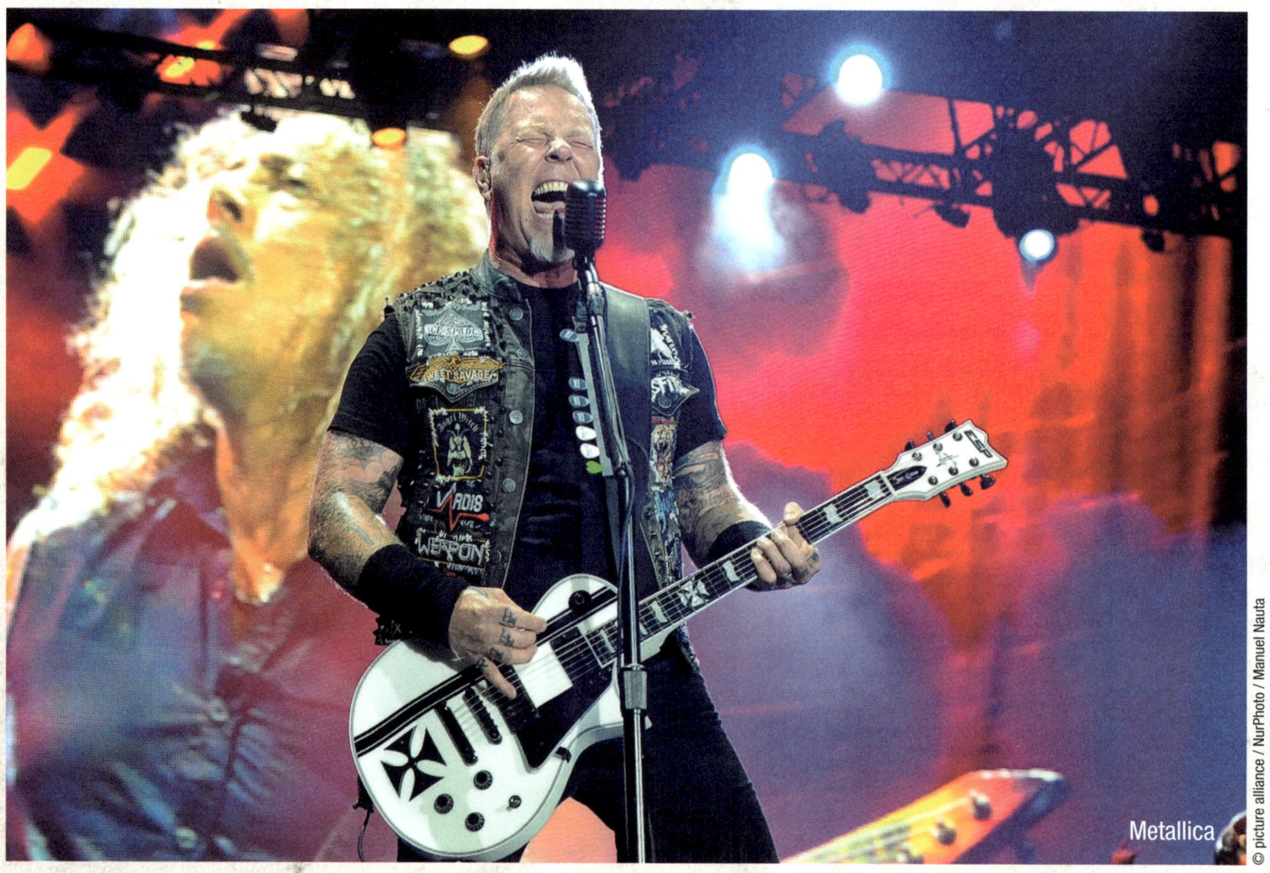

Metallica

2. DER ERSTE BARRÉGRIFF

Barré heißt, dass du mit einem Finger mehrere Saiten greifst.
Hier der einfachste Griff dieser Art.

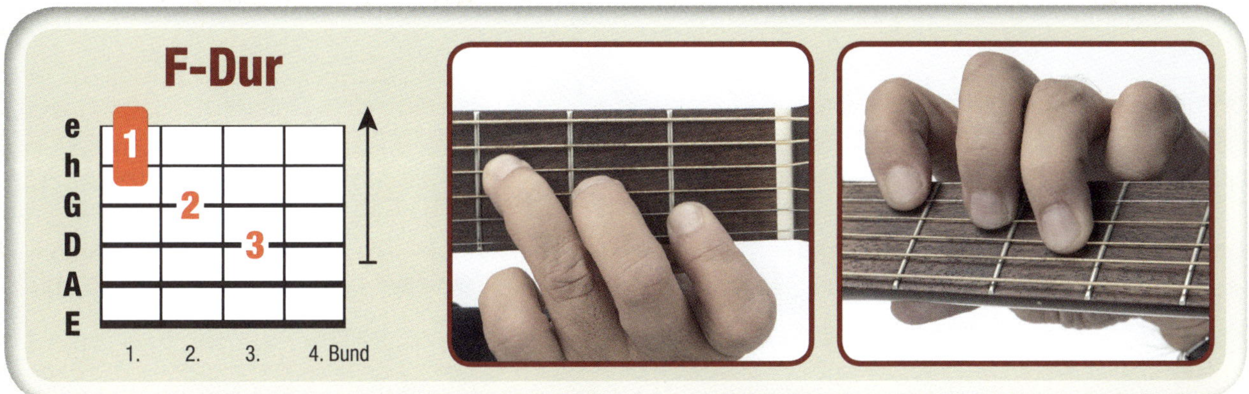

1	**Zeigefinger**	**1. Bund**	**e-Saite**
1	**Zeigefinger**	**1. Bund**	**h-Saite**
2	**Mittelfinger**	**2. Bund**	**G-Saite**
3	**Ringfinger**	**3. Bund**	**D-Saite**

- Mit dem **Zeigefinger (1)** drückst du die untersten **2 Saiten (Barré)** gleichzeitig so fest auf das **Griffbrett**, dass die Saiten beim Anschlagen sauber klingen und nicht schnarren. Dabei drückst du mit dem **Zeigefinger** flach auf die **e- und h-Saite** im **1. Bund**, kurz vor dem Bundstäbchen. Der Gegendruck kommt vom Daumen, den du von hinten gegen den Hals drückst.
  Das musst du mehrmals versuchen und den Zeigefinger immer wieder neu auf das Griffbrett drücken, bis die Saiten beim Anschlagen sauber klingen.
  Schaue es dir auch in meinem **Video** genau an.

- Nun drückst du den **Mittelfinger (2)** auf die **G-Saite** im **2. Bund**. Du darfst dabei allerdings nicht die dünnen Saiten berühren, sonst klingen die nicht. Also möglichst senkrecht mit dem Mittelfinger auf die G-Saite drücken (s. Foto).
  Das Gleiche machst du auch mit dem **Ringfinger (3)**, mit dem du nun auf der **D-Saite** in den **3. Bund** greifst.
- Jetzt spielst du jede Saite, die du greifst, einzeln an.

Wenn eine Saite nicht sauber klingt, dann setze die Finger noch mal neu auf die Saiten. Wenn du das mehrmals machst, dann wird es schon klappen.
Schau es dir auf den **Grifffotos** und in meinem Video genau an.

Es kann etwas dauern, bis du den **F-Griff** sauber greifen und spielen kannst. Lass dich nicht entmutigen. Es ist der **erste Barrégriff**, den du lernst. **Man nennt ihn auch den kleinen F-Griff.**
Den großen lernst du im Kapitel *Die Barrétechnik* (Seite 81).

Damit eröffnet sich eine neue Gitarrenwelt. Bisher greifst du nur in den ersten drei Bünden. Mit der Barrétechnik kannst du den Griff leicht in jeden anderen Bund verschieben und damit in allen Tonarten spielen.

Du kannst jetzt die untersten 4 Saiten anschlagen, nicht jedoch die dicke E-Saite und die A-Saite.
Höre dir dazu den Anfang vom **Audiotrack 34** an. Hier spiele ich dir den F-Griff genau vor mit folgender Wechselübung:

4x F, 4x C, 4x F, 4x C

Das Gleiche machst du umgekehrt, wenn du vom C-Griff zum F-Griff wechselst.

Mit diesen beiden Griffen spielst du einen populären Folksong aus den USA, der auf einer wahren Geschichte beruht. Es gibt viele bekannte Cover-Versionen von diesem Song, wovon einige sogar Nr.1-Hits wurden.

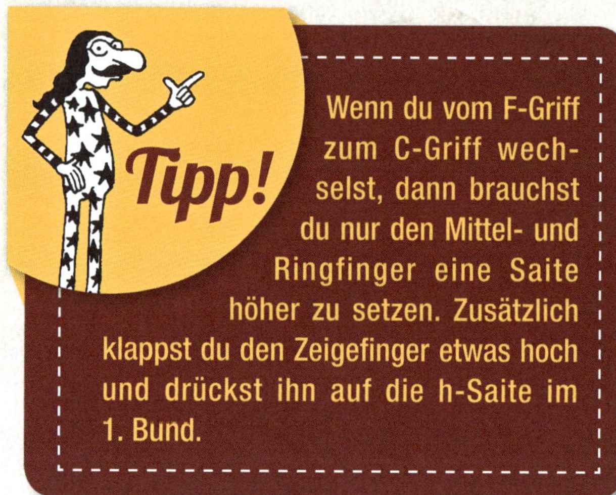

Tom Dooley

```
   F
R. Hang down your head Tom Dooley,
                              C
   Hang down your head and cry,

   Hang down your head Tom Dooley,
                          F
   Poor boy, your bound to die.
```

Amerikanischer Folksong

Übe zuerst wieder den **Gesang**. Den **Anfangston** findest du auf der A-Saite im 3. Bund.
Spiel direkt zum **Audiotrack 35** mit.
Hier ist die **1. Strophe** ohne Griffe:

1. I met her on the mountain,

There I took her life,

Met her on the mountain,

Stabbed her with my knife.

Die Melodie ist die gleiche wie im Refrain.
Schreibe wieder die Griffe nach deinem Gefühl drüber. Die Lösung findest du im Anhang.
Versuche auch mal *Tom Dooley* mit der **doppelten Anschlagtechnik** zu spielen.

3. NEUE ANSCHLAGTECHNIK

Wenn die doppelte Anschlagtechnik gut klappt, dann habe ich einen neuen Vorschlag für dich:

Du zählst zunächst langsam von 1 bis 4 gleichmäßig hintereinander. Dabei schlägst du zu **jeder Zahl** beim **C-Griff**, ab der A-Saite, alle Saiten von **oben nach unten** hin an.
Im gleichen Tempo wiederholst du das Ganze, schiebst aber zwischen den Zahlen ein „+" (und) ein.
Dazu zählst du laut:

1		**2**		**3**		**4**		**1**	
eins	**und**	**zwei**	**und**	**drei**	**und**	**vier**	**und**	**eins**	usw.

Verkürzt sieht das so aus:

1 + 2 + 3 + 4 + 1 + usw.

Denke daran, dass du bei dieser Vorübung nur bei den **Zahlen** den **C-Griff** anschlägst, nicht bei dem + (das du aber laut zählst). Vergleiche mit dem Anfang vom **Audiotrack 36**.

Wenn das funktioniert, dann schlage bei dem **+** nach der **2** sowie bei dem **+** nach der **4** zusätzlich die Saiten von **unten** aus an.
Nochmals: Bei den **Zahlen** erfolgen die Schläge mit dem Daumen von **oben** nach unten, während bei den **+** (nach der 2 und nach der 4) die Saiten von **unten** nach oben hin angeschlagen werden.

Du zählst jetzt:

↑ ↑↓↑ ↑↓↑ ↑↓↑ ↑↓

1 2 + 3 4 + 1 2 + 3 4 + usw.

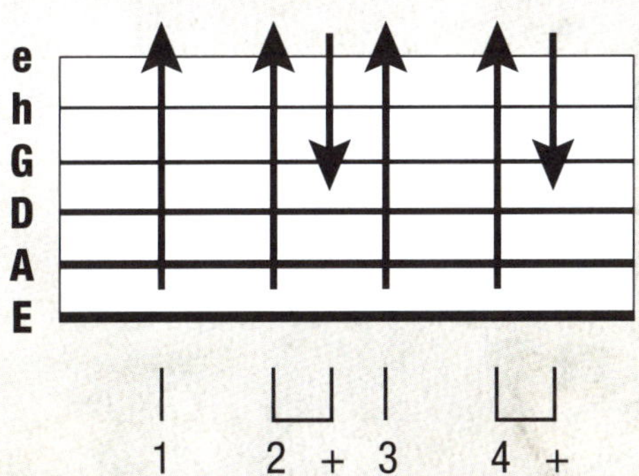

Achte auf die **Pfeile über den Zahlen**. Sie zeigen dir, in welche Richtung du die Saiten anschlagen sollst.

Rhythmisch gesehen bezeichnet man die Anschläge bei den **Zahlen** als **1/4-Anschläge** (sprich: Viertel-Anschläge) und die bei den **+** als **1/8-Anschläge** (sprich: Achtel-Anschläge). Die Zeichen in der Tabulatur dafür sind:

1/4-Anschlag = |

1/8-Anschlag = └

2 1/8 Anschläge = └┘

> **Tipp:**
> Wenn du die Zahlen (1, 2, 3, 4) zählst, klopfe dabei rhythmisch mit dem rechten Fuß mit. Das hilft dir, im Rhythmus zu bleiben.

Du kannst es dir, wie gesagt, am Anfang vom **Audiotrack 36** genau anhören. Versuche doch dabei mitzuspielen.

Beim **Audiotrack 36** spiele ich dir nach der Rhythmusübung noch mal den **Refrain** mit der **neuen Anschlagtechnik** schön langsam vor.
Diese Anschlagtechnik ist sehr populär. Viele bekannte Songs werden damit gespielt.
Wenn du die Songs aus dem 1. Teil dieses Buches wiederholst, dann versuche doch mal, sie mit der neuen Anschlagtechnik zu spielen. Das klingt sehr gut und macht riesigen Spaß!

Als nächstes übst du folgende Grifffolge:

4x C, 4x F, 4x C, 4x G und wieder von vorne.

Damit spielst du ein altes kubanisches Volkslied, das u. a. durch die *Toten Hosen* zu einem bekannten Partysong geworden ist. Es heißt:

Guantanamera

C F G C F G
R. Guantanamera, guajira Guantanamera.
C FG C FG
Guantanamera, guajira Guantanamera.

C F G
1. Yo soy un hombre sincero,
C F G
De donde crece la palma.
C F G
Yo soy un hombre sincero,
C F G
De donde crece la palma.
C F G
Y antes de morir me quiero,
C F G
Echar mis versos del alma.

Musik: alte kubanische Volksweise,
Text: José Marti (1853-1895)

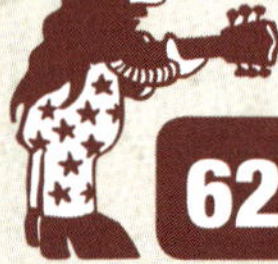

Am **Anfang** spielst du den **C-Griff** mehrmals an, damit du leichter den Anfangston der Melodie findest. Es ist übrigens der **Ton A**. Du findest ihn im **2. Bund** auf der **G-Saite**.
Spiele hier die gleiche Anschlagtechnik wie bei *Tom Dooley*.

An manchen Stellen werden die Griffe sehr schnell gewechselt. Fange also wieder sehr langsam an, bis du den Song ohne Probleme spielen kannst. Dann versuche zum **Audiotrack 37** mitzuspielen.

Zur Übung hier die **2. Strophe** ohne Griffe:

2. Mi verso es de un verde claro,

Y de un carmin encendido.

Mi verso es de un verde claro,

Y de un carmin encendido.

Mi verso es un cierro herido,

Que busca en el monte amparo.

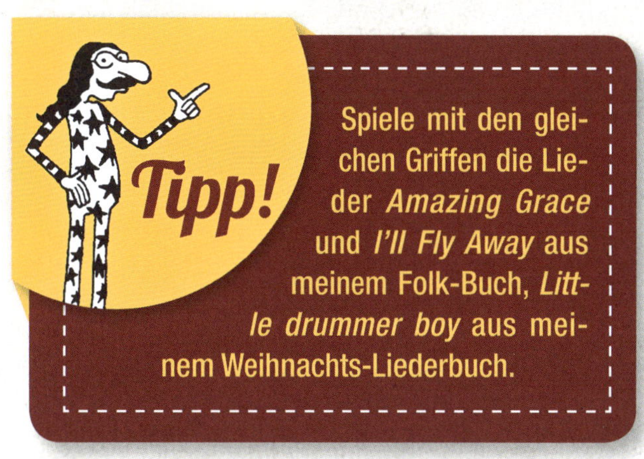

Lösung wie immer im Anhang.

Zur Entspannung jetzt ein Griff der nicht so schwer ist wie der F-Griff.
Er heißt D-Moll (er wird auch als „Dm" oder „d" bezeichnet:

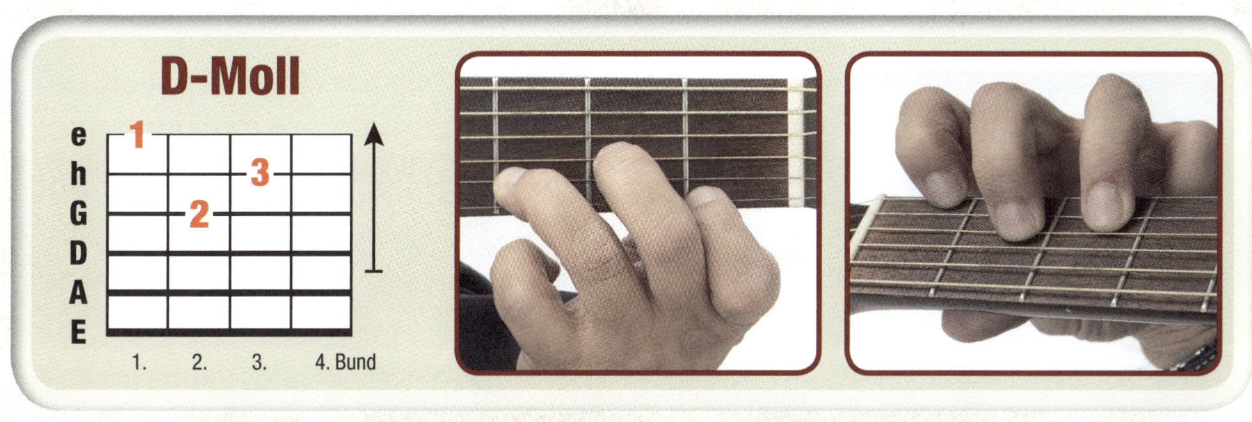

1	**Zeigefinger**	**1. Bund**	**e-Saite**
2	**Mittelfinger**	**2. Bund**	**G-Saite**
3	**Ringfinger**	**3. Bund**	**h-Saite**

Du schlägst nur die **untersten vier Saiten** an (wie beim D-Dur-Griff). Ich spiele dir den Dm-Griff auch im Video 25 langsam vor.
Das Wechseln übst du in folgender Reihenfolge:

4x Dm, 4x C, 4x Dm, 4x C usw.

Mit diesen beiden Griffen spielst du zur Übung noch mal *What shall we do with the drunken sailor?* Nur in einer anderen Tonart.

What shall we do with the drunken sailor?

Dm
1. What shall we do with the drunken sailor?
C
What shall we do with the drunken sailor?
Dm
What shall we do with the drunken sailor?
C *Dm*
Early in the morning.

Shanty aus England (1891)

Jetzt findest du den **Anfangston** beim Singen auf der G-Saite im 2. Bund.
Spiele zuerst mit einer einfachen Anschlagtechnik. Wenn das gut klappt, dann versuche dazu die **Bassbegleitung**. Die **Bass-Saite** für **Dm** ist die **D-Saite**. Vergleiche mit dem **Audiotrack 38**.

Hier nun der **Refrain**, der die gleiche Melodie hat wie die Strophe, ohne Griffe:

R. Hooray and up she rises.

Hooray and up she rises.

Hooray and up she rises.

Early in the morning.

Schreibe selbst die Griffe drüber.
Die Lösung findest du im Anhang.

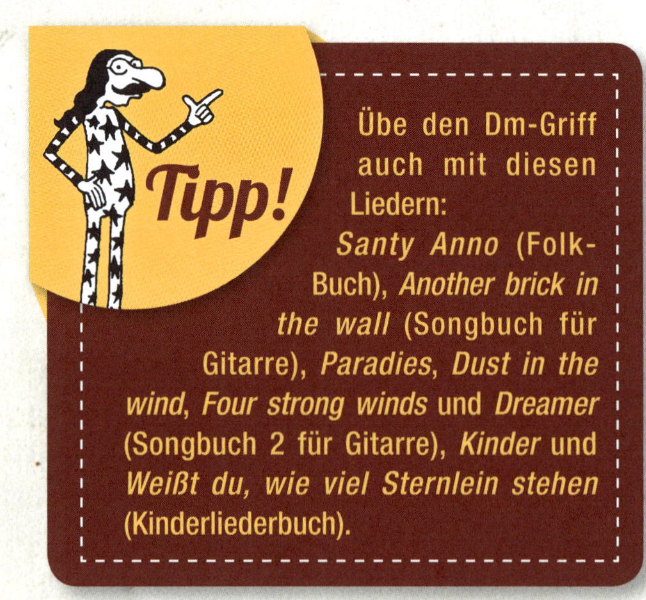

4. DER 3/4-TAKT

VIDEO 26

Bis jetzt hast du alle Liedbeispiele im **4/4-Takt** gespielt. Es gibt aber noch andere Taktarten wie z. B. den **3/4-Takt**. Am besten erkläre ich dir diese Taktart mit folgender **Vorübung**:

39

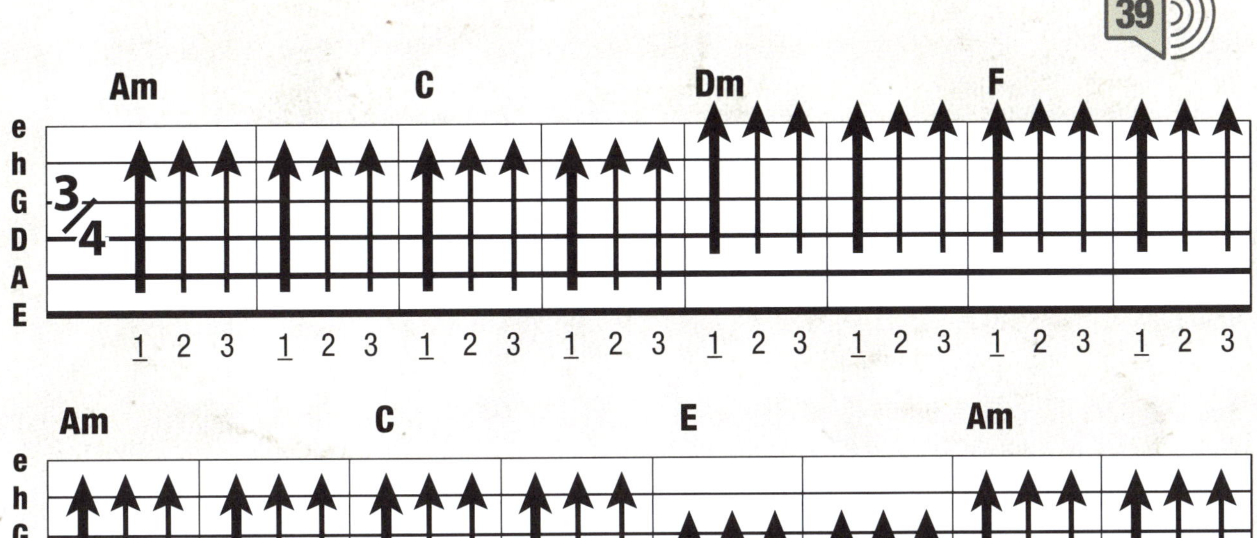

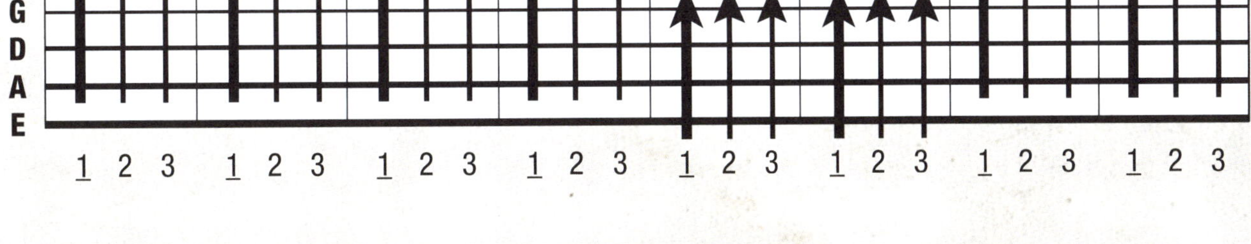

Wie du siehst, schlägst du jetzt jeden Griff in einer **Dreier-Folge (1, 2, 3)** an. Das heißt: dreimal in einem Takt. **Deswegen heißt diese Taktart 3/4-Takt.**
Dabei betonst du den ersten Anschlag (**fetter Pfeil**).

Die Zählzeiten stehen unter der Tabulatur (1, 2, 3). Da die 1 unterstrichen ist, wird der erste Anschlag kräftiger gespielt.

Übe mit dieser Spieltechnik zuerst die einzelnen Griffe und Griffwechsel wie in der Tabulatur angegeben. Übe so lange, bis du die Anschläge nicht mehr mitzählen musst und die Dreier-Folge auswendig spielen kannst.
Achte auch darauf, dass du zu dem jeweiligen Griff die richtigen Saiten anschlägst.
Du kannst es dir im **Audiotrack 39** genau anhören.

„Zufälligerweise" passt diese Grifffolge zu einem Lied, das du bestimmt schon einmal gehört hast. Fast jeder der Gitarre spielt, kann es auswendig. Es ist ein Folksong aus den USA und handelt von den Prostituierten in New Orleans. Die Popband *The Animals* mit *Eric Burden* als Sänger, *Joan Baez, Bob Dylan* und sogar *Udo Jürgens* hatten damit einen großen Hit. Er heißt *The house of the Rising Sun.*

The house of the Rising Sun

```
      Am  C        Dm    F
1. There is a house in New Orleans,
      Am       C   E
   They call the Rising Sun.
      Am          C      Dm            F
   It has been the ruin of many a poor girl,
      Am       E      Am
   And me, oh God, I'm one.
```

Amerikanischer Folksong

Nachdem du die **Melodie** gelernt hast (der **Anfangston** ist die **leere A-Saite**), spiele die angegebene Anschlagtechnik im 3/4-Takt dazu.
Du spielst wieder jeden Griff zweimal im 3/4-Takt, außer den E-Griff bei *Sun*. Den spielst du viermal im 3/4-Takt. Schau dir das in der Übung auf der vorigen Seite an, dort hast du bereits diese Akkordfolge geübt.
Vergleiche mit dem **Audiotrack 40**.

Das Stück eignet sich zum Spielen deswegen so gut, weil viele verschiedene Griffe darin vorkommen und du das Wechseln gut üben kannst.

Hier die **2. Strophe** ohne Griffe:

2. My mother is a tailor,

She sews those new blue jeans.

My sweetheart is a drunkard Lord,

Drinks down in New Orleans.

Schreibe auch hier die Griffe wieder selbst drüber und überprüfe es im Anhang.

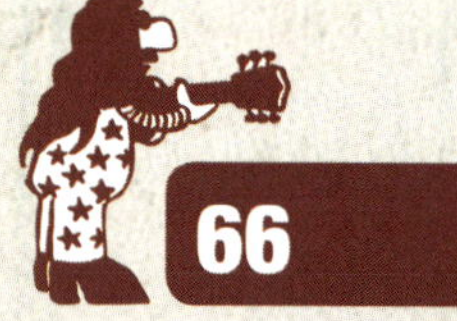

Nun zeige ich dir, wie du mit einem **zusätzlichen Griff** das ganze Lied noch interessanter begleiten kannst:

The house of the Rising Sun

Am C Dm F
1. There is a house in New Orleans,

Am C E E^7
They call the Rising Sun.

Am C Dm F
It has been the ruin of many a poor girl,

Am E E^7 Am
And me, oh God, I'm one.

Amerikanischer Folksong

Der fehlende Griff heißt:

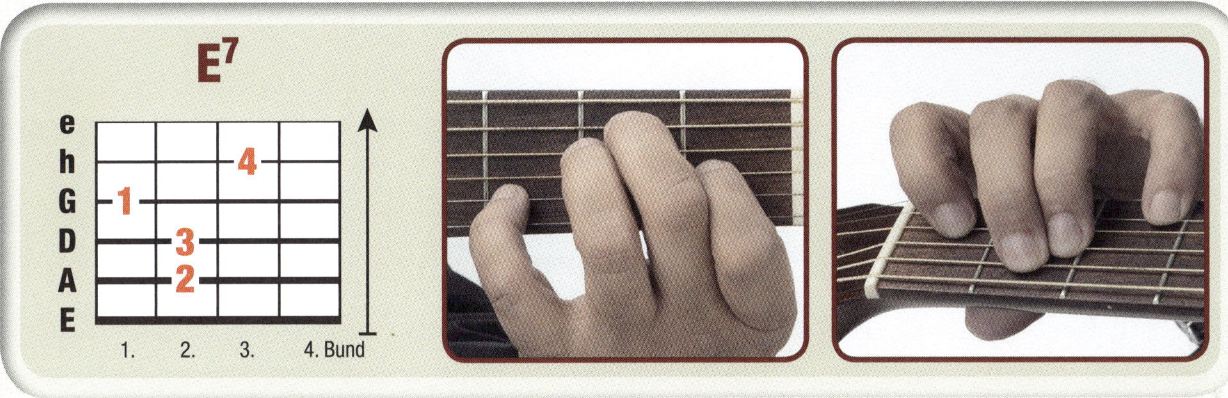

1	**Zeigefinger**	**1. Bund**	**G-Saite**
2	**Mittelfinger**	**2. Bund**	**A-Saite**
3	**Ringfinger**	**2. Bund**	**D-Saite**
4	**kleiner Finger**	**3. Bund**	**h-Saite**

Du greifst also den **E-Griff** und setzt zusätzlich den **kleinen Finger** in den **3. Bund** der **h-Saite**.
E^7 bedeutet, dass du zusätzlich zum E-Griff den Ton D greifst. Dieser Ton ist die kleine Septime des E-Dur-Akkords, daher die kleine 7 beim Akkordbuchstaben.
Den Ton D greifst du auf der h-Saite im 3. Bund.
Hier kannst du **alle** Saiten anschlagen.
Du kannst dir diese Version beim **Audiotrack 41** genau anhören. Schaue dir auch im **Video 27** an, wie ich den E^7-Griff spiele. Hier spiele ich dir auch alle Griffwechsel von *The house of the Risin Sun* vor.

Tipp:
Ein zusätzliches Übungslied im 3/4-Takt mit den Griffen D, G und A findest du in meinem „Songbuch für Gitarre". Es heißt *Mull of Kintyre* und ist von Paul McCartney.

5. DAS ZUPFEN MIT DEM DAUMEN

Bisher hast du mit dem Daumen der rechten Hand nur eine Bass-Saite oder mehrere Saiten zusammen angeschlagen. Ich will dir jetzt zeigen, wie du mit dem **Daumen einzelne Saiten hintereinander zupfen** kannst.

Du greifst z. B. **Am** und schlägst mit dem **Daumen hintereinander** die **A-Saite**, **D-Saite** und **G-Saite** an. Probiere das erst mal langsam aus. Versuche dabei nicht mit der rechten Hand zu verkrampfen, sondern gleite locker mit dem Daumen über die entsprechenden Saiten. So etwas heißt **zupfen**!

Wenn es dir hilft, dann **stütze** mit den anderen Fingern deine Zupfhand auf der Resonanzdecke deiner Gitarre ab. Schaue dir dazu die beiden Fotos an. Hier zeige ich dir, wie ich mit und ohne Stützfinger mit dem Daumen zupfe. Probiere es selbst aus.

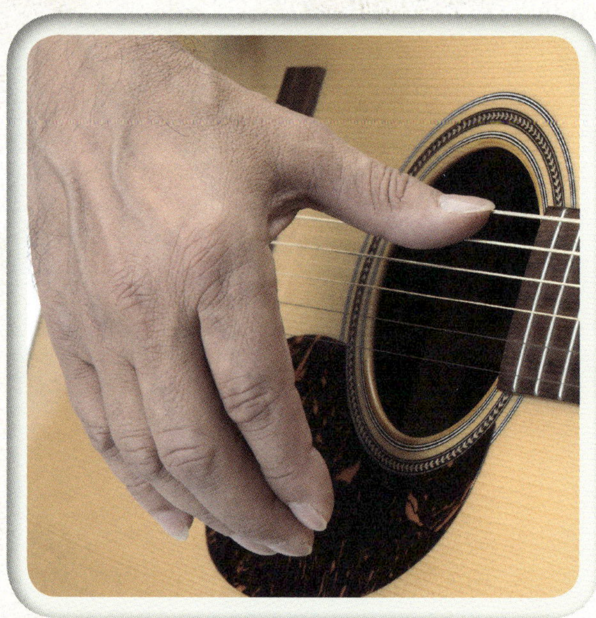

mit Stützfinger

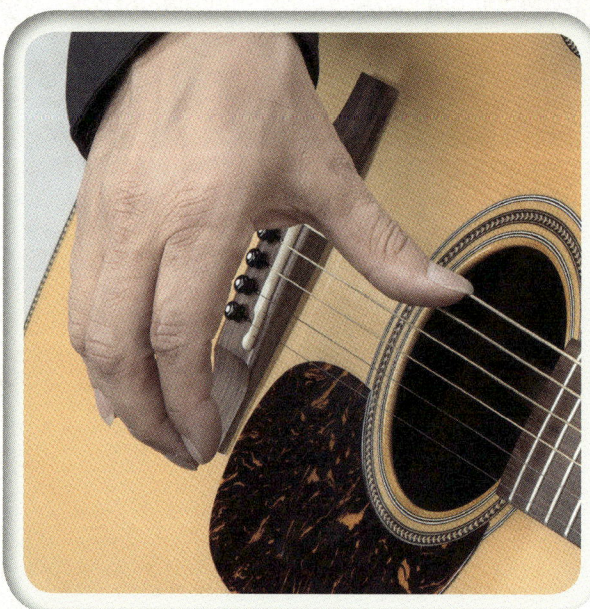

ohne Stützfinger

Mache das zweimal, dann hast du einen 6er-Rhythmus.
Dazu folgende Tabulatur:

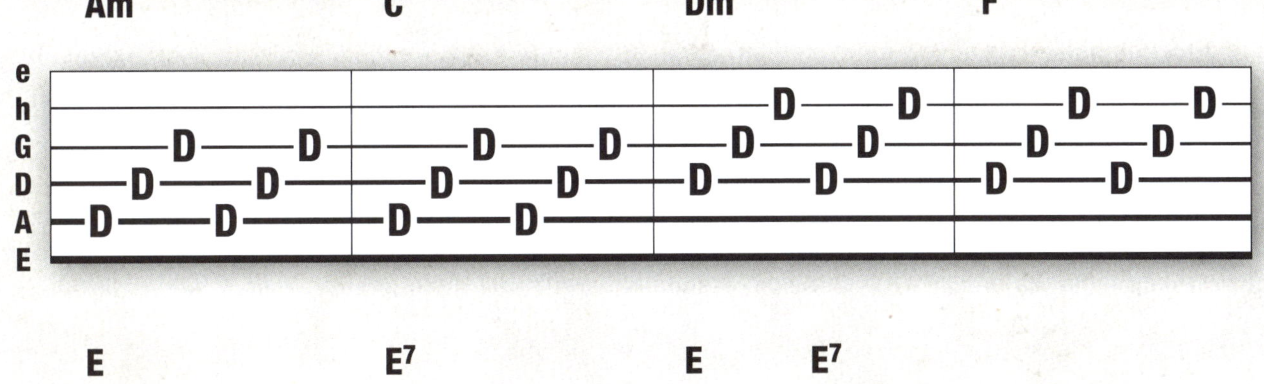

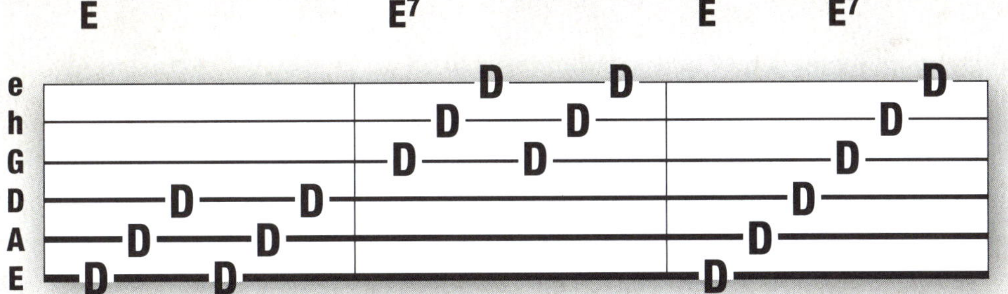

D = Daumen der rechten Hand.

Du siehst hier, welche Saiten du bei welchem Griff mit dem Daumen zupfen sollst. Beim letzten Takt (bei der Textzeile *God*) zupfst du **alle 6 Saiten hintereinander**. Dann versuche zum **Audiotrack 42** mitzuspielen.
Achte darauf, dass du jede Saite rhythmisch gleichmäßig anschlägst. Übe mit dieser Technik *The house oft he Rising Sun* ganz langsam, bis du es fließend spielen kannst.

Hier nochmal der Hinweis, wie du mit den Audiotracks am besten arbeiten kannst. Also, falls dein Abspielgerät die Möglichkeit hat bestimmte Passagen automatisch zu wiederholen (z. B. Repeat-Funktion), dann programmiere den Anfang und das Ende des Tracks ein.

Um diese Begleitung noch etwas zu verbessern, kannst du zwischen **Am** und **C-Dur** einen **Zwischenton** spielen.

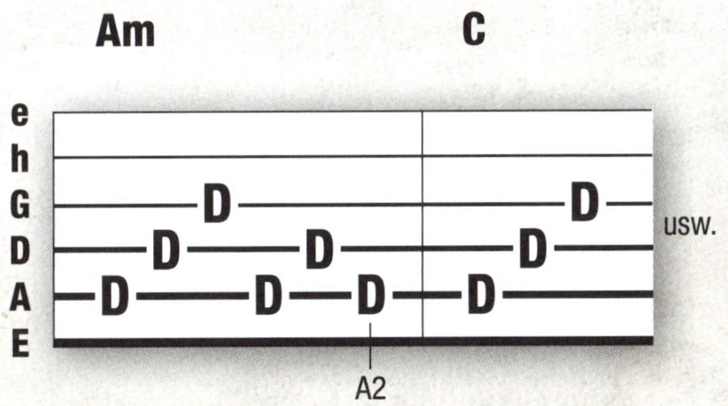

Anstatt die **G-Saite** als **letzten Ton** bei **Am** zu zupfen, spielst du die **A-Saite** im **2. Bund** an **(A2)**. Danach zupfst du mit **C-Dur** normal weiter.
Das machst du bei jedem Wechsel von **Am** nach **C-Dur**. Damit erreichst du eine deutlichere Melodiebegleitung. Übe das solange bis du es fließend, ohne rhythmische Pausen, spielen kannst. Vergleiche mit dem **Audiotrack 43**.

Hier nun ein Liedbeispiel im **4/4-Takt**. Das heißt, du zupfst die Griffe im **4er-Rhythmus** an, also **4 Saiten** anstatt **3**. Dieses Liedbeispiel ist einer der größten Hits der international erfolgreichsten Rockband Deutschlands, den *Scorpions*.

Holiday

Dm
1. Let me take you far away,

C A Dm
You'd like a holiday.

Let me take you far away,

C A Dm
You'd like a holiday.

C Dm
Exchange the cold days for the sun,

G A
Good times and fun.

Dm
Let me take you far away,

C A Dm
You'd like a holiday.

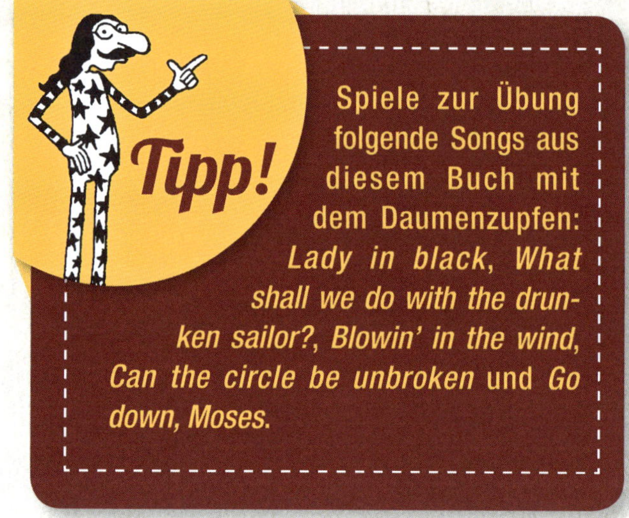

Lerne erst die **Melodie** und spiele dann das Lied mit einer einfachen Begleitung. Der **Anfangston** ist die leere D-Saite. Wenn das gut klappt, dann versuche folgende **Zupftechnik**:

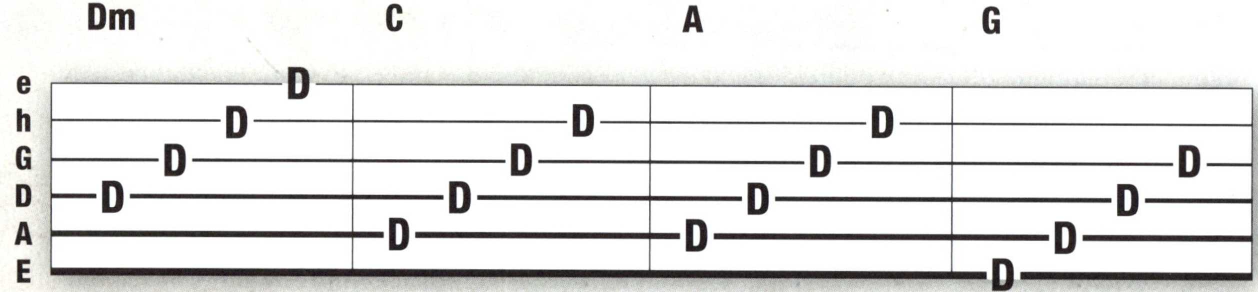

Du **zupfst** also mit dem **Daumen** zu **jedem Griff** jeweils **4 Saiten**. Welche du zu welchem Griff zupfen sollst, das kannst du aus der Tabulatur entnehmen. Vergleiche auch mit dem **Audiotrack 44** und der entsprechenden Zupftechnik im **Video 28**.

Achte wieder auf den Rhythmus! Spiele alle Anschläge rhythmisch gleich lang. Die restlichen Strophen findest du im Anhang.

Hinweis: Ab hier habe ich die Griffübungen zur 2. Strophe weggelassen. Du kannst diese Übungen jetzt selbst weiterführen, indem du dir die jeweiligen Strophen ohne Griffe aufschreibst und mit der Lösung im Anhang vergleichst.

Auch hier gilt, was vorher schon galt:
Je langsamer du anfängst, desto schneller kannst du es nachher spielen.

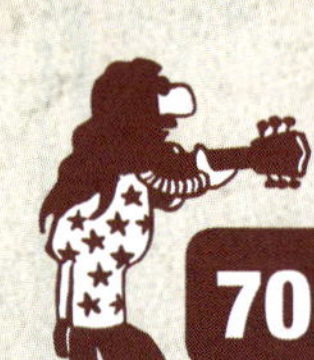

6. DAS HAMMERING

Beim nächsten Stück wirst du eine **erweiterte Bassbegleitung** kennenlernen. Es ist eine Technik, die du sehr häufig in der Folk-, Country- und Rockmusik findest: Das **Hammering** (sprich: Hämmering).
Hier die Grundidee: Du kannst mit Hilfe des **Hammerings 2 Töne erklingen lassen**, obwohl du mit der rechten Hand nur **einmal die entsprechende Saite anschlägst**. Du meinst, das geht nicht mit rechten Dingen zu? Klar, du brauchst dazu nur einen Zaubertrick und der geht so:
Du spielst zum Beispiel die **leere D-Saite** mit dem Daumen der rechten Hand einmal an. Dann **hämmerst** du direkt danach **kräftig** den **Mittelfinger der linken Hand** in den **2. Bund** auf die **D-Saite**, so dass diese erneut klingt, nur einen Ton höher.

Versuche es mehrmals, bis es auch bei dir so klingt. Du musst nur den **Mittelfinger der linken Hand feste** genug auf die Saite **hämmern**. Du darfst danach die **D-Saite nicht mehr anschlagen**. Durch das **Hämmern** muss sie von alleine klingen.

VIDEO 29

Schaue dir auch meine Erklärungen im Video genau an. Hier zeige ich dir sehr ausführlich, wie du die Hammering-Technik locker spielen kannst.

Natürlich kannst du das auch mit allen anderen Saiten durchführen und auch in verschiedenen Bünden. Dazu ein **Beispiel**: Der **Daumen** der rechten Hand zupft nur die leeren Saiten.

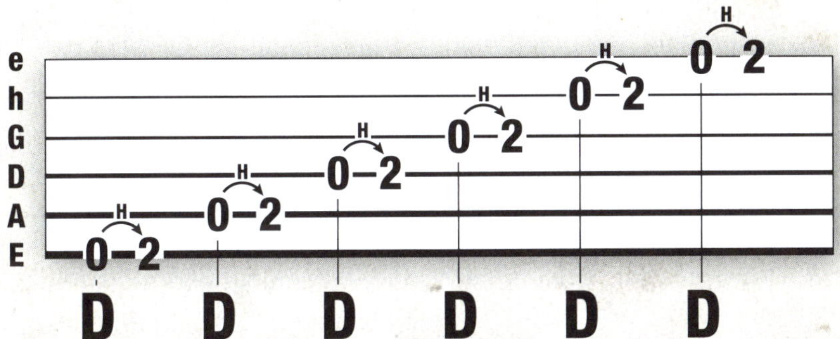

- 0 = leere Saite
- 2 = 2. Bund
- H = Hammering
- Der Pfeil bedeutet: Du hämmerst vom 0. Bund (leere Saite) in den 2. Bund.

Wie du in der Tabulatur siehst, zupfst du zuerst mit dem **Daumen (D)** jeweils die **leere Saite** und spielst dann das **Hammering** im **2. Bund** ($\overset{H}{0\frown 2}$).

Höre dir den **Audiotrack 45** an. Hier habe ich das Hammering in einen Rhythmusablauf eingebaut, den du als nächstes lernen wirst.

Wenn du diese Technik beherrschst, dann übe sie mit einem anderen Rhythmusablauf, wie bei dem folgenden Beispiel zu **Em**:

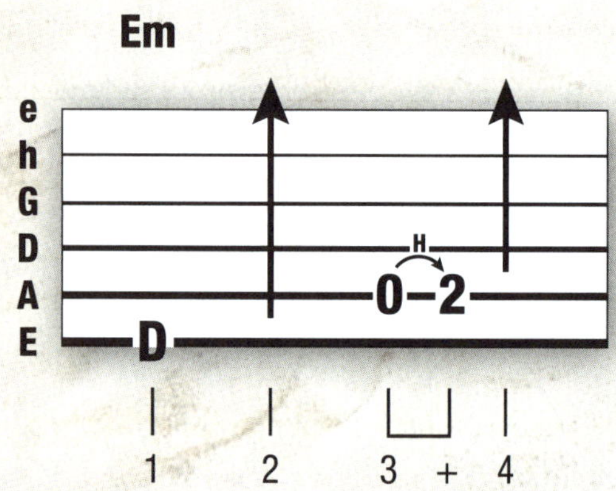

- Du greifst **Em** und zupfst mit dem **Daumen (D)** der rechten Hand die **leere dicke E-Saite**.
- Danach schlägst du entweder mit dem **Daumen** oder mit den **anderen Fingern** der rechten Hand die restlichen Saiten nach unten hin an.
- Jetzt folgt das Hammering: Du nimmst zuerst den Mittelfinger auf der A-Saite hoch. Jetzt zupfst du mit dem **Daumen** die **leere A-Saite** an und hämmerst direkt danach den **Mittelfinger** der linken Hand feste in den **2. Bund** der **A-Saite**, so dass diese klingt, ohne sie wieder mit der rechten Hand anzuschlagen.
- Danach schlägst du entweder mit dem **Daumen** oder den **anderen Fingern** der rechten Hand die restlichen Saiten einmal an.

Jetzt fehlt nur noch die rhythmische Betonung. Sie steht unter der Tabulatur.

1/4-Anschlag = |

2 1/8 Anschläge = ⊔

Das heißt, du spielst die Anschläge bei 3+ doppelt so schnell wie z. B. die ersten beiden Anschläge (1, 2). Vergleiche mit dem **Audiotrack 45** und der Aufnahme im **Video 29**.

Die **gleiche Spieltechnik** versuchst du jetzt beim **D-Griff**. Sieh dir zuerst die Tabulatur an:

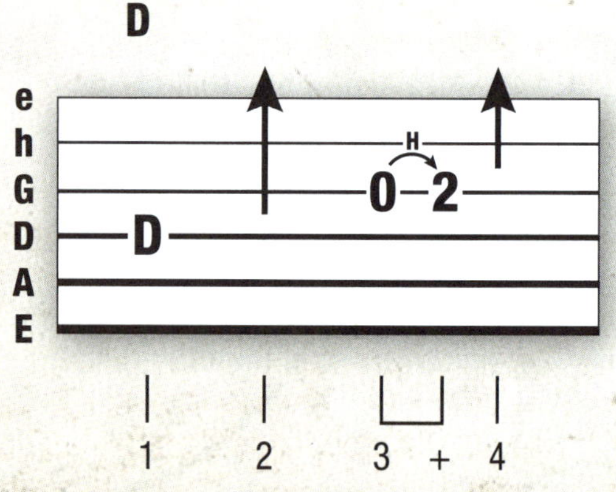

- Du greifst also den **D-Griff** und zupfst zuerst mit dem **Daumen** die leere D-Saite.
- Dann schlägst du die restlichen Saiten nach unten hin an.
- Das Hammering spielst du auf der G-Saite im 2. Bund. Hier nimmst du zuerst den Zeigefinger auf der G-Saite hoch, zupfst die leere G-Saite einmalan und hämmerst dann den Zeigefinger in den 2. Bund der G-Saite.
- Danach schlägst du die restlichen Saiten einmal runter an.

Die Rhythmik steht wieder unter der Tabulatur.
Vergleiche nochmal mit dem **Audiotrack 45** und der **Video 30**.

Diese Spieltechnik musst du solange üben, bis du keine rhythmische Pause mehr machst. Du brauchst dabei viel **Kraft im Mittelfinger (bei Em)** und **Zeigefinger (bei D)**, damit du die Saite auch kräftig genug auf den Gitarrenhals **hämmern** kannst. Andernfalls klingt diese Saite nicht oder sie schnarrt.

Jetzt übst du beide Griffe hintereinander, möglichst ohne rhythmische Pause beim Wechsel. Diese Griffe passen gut zu einem Lied aus dem 1. Teil dieses Buches: *Lady in black*.

Hier nochmal die 1. Strophe mit den Griffangaben:

Lady in black

Em
1. She came to me one morning,

One lonely sunday morning,

D
Her long hair flowing

Em
In the midwinter wind.

I know not how she found me,

For in darkness I was walking,

D
And destruction lay around me

Em
From a fight I could not win.

Em D Em D Em
Ah.......................Ah......................

Fange das Lied mit der **Hammering-Technik** sehr langsam an und werde, sobald du sicherer wirst, von Mal zu Mal schneller. Versuche dann beim **Audiotrack 46** mitzuspielen.
Die restlichen Strophen findest du im Anhang.

Als Nächstes übst du die **Hammering-Technik** bei **folgenden Griffen**:

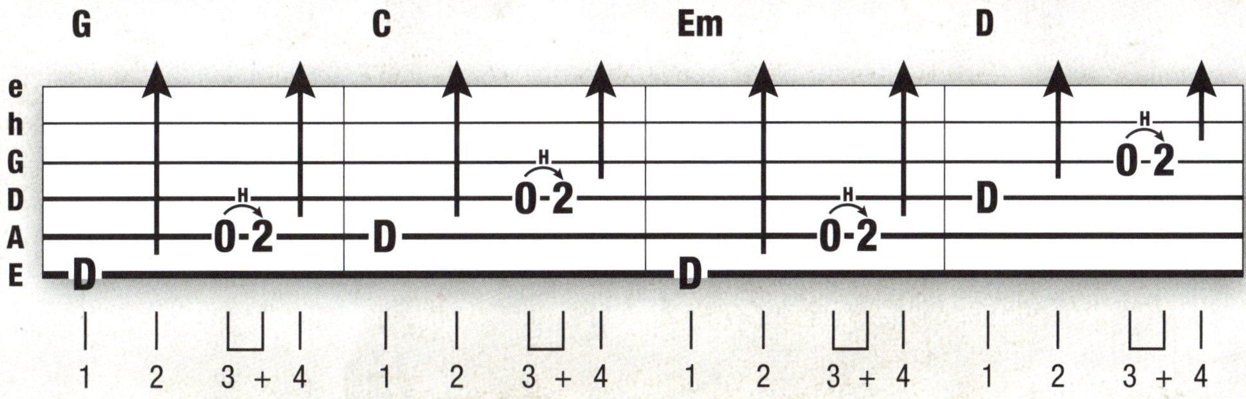

Beim **G-** und **Em-Griff** spielst du die **Hammering-Technik** auf der **A-Saite**. Beim **C-Griff** auf der **D-Saite** und beim **D-Griff** (das kennst du ja schon) auf der **G-Saite**.
Diese Grifffolge ist schon etwas schwieriger. Übe deswegen jeden Griff erst einzeln und dann hintereinander.
Mit diesen Griffen spielst du eines der bekanntesten Lieder von *Hannes Wader*. Es heißt: *Heute hier, morgen dort.*

Heute hier, morgen dort

G
1\. **Heute hier, morgen dort.**

C G
Bin kaum da, muß ich fort.

Em D
Hab' mich niemals deswegen beklagt.

G
Hab' es selbst so gewählt,

C G
Nie die Jahre gezählt.

Em D G
Nie nach gestern und morgen gefragt.

D
R. **Manchmal träume ich schwer,**

C G
Und dann denk' ich es wär

D
Zeit zu bleiben und nun,

C G
'Was ganz and'res zu tun.

So vergeht Jahr um Jahr

C G
Und es ist mir längst klar,

Em D
Daß nichts bleibt, daß nichts bleibt,

G
Wie es war.

Spiele das Lied erst einmal mit einer **einfachen Begleitung**. Der **Anfangston** beim Singen ist die leere D-Saite.
Wenn das gut klappt, dann versuche die **Hammering-Technik**. Bei den Griffen Em und D kannst du sie ja schon. Beim **G-Griff** spielst du das Hammering auf der **A-Saite**, beim **C-Griff** auf der **D-Saite**! Vergleiche wieder mit dem **Audiotrack 47**.

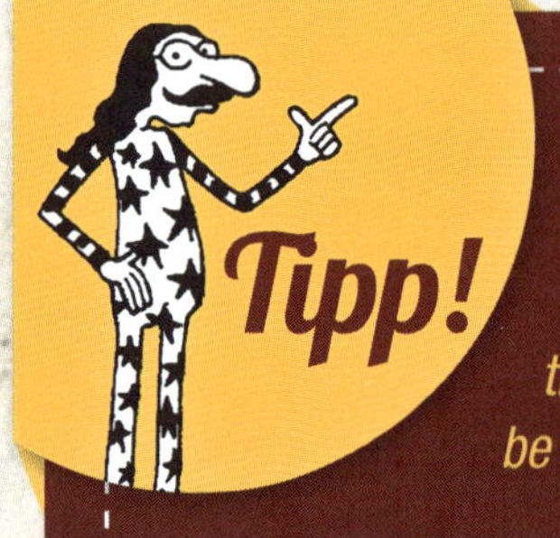

Übe zusätzlich mit der Hammering-Technik Lieder aus dem 1. Teil des Buches, z. B.: *He's got the whole world*, *Blowin' in the wind*, *Sloop John B.* oder *Can the circle be unbroken.*

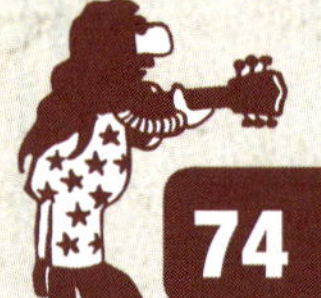

Dazu eine Zusammenstellung der Hammering-Technik zu den noch fehlenden Griffen:

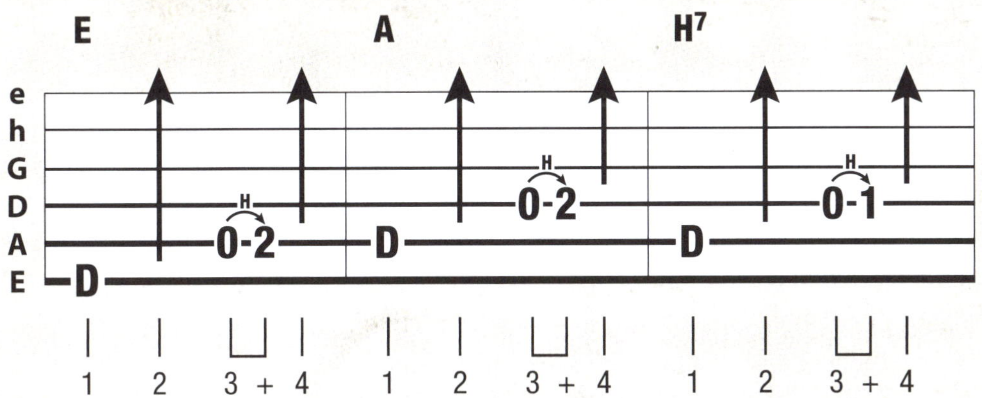

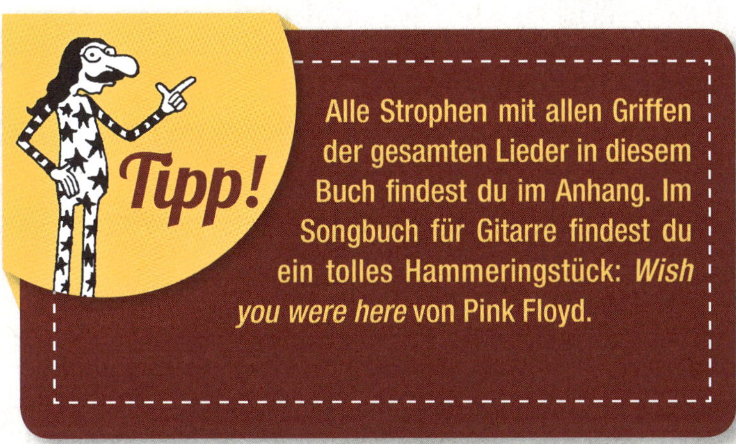

Alle Strophen mit allen Griffen der gesamten Lieder in diesem Buch findest du im Anhang. Im Songbuch für Gitarre findest du ein tolles Hammeringstück: *Wish you were here* von Pink Floyd.

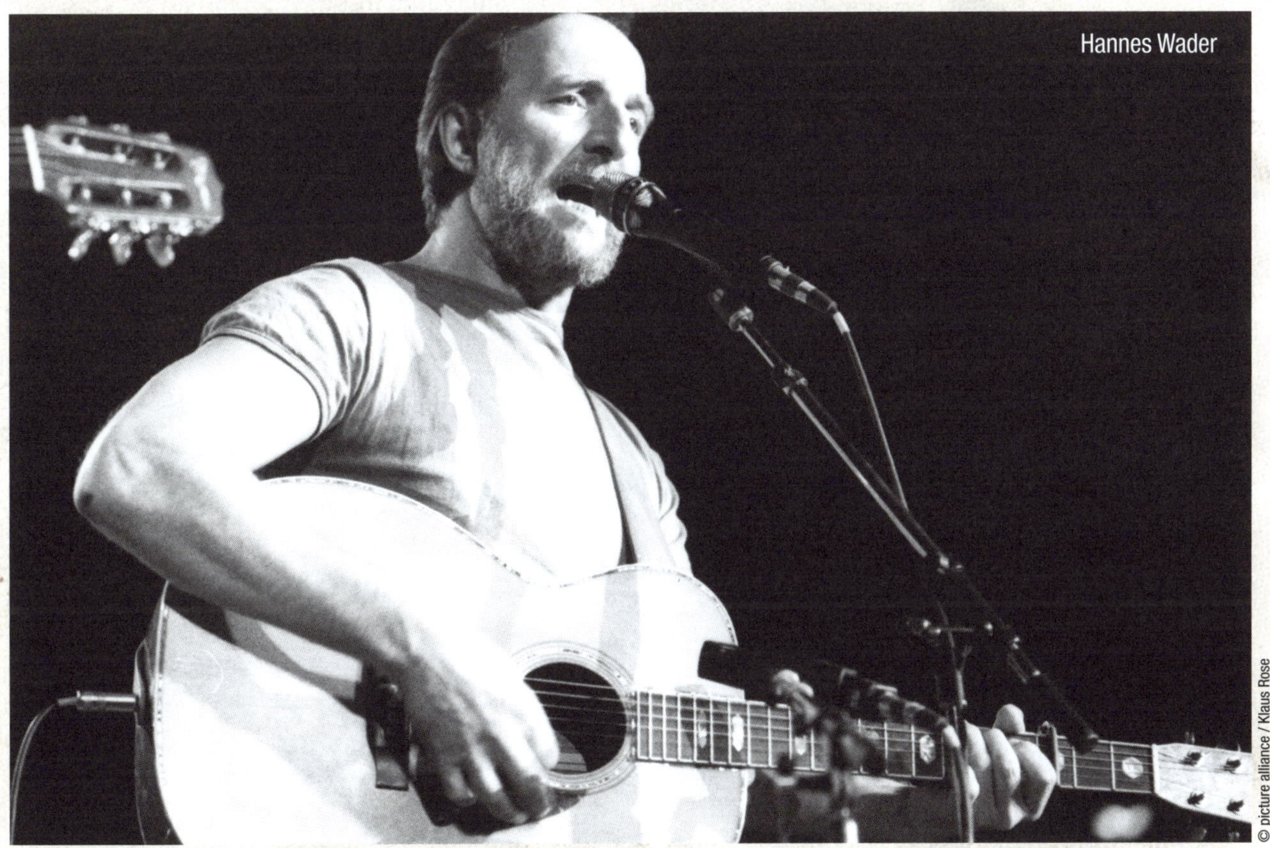

Hannes Wader

7. EINFACHES MELODIE- ODER SOLOSPIEL

Wie wäre es, wenn du mal mit deinem Freund oder deiner Freundin (oder anderen Gitarristinnen oder Gitarristen) zusammen spielen würdest?
Falls du es bei früheren Stücken schon getan hast, wird dir aufgefallen sein, dass manche Stücke mit zwei und mehreren Gitarren, die das Gleiche spielen, eine Menge **Power** bringen. Dafür klingt es auf die Dauer etwas **eintönig**.
Um das zu verhindern, bietet sich das **Melodie-** oder **Solospiel** an.
Die einfachste Form ist, wenn der **eine** die **Begleitung (Griffe)** und der **andere** die **Melodie** des Stückes spielt.
Probiere dies doch gleich beim folgenden Stück aus.

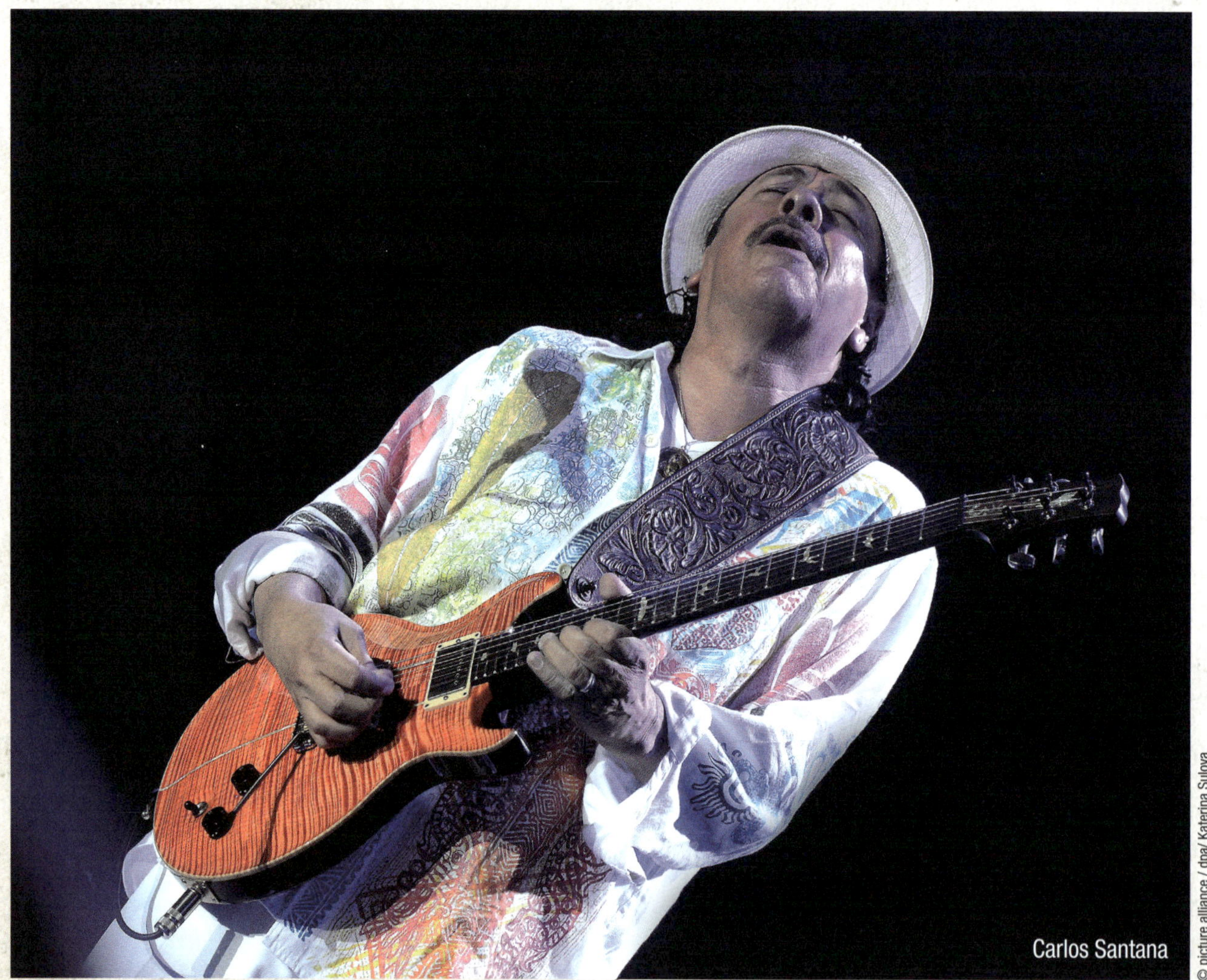

Carlos Santana

Ode an die Freude

Ludwig van Beethoven

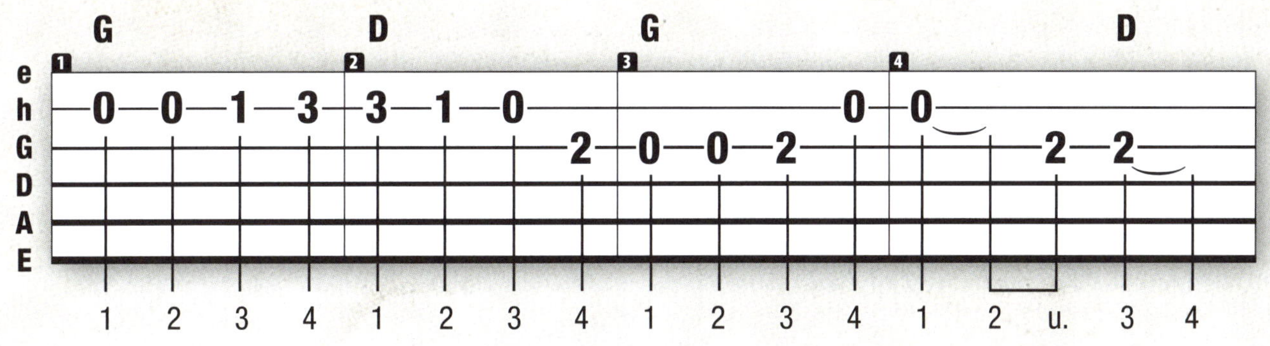

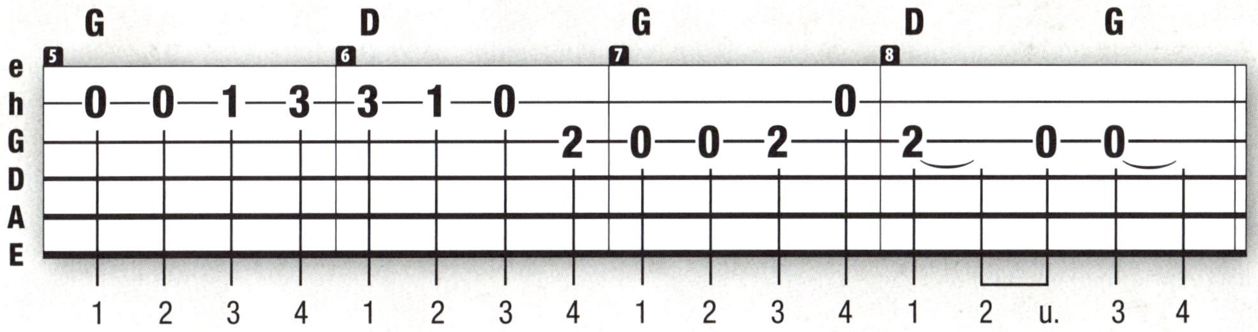

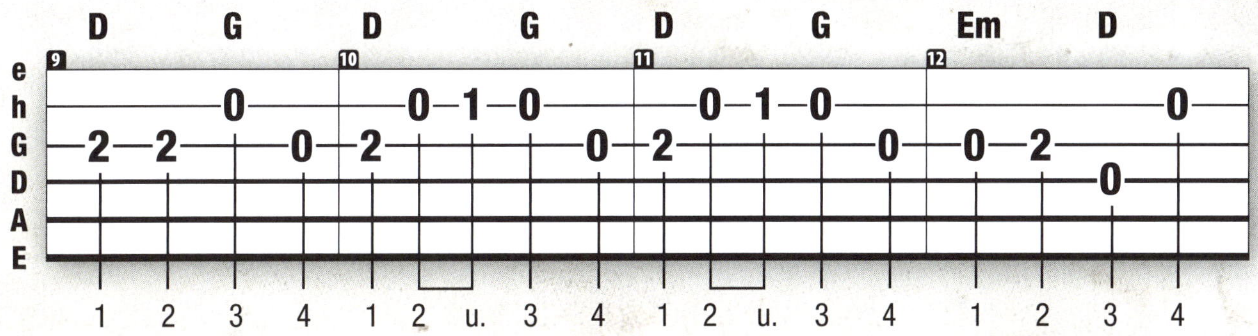

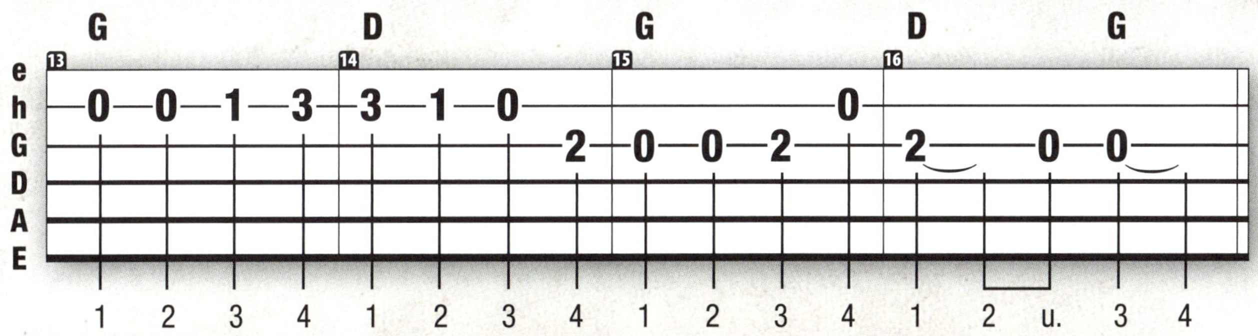

Zur Erinnerung:

- Die **Zahlen** auf den Saiten sind die **Bünde**, in denen du auf der entsprechenden **Saite** greifst und den Ton anspielst. **0** bedeutet, du spielst die **leere Saite** an.
- Über den 6 Linien (Saiten) stehen die **Griffe** für die Begleitung der Melodie.
- Unter den 6 Linien stehen die **Rhythmusangaben**.

- Du schlägst also zuerst die **leere h-Saite** zweimal an.
- Dann greifst du mit dem Zeigefinger der linken Hand in den **1. Bund** der **h-Saite** und schlägst diesen Ton nur **einmal** an.
- Dann greifst du mit dem **Ringfinger** der linken Hand in den **3. Bund** der **h-Saite** und schlägst diesen Ton wieder nur **einmal** an.

Du spielst also im **1. Takt** nur **vier Töne**. Die schlägst du rhythmisch gleichmäßig hintereinander an.
Das siehst du an den senkrechten **Taktteilstrichen** (I I I I).
Unter den Strichen siehst du die **Zahlen 1 bis 4**.
Du spielst also, den Zahlen entsprechend, alle 4 Töne rhythmisch gleichmäßig hintereinander an.

Vergleiche mit dem **Audiotrack 48**. Hier spiele ich dir alle Takte schön langsam vor.

Im **4.** und **8. Takt** siehst du zwei sogenannte Haltebögen (‿).
Das bedeutet, dass du den vorherigen Ton über den nächsten Taktteil hin ausklingen lässt. Er klingt also etwas länger.
Vergleiche wieder mit meiner Aufnahme.

In den **Takten 10** und **11** spielst du bei **2** und **2 u.** die Töne doppelt so schnell. Du kennst das von der **doppelten Anschlagtechnik** auf Seite 42 in diesem Buch.

Tipp!

Die Melodiespieltechnik kannst du auch mit einem Plektrum spielen. Das ist ein Hilfsmittel, mit dem du u. a. die Saiten sehr leicht von oben und unten anschlagen kannst. Aber das erkläre ich dir im übernächsten Kapitel.

Beim **Audiotrack 48** habe ich die **Begleitung** so aufgenommen, dass du sie auf der **einen Seite** deiner **Stereoanlage** hörst und die **Melodie** auf der **anderen Seite**! So kannst du, je nach Bedarf, mit dem **Balanceregler** eine Seite wegdrehen und die fehlende Gitarre dazu spielen.
Falls du die Aufnahme mit dem Kopfhörer hörst, dann verschiebe einfach die entsprechende Ohrmuschel etwas nach hinten. Dann hast du den gleichen Effekt und du hörst die Melodie oder die begleitende Gitarre lauter oder leiser! Du kannst also die Tracks zu diesem Buch auf dein Smartphone, iPad oder deinen mp3-Player überspielen und leicht dazu üben.

In dieser Art baut sich das ganze **Melodiespiel** auf, nur kommen später andere Techniken und das Improvisieren hinzu. Versuche es noch mit anderen Liedern und denke daran, für **jeden Bund** brauchst du **einen Finger**.
Jetzt zeige ich dir die berühmteste Rockmelodie, die jeder Gitarrist lernt. Sie ist von der bekannten Rockband *Deep Purple* und heißt *Smoke on the water.*

Smoke on the water

```
e ---------------------------------------------------
h ---------------------------------------------------
G -0—3—5—|-0-3-6-5-|-0—3—5—|—3-0——
D -0—3—5—|-0-3-6-5-|-0—3—5—|—3-0——
A ---------------------------------------------------
E ---------------------------------------------------
```

Wie du in der Tabulatur siehst, spielt du nur die **beiden mittleren Saiten** an.

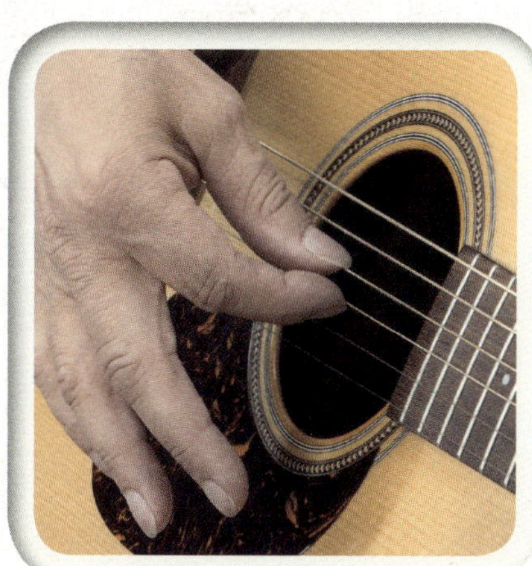

- Du zupfst also als erstes die **leere (0) D-** und **G-Saite** zusammen gleichzeitig an (s. Foto).
- Dann greifst du mit dem **Zeigefinger** die **D-Saite** im **3.** Bund und mit dem **Mittelfinger** die **G-Saite** auch im **3.** Bund und zupfst sie wieder gleichzeitig an.
- Danach verschiebst du beide Finger in den **5. Bund** der **D-** und **G-Saite** und spielst sie wieder einmal an.

Du fängst also mit der leeren D- und G-Saite an, dann greifst du sie im 3. und 5. Bund. Wir Gitarristen sagen ganz einfach dazu:

0 3 5

Das ist die **erste Melodiefolge**.
Bei der **zweiten Melodiefolge** zupfst du einmal die **leeren Saiten (0)**, dann wieder im **3. Bund**, dann im **6. Bund** und zum Schluss im **5. Bund**.
Wir sagen wieder dazu:

0 3 6 5

Danach spielst du wieder **0 3 5** und zum Schluss die beiden Saiten im **3. Bund** und einmal **leer** an.
Das sieht dann so aus:

0 3 5 3 0

Übe zuerst jede Reihenfolge einzeln und lerne sie auswendig. Wenn das gut klappt, dann spiele alles hintereinander. Das sieht dann so aus:

0 3 5 - 0 3 6 5 – 0 3 5 - 3 0

Mache zwischen jeder Folge eine kurze Pause.

Höre es dir beim **Audiotrack 49** genau an und spiele dann einfach mit. Achte auf meine Rhythmik. Das klingt großartig. Du hörst hier auch, wie ich die Melodie auf der E-Gitarre mit einem rockigen Sound spiele. Das Gleiche spiele ich dir auch im Video vor.
Manche Gitarristen spielen diese Melodiefolge mit einem Plektrum (s. unter Kapitel „Die Plektrumtechnik“). Dabei musst du beide Saiten gleichzeitig mit dem Plektrum anschlagen. Versuche das mal und entscheide selbst.
Wenn du die Originalaufnahme von *Deep Purple* hast, dann kannst du direkt mitspielen. Sie spielen *Smoke on the water* in der gleichen Tonart, also genauso wie du – nur etwas schneller.

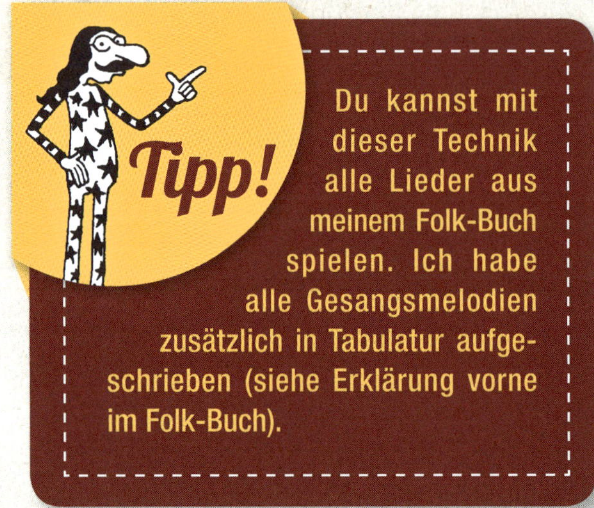

Du kannst mit dieser Technik alle Lieder aus meinem Folk-Buch spielen. Ich habe alle Gesangsmelodien zusätzlich in Tabulatur aufgeschrieben (siehe Erklärung vorne im Folk-Buch).

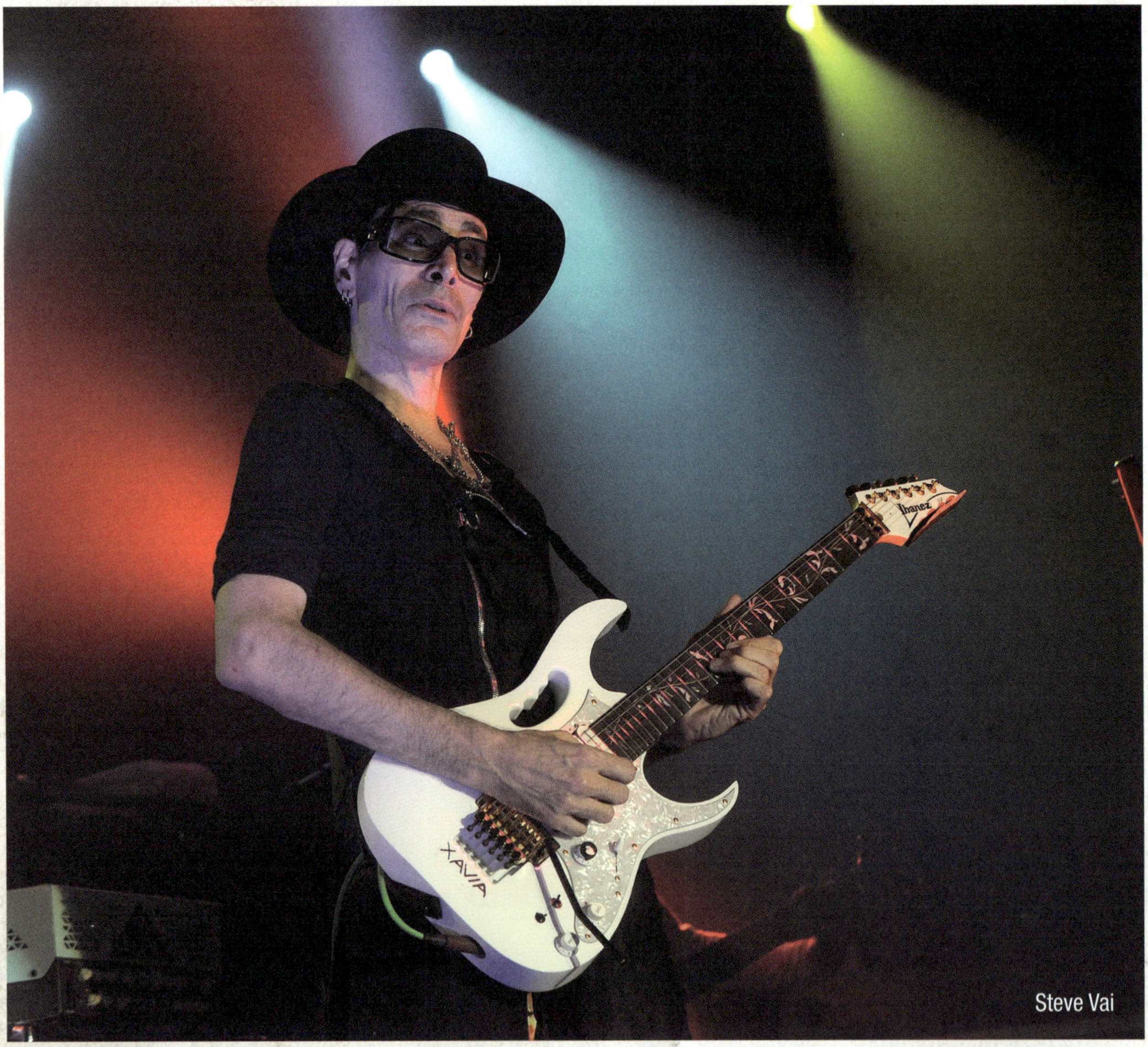

Steve Vai

8. DIE BARRÉTECHNIK

Du kennst bisher das kleine Barré. Und zwar vom F-Griff. Jetzt will ich ihn dir komplett mit dem **großen Barrégriff** zeigen. Und das sieht so aus:

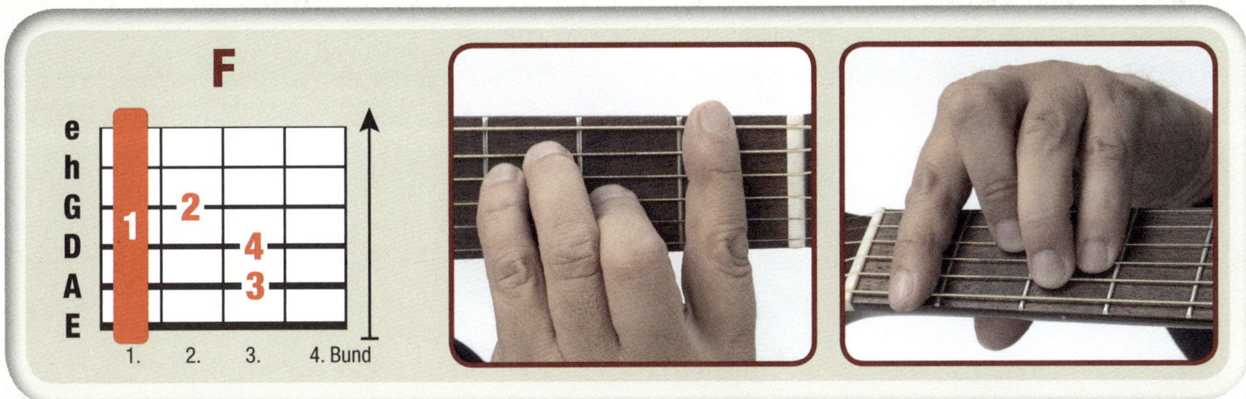

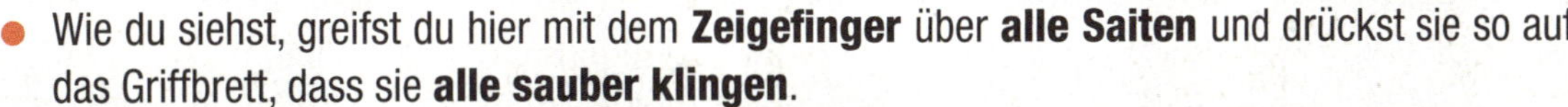

- Wie du siehst, greifst du hier mit dem **Zeigefinger** über **alle Saiten** und drückst sie so auf das Griffbrett, dass sie **alle sauber klingen**.
- Jetzt drückst du zusätzlich den **Mittelfinger (2)** in den **2. Bund** der **G-Saite**,
- den **Ringfinger (3)** in den **3. Bund** der **A-Saite** und
- den **kleinen Finger (4)** in den **3. Bund** der **D-Saite**.

Dazu brauchst du einiges an Kraft. Deswegen zeige ich dir verschiedene **Vorübungen**:

1. Beispiel: Du greifst mit dem Zeigefinger nur die untersten beiden Saiten im 1. Bund und spielst diese Saiten an. Wenn sie fehlerfrei klingen, schiebe den Zeigefinger eine Saite höher. Also greifst du jetzt die untersten 3 Saiten im 1. Bund. Spiele sie wieder an. Wenn sie sauber klingen, dann greife die untersten 4 Saiten usw. bis alle 6 Saiten gut klingen (s. Foto). Achte darauf, dass der Daumen gegenüber dem Zeigefinger von hinten gegen das Griffbrett drückt. Übe dies solange, bis es sitzt.

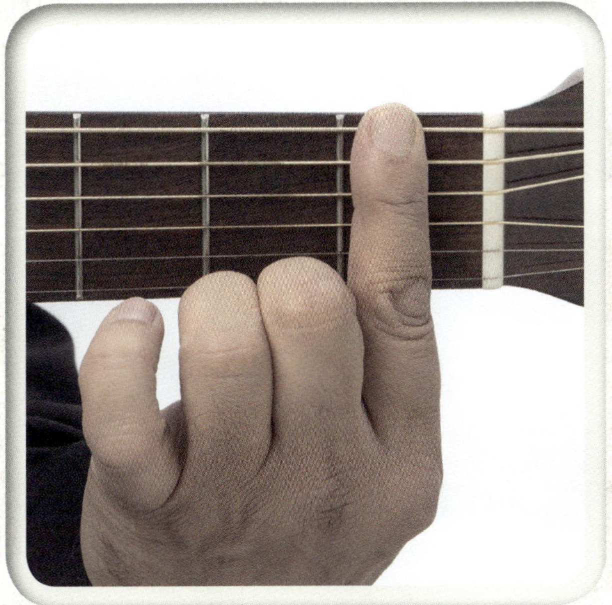

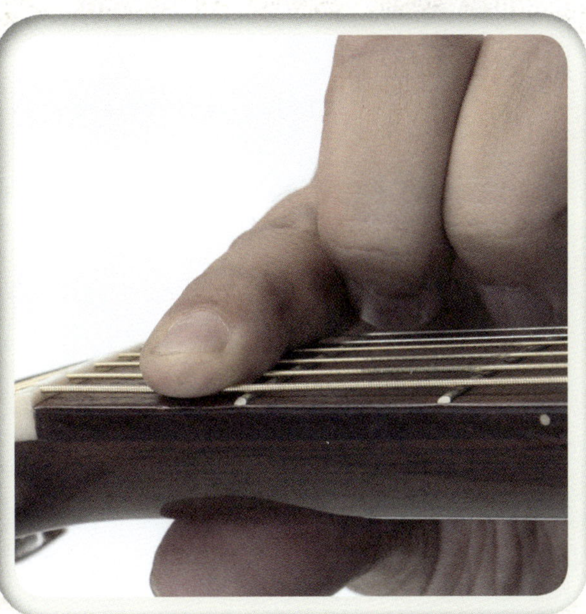

2. Beispiel: Nimm den Zeigefinger wieder weg, greife den normalen E-Dur Griff mit dem zweiten, dritten und vierten Finger der linken Hand mehrmals, bis du es auswendig kannst. Also, du greifst den E-Griff so, als ob du keinen Zeigefinger mehr hättest. Nun setze zusätzlich den Zeigefinger hinter den Sattel auf die Saiten, als ob du über alle Saiten Barré greifen würdest (s. Foto). Wenn das klappt, dann rutsche mit dem gesamten Griff einen Bund weiter. Jetzt hast du wieder den F-Griff. Eigentlich ist der F-Griff ein um einen Bund verschobener E-Griff mit dem Barréfinger davor!

Wenn beim Anschlagen des Griffes irgend etwas schnarrt, dann drückst du die Saiten noch nicht fest genug auf das Griffbrett. Das wird am Anfang nicht ganz so leicht sein. Aber bedenke, dass die Barrétechnik für niemanden einfach ist, und dass sie für das weitere Spielen unbedingt notwendig wird. Du musst sie halt immer und immer wieder üben.

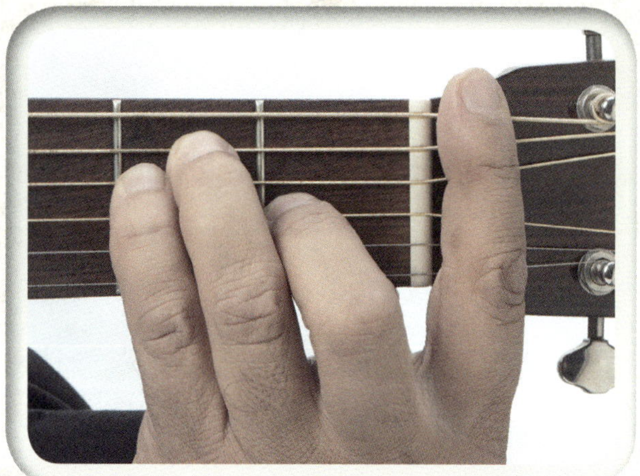

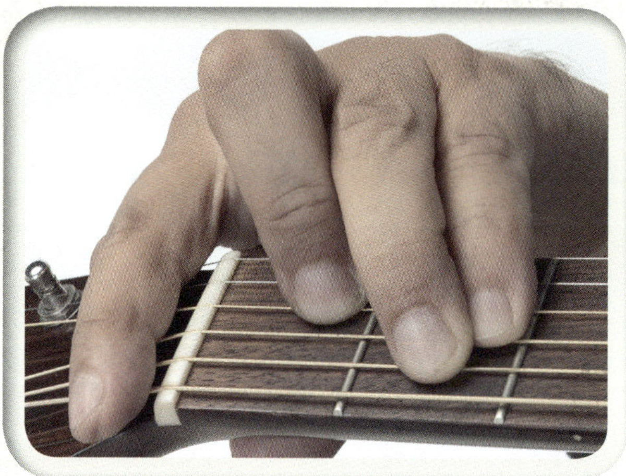

Vielleicht hilft dir der Hinweis, dass du mit dem **Zeigefinger nicht alle Saiten** kräftig auf das Griffbrett drücken musst. Beim F-Griff greifst du ja mit dem Mittelfinger (2), Ringfinger (3) und kleinen Finger (4) vor dem Barréfinger (1). Das heißt, du brauchst hinter diesen Fingern den Barréfinger gar nicht kräftig auf die A-, D- und G-Saite drücken. Nur die dicke E-Saite und die beiden dünnen Saiten musst du sauber greifen. Du kannst also deinen Barréfinger an dieser Stelle etwas entspannen. Probiere das einfach mal aus.

Tipp! Mit der Barrétechnik hast du die Möglichkeit nicht nur in den ersten drei Bünden zu greifen, sondern auf dem ganzen Griffbrett. Den F-Barrégriff kannst du in jeden Bund verschieben. Schaue dir die Grifftabelle am Schluss des Buches an, oder das Kapitel über das Transponieren.

VIDEO 32

Vergleiche mit dem **Audiotrack 50**. Hier spiele ich dir den F-Barrégriff genau vor. Im **Video 32** zeige ich dir alle Vorübungen und wie ich den F-Barrégriff greife.

Wiederhole jetzt die Griffwechsel und Lieder mit dem großen Barrégriff, die ich dir schon zum Üben des kleinen F-Griffes gezeigt habe.

Wenn das gut klappt dann versuche folgende Griffwechsel:

4x C, 4x G, 8x Dm, 4x C, 4x G, 8x F

und wieder von vorne.

Spiele dabei die Anschlagtechnik, die du bei dem Song *Tom Dooley* gelernt hast. Ich habe sie dir hier für die neue Griffolge aufgeschrieben:

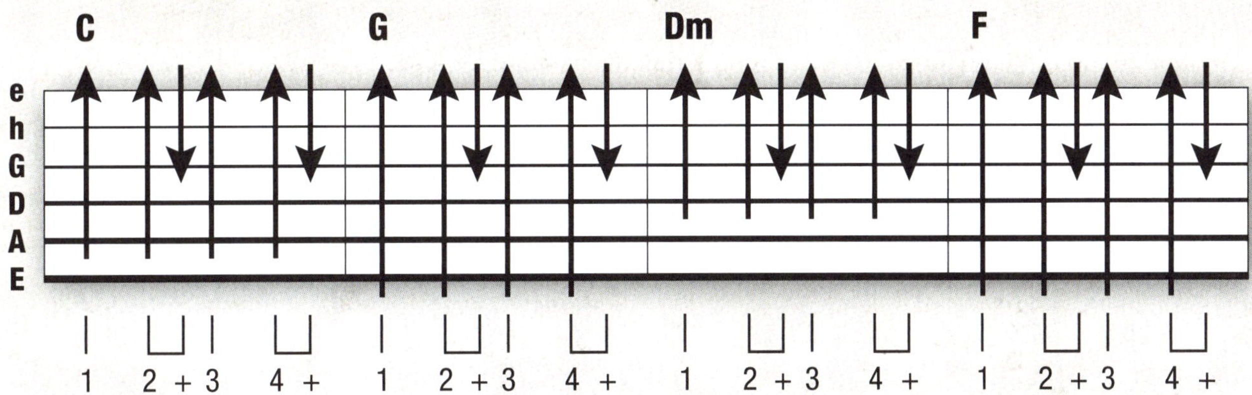

Zufälligerweise passen die Griffe zu einem der bekanntesten Rocksongs:

Knockin' on heaven's door

C G Dm
1. Mama, take this badge off of me,

C G F
I can't use it anymore.

C G Dm
It's gettin' dark, too dark to see,

C G F
I feel like I'm knockin' on heaven's door.

C G Dm
R. Knock, knock, knockin' on heaven's door.

C G F
Knock, knock, knockin' on heaven's door.

C G Dm
Knock, knock, knockin' on heaven's door.

C G F
Knock, knock, knockin' on heaven's door.

Du kennst ihn vielleicht von der Band *Guns N' Roses*. Komponiert wurde er von *Bob Dylan*, einem der größten amerikanischen Songschreiber.
Den **Anfangston** beim Singen findest du auf der D-Saite im 2. Bund.
Die restlichen Strophen findest du wieder im Anhang.

Für den nächsten Song brauchst du noch einen neuen Barrégriff:

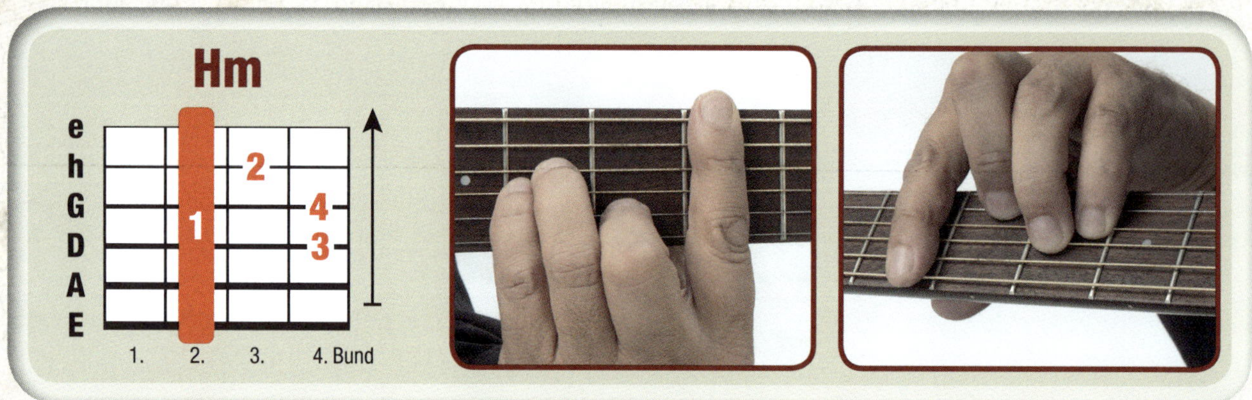

- Bei diesem Griff greifst du im **2. Bund** mit dem **Zeigefinger (1) barré** über **alle Saiten**.
- Zusätzlich greifst du mit dem **Mittelfinger (2)** in den **3. Bund** der **h-Saite**,
- mit dem **Ringfinger (3)** in den **4. Bund** der **D-Saite** und
- mit dem **kleinen Finger (4)** in den **4. Bund** der **G-Saite**.

Du schlägst dabei alle Saiten an außer der dicken E-Saite.

Höre dir den **Hm-Griff** im **Audiotrack 52** genau an. Im **Video 33** spiele ich ihn dir auch vor.

Jetzt übst du folgende Griffwechsel:

4x D, 4x G, 4x Hm, 4x G

Um das noch besser zu üben, kannst du jetzt einen tollen Song der *Toten Hosen* spielen. Er war das beliebteste Lied der deutschen Fußball-Nationalmannschaft bei der Europameisterschaft 2012.

Tage wie diese

```
D
1. Ich wart' seit Wochen auf diesen Tag
                        G
   Und tanz vor Freude über den Asphalt
                     Hm
   Als wär's ein Rhythmus, als gäb's ein Lied
                          G
   Das mich immer weiter durch die Straßen zieht
                    C             G              D
   Komm dir entgegen, dich abzuholen, wie ausgemacht
                    C                 G                  D
   Zu der selben Uhrzeit, am selben Treffpunkt, wie letztes Mal.
```

```
                   D                        G
R. An Tagen wie diesen wünscht man sich Unendlichkeit
                   Em                    G
   An Tagen wie diesen haben wir noch ewig Zeit
                       D
   Wünsch' ich mir Unendlichkeit.
```

Musik: von Holst, Text: Frege, Minichmayr

Du übst zuerst den **Gesang**. Der **Anfangston** ist die leere G-Saite.
Dann spielst du zum **Audiotrack 53** mit einer einfachen Anschlagtechnik mit.
Am schönsten klingt es mit der Anschlagtechnik, die ich dir bei *Tom Dooley* gezeigt habe. Probiere das mal aus.
Den kompletten Text findest du im Anhang.

Spiele mit den Barrégriffen auch folgende Songs:

- Songbuch für Gitarre: *Another brick in the wall, Save tonight* und *Proud Mary*
- Songbuch 2 für Gitarre: *Sounds of silence* und *Venus*
- Folk-Buch: *Take me home, country roads* und *Streets of London,*
- Kinder-Liederbuch: *Der Mond ist aufgegangen* und *Sag mir wo die Blumen sind*
- Weihnachts-Liederbuch: *In der Weihnachtsbäckerei* und *Little drummer boy*

9. DAS PLEKTRUMSPIEL

Du konntest alle bisherigen Stücke direkt mit den **Fingern der rechten Hand** spielen. Nun nimmst du bei den Zupf- und Anschlagtechniken ein Hilfsmittel hinzu, das **Plektrum**.

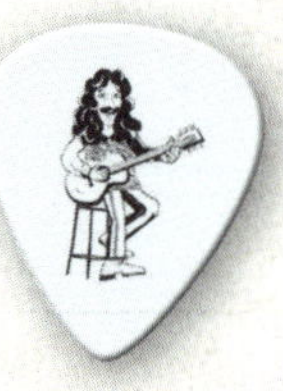

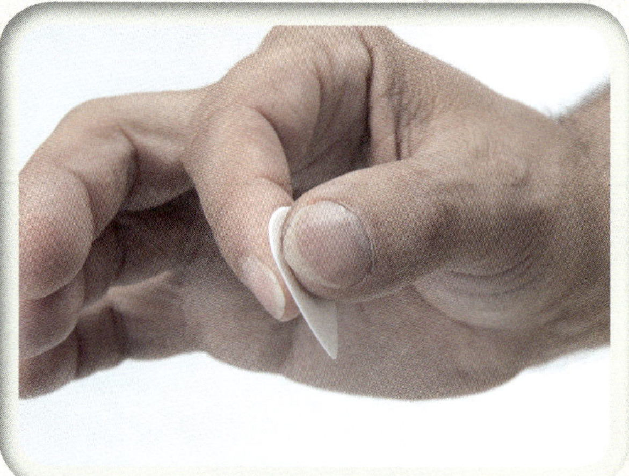

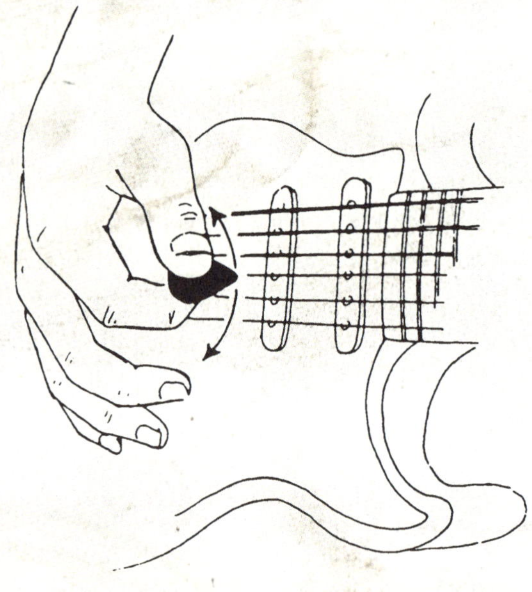

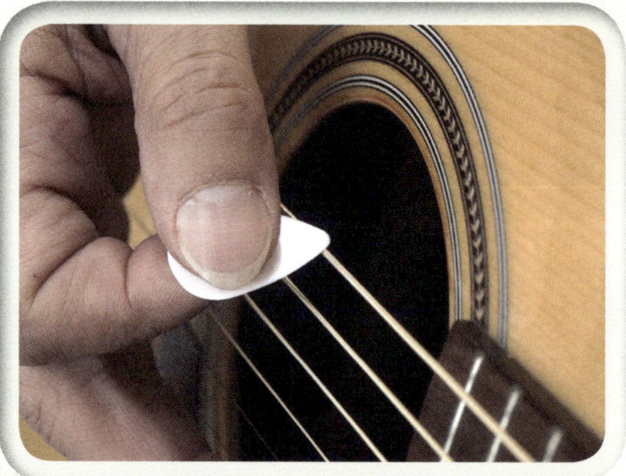

Das ist ein kleines Kunststoffplättchen, das du zwischen Daumen und Zeigefinger hältst. Damit schlägst du eine oder mehrere Saiten an (s. Foto und Zeichnung). Du erhältst es für wenig Geld in jedem Musikgeschäft. Mit dem **Plektrum** klingt dein Anschlag **härter** und **lauter**.

Halte dein Plektrum zwischen Zeige- und Mittelfinger und schlage mit der Spitze des Plättchens die Saite nicht zu tief an (s. Foto). Das hängt von der Saitenstärke und der Härte des Plektrums ab. Sonst bleibst du damit hängen. Mache aus dem Handgelenk heraus leichte Kreisbewegungen. Dabei darfst du nicht den Arm bewegen. Schlage jetzt mit dem Plektrum die unterschiedlichsten Saiten von oben und von unten an (s. a. die Erklärungen in meinem Buch *Rock Gitarre* auf Seite 17).

Experimentiere mit unterschiedlichen Saitenstärken und probiere verschiedene Plektren aus und finde heraus, was für dich am besten ist.

Versuche damit erst einmal das **Anschlagen** von **Griffen**. Dabei gleitest du mit dem Plektrum von oben nach unten und wieder zurück locker über die Saiten. Jede Saite muss gleich laut klingen. Übe das rhythmisch auch bei den Griffwechseln.

Tipp:
Spiele damit einige Lieder aus dem 1. und 2. Teil dieses Buches, wie z. B.

- *Bye bye love*
- *Marmor, Stein und Eisen bricht*
- *Memphis Tennessee*
- *Sloop John B.*
- *What's up*
- *The House of the Rising Sun.*

Zu dem Song *Knockin' on heaven's door* kannst du jetzt z. B. mit dem Plektrum folgende **neue Anschlagtechnik** ausprobieren:

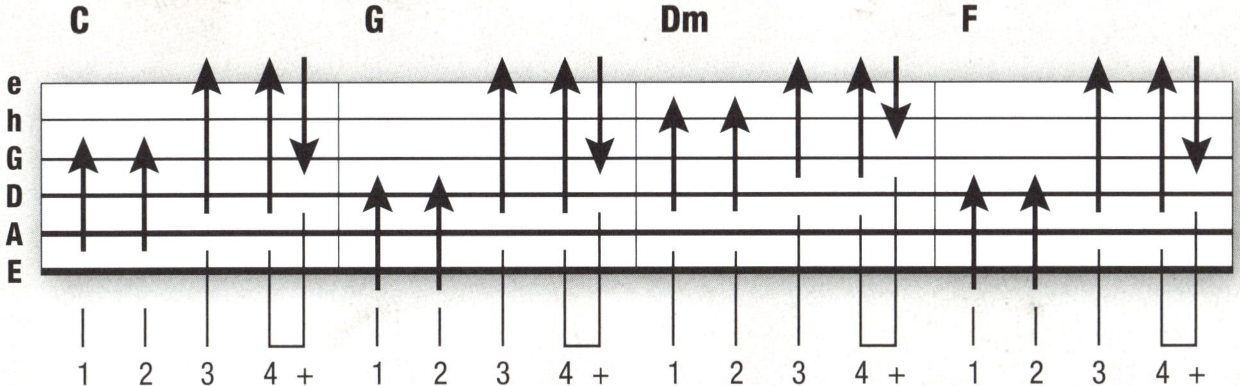

Wie du hier siehst, schlägst du mit dem Plektrum nicht alle Saiten auf einmal an, sondern nur bestimmte Saiten zu den einzelnen Griffen.

Bei dem **C-Griff** schlägst du z. B. am Anfang nur die **A-, D- und G-Saite** an; danach die untersten vier Saiten usw.

Achte also genau darauf, welche Saiten du zu welchem Griff anschlagen sollst.

Vergleiche mit dem **Audiotrack 54.** Hier spiele ich dir die Plektrumtechnik schön langsam vor. Ich betone hier den 3. Anschlag. Dadurch swingt die Begleitung mehr.

Übe danach auch die **Bassbegleitung**. Du spielst dabei mit deinem Plektrum zuerst die entsprechende Bass-Saite an und dann die restlichen Saiten.

Genauso verhält es sich auch mit der **Hammering-Technik**. Anfangs ist es schwierig, mit dem **Plektrum** die **richtige Saite** zu treffen. Da hilft nur üben und ausprobieren und viele Songs spielen.

Dazu ein schönes **Instrumentalstück** von mir. Es ist ein Thema, das sehr oft in der **Countrymusik** benutzt wird und heißt: *Country Doodle*.

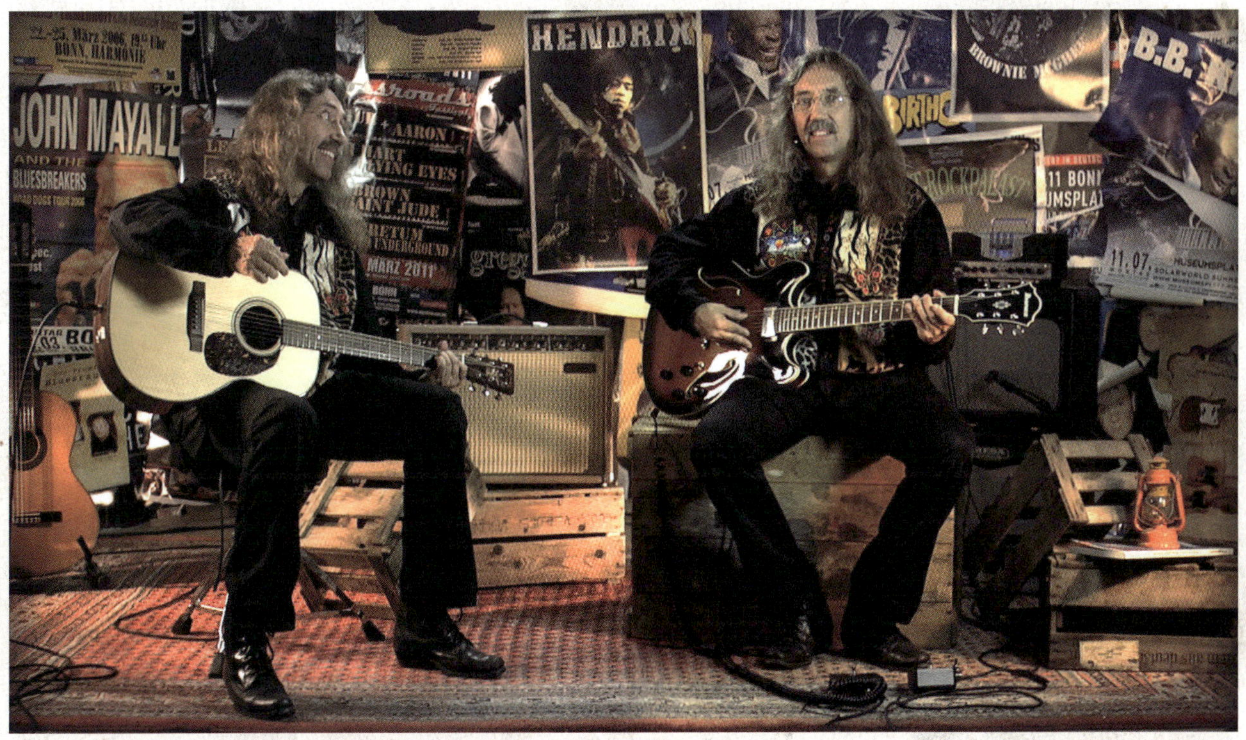

Country Doodle

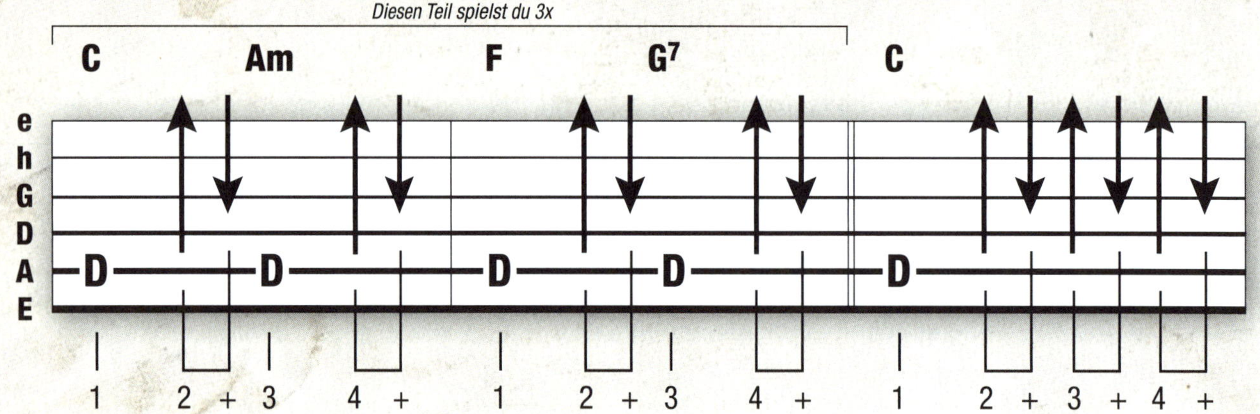

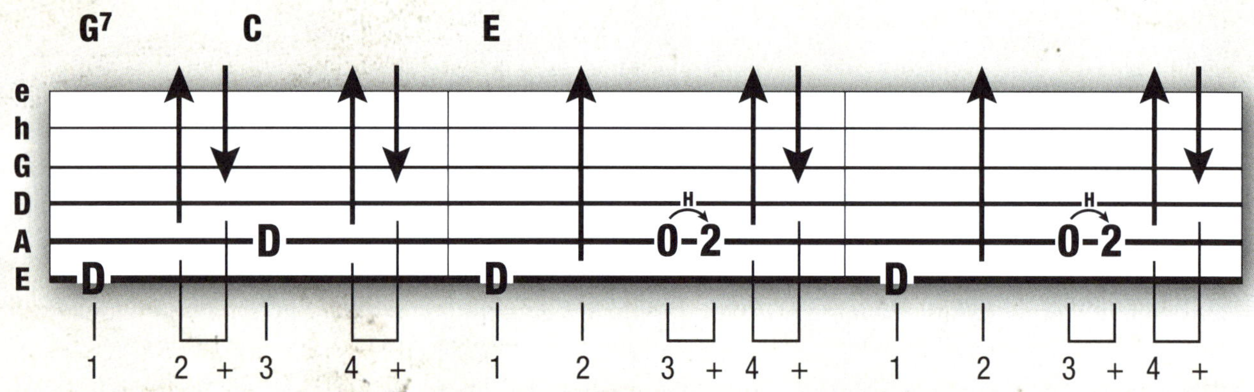

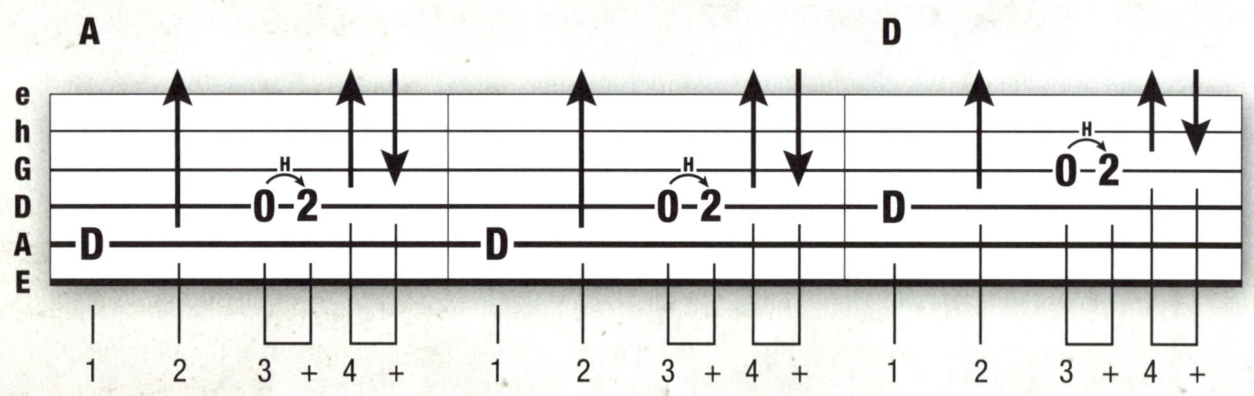

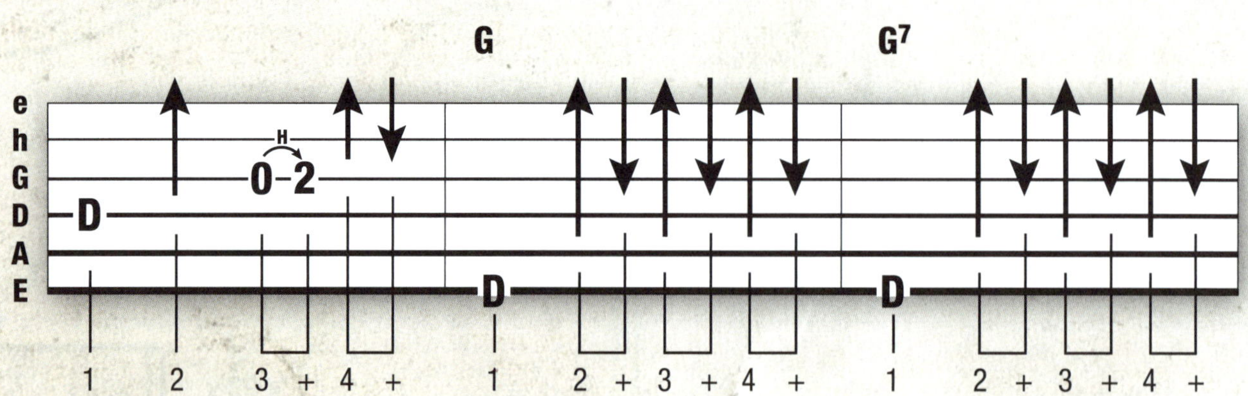

Melodie: Peter Bursch

(Den G⁷-Griff siehst du auf der nächsten Seite.)

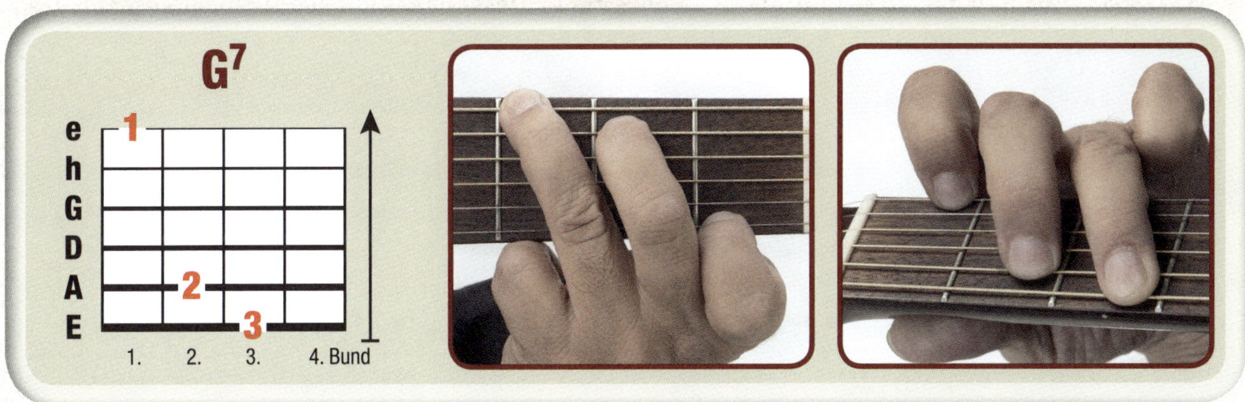

Lerne zuerst den **neuen Griff**. Wenn du z. B. vorher den C-Griff spielst, dann verschiebe den Zeigefinger um eine Saite nach unten, den Mittel- und Ringfinger um eine Saite nach oben. Dann hast du schon den neuen G^7-Griff. So kann man sich den Griff gut merken.
Übe ihn in folgender Reihenfolge wechseln:

4x C, 4x Am, 4x F, 4x G^7 und wieder von vorne

- Jetzt greifst du **C-Dur** und schlägst mit dem **Plektrum** die **A-Saite** als **Bass-Saite** an.
- Dann spielst du die **restlichen Saiten**, entsprechend den Pfeilen.
- Danach greifst du **Am** und spielst das **Gleiche** wie beim **C-Griff**.
- Beim **nächsten Takt** spielst du mit dem **Plektrum** wieder die gleichen Saiten, wechselst nur zum **F-** und **G^7-Griff**. Diese ersten beiden Takte spielst du **3x**.
- Dann wechselst du wieder zum **C-Griff**, schlägst die **Bass-Saite** an, danach wieder die **restlichen Saiten** usw.

Du kannst aus der Tabulatur entnehmen, wie du bei welchem Griff spielen musst.
Fange wiederum ganz langsam an und werde dann schneller. Du wirst merken, desto größer wird der Reiz des Stückes.
Vergleiche mit dem **Audiotrack 55**.

10. DIE WECHSELSCHLAGTECHNIK

Du kannst mit dem **Plektrum** eine sehr **schnelle Spieltechnik** beim **Melodie-** oder **Solospiel** erreichen. Das liegt daran, dass du jede Saite abwechselnd von **oben** und von **unten** aus viel leichter anschlagen kannst.
Wenn du es mit den Fingern ausprobierst, wirst du schnell merken, dass dies viel schwieriger ist. Das **Solospiel** wird dadurch wesentlich **vereinfacht**. Das übst du folgendermaßen:

Pfeilrichtung = Anschlagrichtung mit dem Plektrum

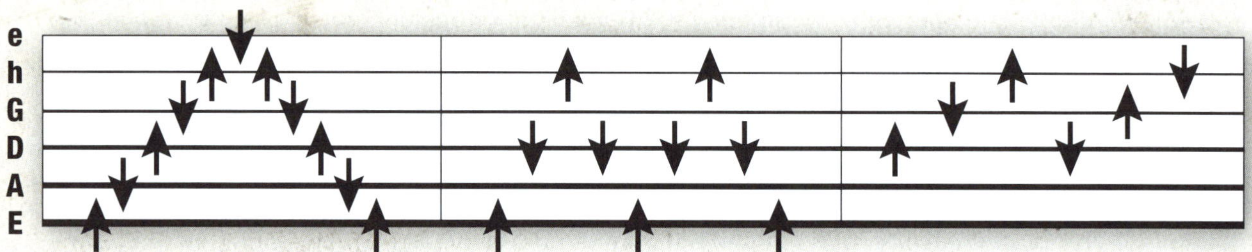

Spiele die einzelnen Anschläge aus dem **Handgelenk** heraus. Dabei bleibt dein Arm ruhig, nur dein Handgelenk **dreht** sich etwas nach **rechts** oder nach **links**; je nachdem aus welcher Richtung du die Saite anschlagen willst. Dabei machst du mit dem **Plektrum halbrunde Bewegungen**. Genau in der **Mitte** dieser Bewegung triffst du die Saite. Halte dabei dein Plektrum gut fest, aber das Handgelenk sehr locker. Fange sehr langsam und konzentriert an!
Vergleiche mit dem **Audiotrack 56**. Hier spiele ich alle Übungen mit dem G-Griff.

Wenn diese Vorübungen gut funktionieren, dann spiele damit die **Melodie** von der *Ode an die Freude*. Wie du merkst, klingt das jetzt ganz anders.
Gut für diese Übungen wären auch Liedbeispiele aus dem Folk-Buch, da ich dort die **Gesangsmelodien** auch in **Tabulatur** aufgeschrieben habe.

Jetzt kannst du auch die Lieder üben, die du mit dem Daumen gezupft hast, wie z. B. *Holiday* oder *The house of the Rising Sun*.
Spiele dabei genau dieselben Saiten mit dem **Plektrum**, die du mit dem **Daumen** gezupft hast. Schlage erst mal alle Saiten einzeln von **oben** aus an.

Wenn das gut klappt, dann schlage die **erste Saite** von **oben**, die **zweite** von **unten** und die **nächste** wieder von **oben** aus an usw. Also die **Anschlagrichtung** immer **abwechseln**. Dadurch klingen die einzelnen Anschläge **klarer** und **direkter** **(Wechselschlagtechnik)**. Das musst du häufig üben, damit du es fließend spielen kannst. Diese Technik ist nicht leicht, aber klingt dafür sehr gut.

Tipp:
Wenn ich dich jetzt noch mehr für die Plektrum-Spieltechnik begeistern konnte, dann besorge dir meine Rock-Gitarren-Bücher im Voggenreiter Verlag.

Am schönsten klingt die **Plektrum-Spielweise**, wenn du eine Gitarre mit **Stahlsaiten** spielst z. B. eine **Folk-**, **Akustik-** oder **E-Gitarre**.
Jetzt kann ich dir eine wunderschöne Ballade aus der Rockmusik zeigen.
Der Song ist von *Metallica* und heißt *Nothing else matters*.

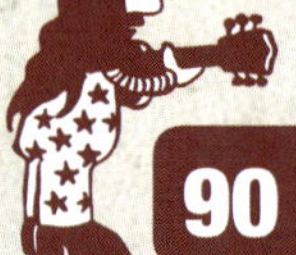

Nothing else matters

Em D C
1. So close no matter how far,

Em D C
Couldn't be much more from the heart,

Em D C
Forever trusting who we are,

G H⁷ Em C A
And nothing else matters.

D C A
R. Never cared for what they do,

D C A
Never cared for what they know

D Em
But I know.

Übe wieder zuerst den **Gesang**. Den **Anfangston** findest du auf der D-Saite im 2. Bund.
Spiele den Song zuerst mit einer einfachen Anschlagtechnik.
Dieser Song ist im **6/8-Takt**. Du spielst hier in jedem Takt **6 Anschläge**.
Das heißt, du schlägst den Em-Griff 6x an und den D- und C-Griff je 3x, da du hier in einem Takt zwei Griffe spielst. Das Gleiche gilt für die Griffe G und H^7, die du auch nur jeweils 3x anschlägst. Das letzte Em in der Strophe schlägst du wieder 6x an.
Beim **Refrain** spielst du den D-Griff 6x und den C- und A-Griff 3x an.
In der letzten Zeile spielst du den D-Griff 3x und den Em-Griff wieder 6x.
Wenn das gut klappt, dann versuche die Wechselschlagtechnik.
Das sieht in der Tabulatur so aus:

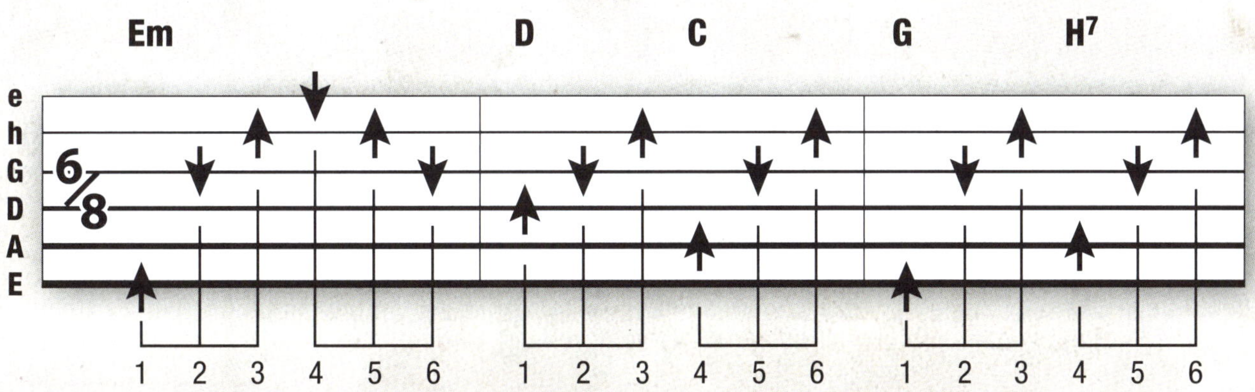

- Du greifst den **Em-Griff** und schlägst die **dicke E-Saite** mit deinem Plektrum von **oben** aus an.
- Dann spielst du die **G-Saite** von **unten** aus an,
- die **h-Saite** wieder von **oben** und
- die dünne **e-Saite** von **unten** usw.

Du siehst das an den kleinen Pfeilen in der Tabulatur. So übst du jetzt jeden Griff hintereinander spielen, ohne rhythmische Pausen zwischen den Wechseln. Fange also sehr langsam an, damit du genug Zeit hast um die richtigen Saiten im gleichmäßigen Rhythmus anzuschlagen.

Beim Refrain spielst du so:

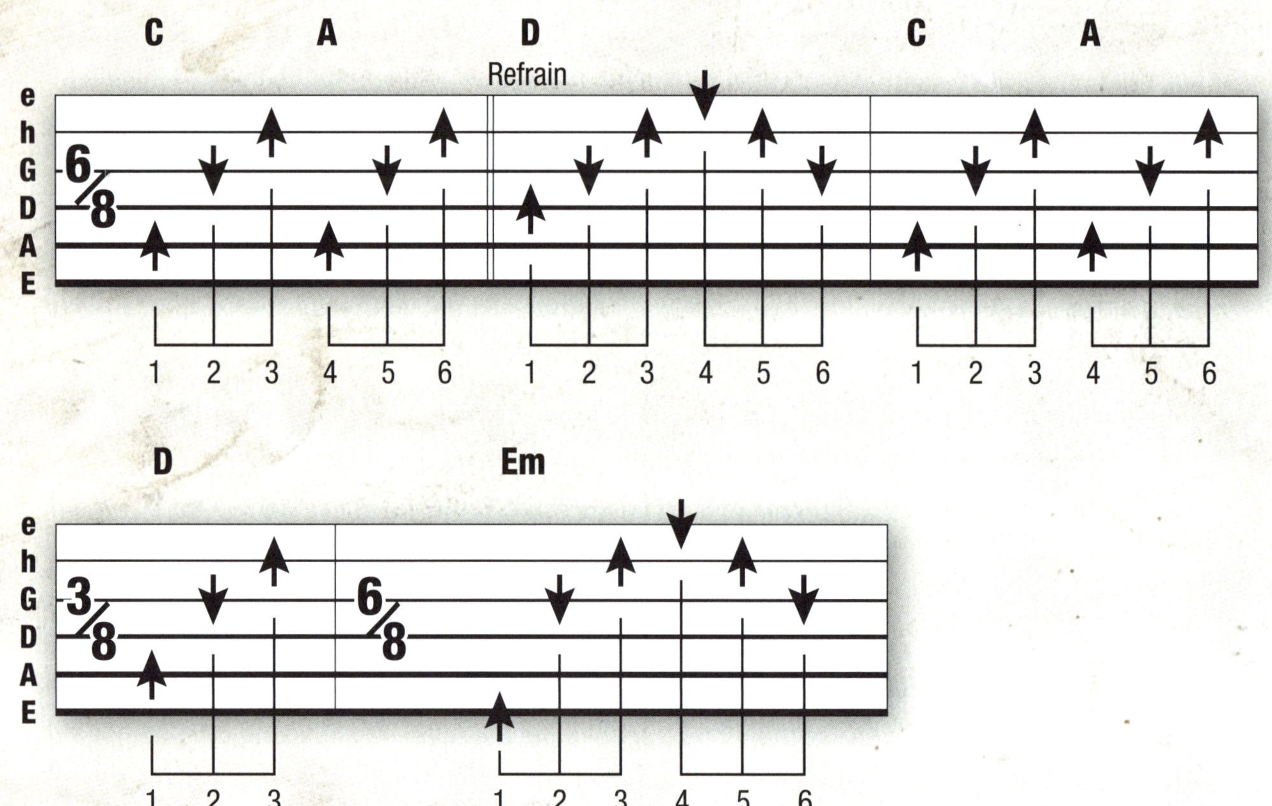

Die ersten beiden Griffe gehören noch zum Schluss der 3. Strophe. Dann folgt die Spieltechnik zum eigentlichen Refrain. Achte darauf, dass du den zweiten und dritten Takt zweimal spielst. Beim darauf folgenden D-Griff schlägst du nur drei Saiten an (3/8 Takt). Dann spielst du wieder den Em-Griff wie am Anfang.

Vergleiche mit dem **Audiotrack 57**. Hier spiele ich dir *Nothing else matters* schön langsam vor.

Eine komplette Version mit dem schönen Vorspiel findest du in meinem *Songbuch für Gitarre* im Voggenreiter Verlag.

Wenn dich die **Solo-Spieltechnik** und besonders das **Improvisieren** interessiert, dann fange am besten mit dem **Blues** an. Besorge dir Aufnahmen von *B.B. King, John Lee Hooker, Joe Bonamassa, Jimi Hendrix, Cream, John Mayall, Eric Clapton, Gary Moore* usw.
Improvisieren ist ein Gefühlsausdruck, den man nicht aufs Papier bringen kann – allenfalls Spielideen und entsprechende Anregungen dazu. Aber auch für deine **allgemeine Gitarren-Spieltechnik** ist es wichtig, dass du den **Blues** von Grund auf lernst.
Damit kommen wir zum 3. Teil in diesem Buch mit vielen neuen und interessanten Kapiteln.

3. TEIL

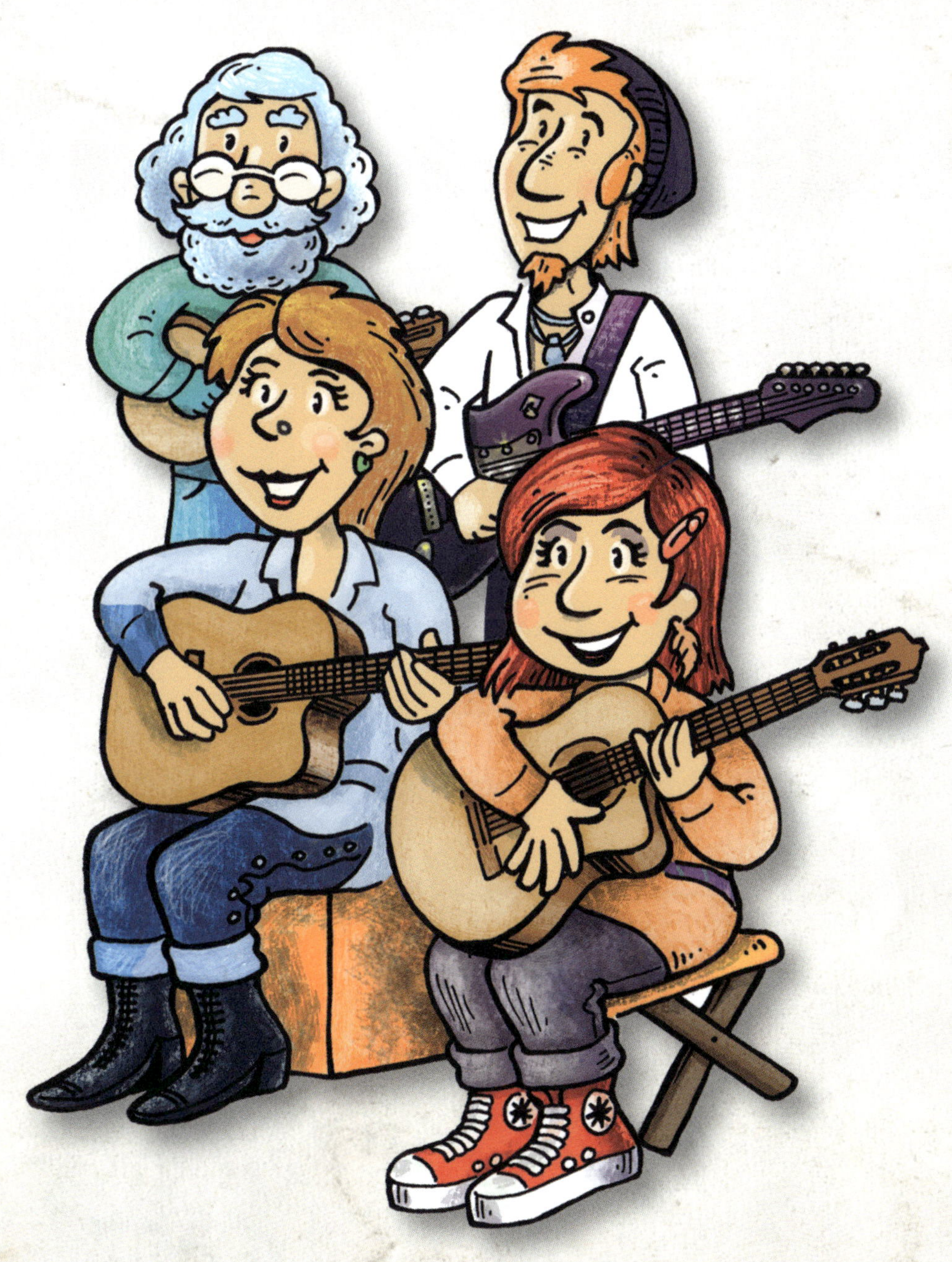

VORBEMERKUNG

In diesem Teil lernst du den Blues, einfache Rock-Spieltechniken und neue Zupfsysteme bis hin zum Picking. Natürlich mit vielen neuen Griffen. Darüberhinaus erfährst du einiges über die E-Gitarre, Verstärker und Effektgeräte und wie du aus deiner akustischen Gitarre eine elektrische machst.
Zusätzlich gebe ich dir Tipps, wie du deine Lieblingsstücke nachspielen und in andere Tonarten umschreiben (transponieren) kannst und außerdem zeige ich dir die berühmte Kapodaster-Tabelle.

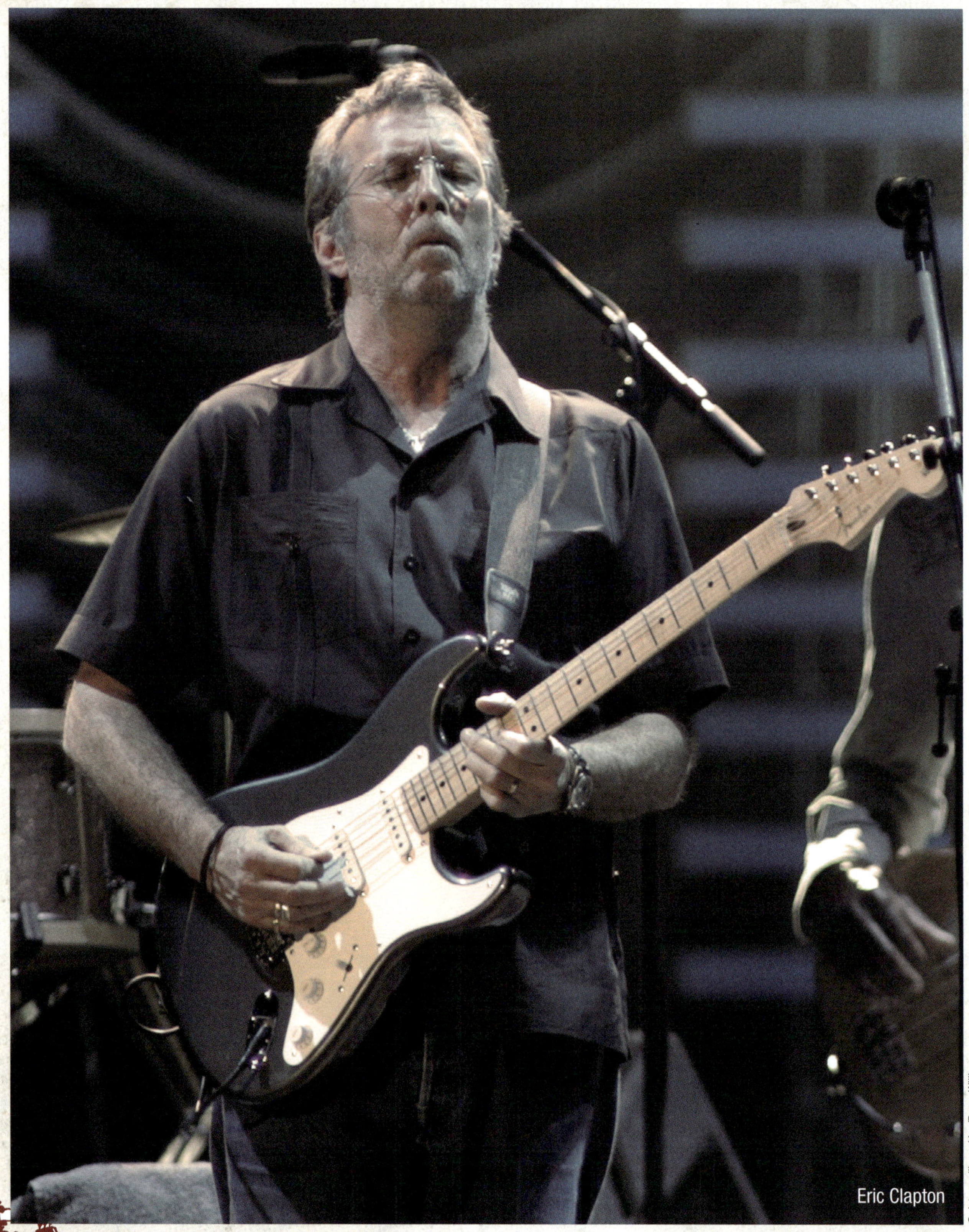
Eric Clapton

1. DIE BLUESGITARRE

Der **Blues** gehört zu einem der **umfangreichsten Kapitel** in der **Musik und im Leben**. Du kennst sicherlich den Spruch, wenn du etwas durchhängst: „Hast du den Blues, Mann?“ In jedem Fall gibt es über den Blues eine Menge zu erzählen. Man kann sich mit den unterschiedlichsten Stilen beschäftigen ohne ein Ende zu finden.

Uns sollte es erst mal reichen, wenn wir wissen, dass der Blues eine stark gefühlsbetonte Musikform ist. In seiner **bekanntesten Form** baut er sich auf ein **12-taktiges Schema** für **Strophe** und **Refrain** auf. Du kannst viel lernen, wenn du dir alte Bluesgitarristen anhörst und dabei die Takt- und Griffwechsel mitzählst.

Wir beschäftigen uns zunächst mit den **Grundgriffen**. Die sind in der Regel, wenn ein Blues in **E-Dur** gespielt wird:

E, A und H^7

Diese Griffe kennst du schon. Im Blues werden sie ergänzt mit folgenden neuen Griffen.

Für E

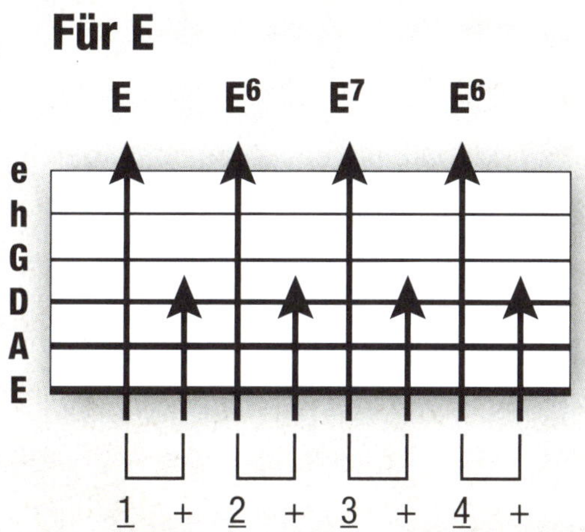

Du schlägst bei unserem Beispiel jeden Griff **zweimal** an. Erst spielst du alle Saiten und dann nur die Bass-Saiten.

Der erste Anschlag bei den Zahlen (1, 2, 3, 4) wird kräftiger gespielt. Dadurch swingt die Begleitung.

Die Bluesmusiker bezeichnen das mit **Shuffle-Rhythmus** (betonter Rhythmus). Dieser Rhythmus nimmt einen so mit, dass er hyptnotisiert und dich in einen Trance-Zustand versetzen kann. Der Körper schwingt dabei mit und unterstützt das treibende Gefühl. Schon klingt es nach **Blues**.

Den unbekannten Griff E^6 greifst du so:

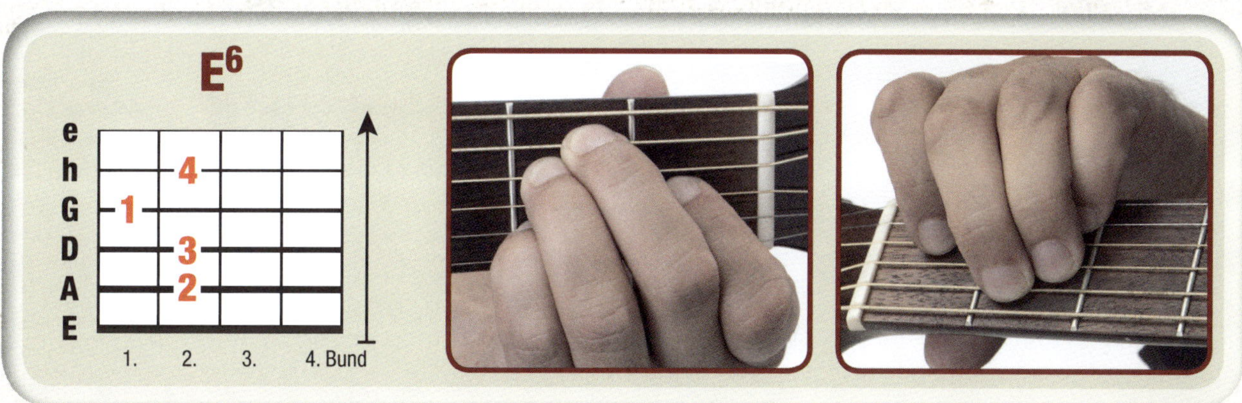

Höre dir dazu das **Audiotrack 58** an. Hier spiele ich dir die E-Grifffolge schön langsam vor. Das Gleiche findest du auch im Video.

Den **E-Griff** kennst du ja schon.

- Bei **E^6** greifst du zusätzlich mit dem **kleinen Finger** in den **2. Bund** der h-Saite.
- Bei **E^7** einen Bund weiter in den **3. Bund** der **h-Saite** (den Griff kennst Du schon von dem Lied *The house of the Rising Sun*).

E^6 bedeutet, dass du den 6. Ton der E-Tonleiter zusätzlich greifen sollst. Und der heißt C♯ und ist auf der h-Saite im 2. Bund.

Jetzt übst du die Griffwechsel aus der Tabulatur.

- Spiele beim 1. Anschlag alle Saiten,
- beim 2. Anschlag nur die drei dicken Saiten (Bass-Saiten).

Ich habe die Zahlen (1, 2, 3, 4) unter der Tabulatur **unterstrichen**. Das bedeutet, dass du diese Anschläge **betonen** sollst. Vergleiche mit dem **Audiotrack 58**. Durch die Betonung „swingt" die Begleitung und gilt als eine der bekanntesten Blues-Spieltechniken.

Damit diese Begleitung interessanter klingt, habe ich die **Grifffolge** auf **12 Takte** erweitert. Das ist die populärste Form im **Blues**. Das sieht dann so aus:

Takt	Griffe
1	**E E^6 E^7 E^6**
2	**E E^6 E^7 E^6**
3	**E E^6 E^7 E^6**
4	**E E^6 E^7 E^6**
5	**A A^6 A^7 A^6**
6	**A A^6 A^7 A^6**
7	**E E^6 E^7 E^6**
8	**E E^6 E^7 E^6**
9	**H^7 H^7 H^7 H^7**
10	**A A^6 A^7 A^6**
11	**E, Übergang, H^7**
12	

Du kannst es dir schon mal beim **Audiotrack 60** genau anhören.

Dazu die fehlenden Griffe:

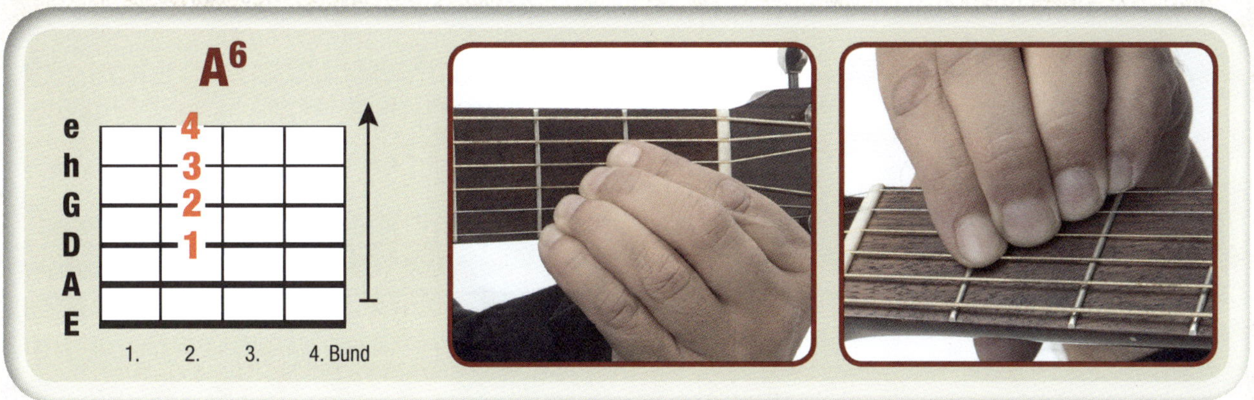

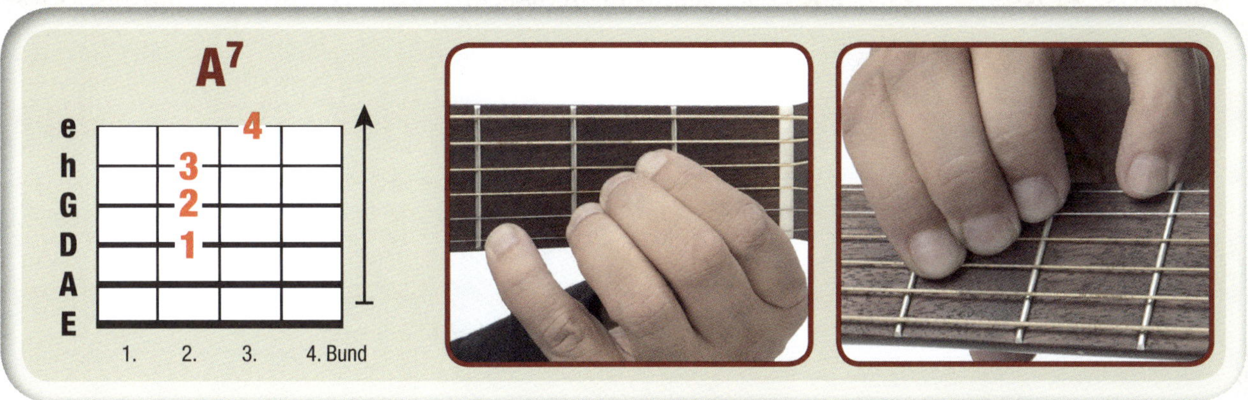

- Beim **A^6-Griff** greifst du zusätzlich zum normalen **A-Griff** mit dem **kleinen Finger** in den **2. Bund** der **dünnen e-Saite**.
- Beim **A^7-Griff** greifst du zusätzlich mit dem **kleinen Finger** in den **3. Bund** der **dünnen e-Saite**.

Einige Gitarristen greifen den A^6-Griff nur mit dem Zeigefinger barré im 2. Bund über die D-, G-, H- und e-Saite. Probiere das mal aus und entscheide selbst.
Das Gleiche kannst du auch beim A^7-Griff machen und einen der freien Finger vor den Barréfinger in den 3. Bund setzen.

Die **Blues-Anschlagtechnik** gilt für **alle Takte von 1 bis 10**. Achte bei den A-Griffen und dem H^7-Griff darauf, dass du hier die dicke E-Saite nicht anschlägst.

59

Bei den Takten **11** und **12** spielst du folgendes:

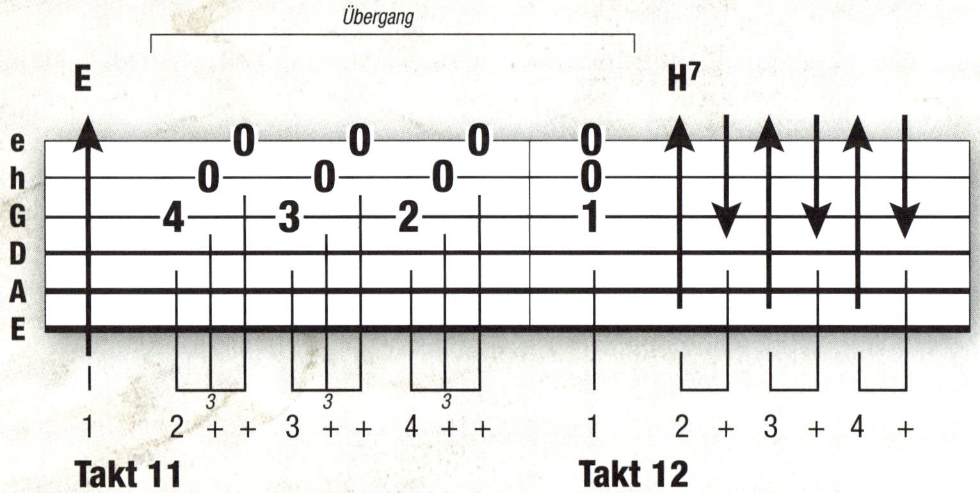

Die **Zahlen** auf den **Linien (Saiten)** zeigen dir, **in welchem Bund** du **greifen** sollst.

- Du startest mit dem **E-Griff** und schlägst ihn **einmal** an.
- Jetzt lässt du den Griff los und greifst mit dem **kleinen Finger** in den **4. Bund** der **G-Saite**.
- Diese und die beiden untersten leeren Saiten spielst du mit dem **Daumen** der rechten Hand **einzeln hintereinander** an, so dass sie in der **Tonlänge** genau einen **Taktteil** ergeben (genauso lang wie der vorherige E-Dur-Anschlag).
- Nun greifst du mit dem **Ringfinger** in den **3. Bund** der **G-Saite** und spielst das **Gleiche**,
- dann mit dem Mittelfinger in den **2. Bund** der **G-Saite**.

Die **drei zusammenhängenden Anschläge** nennt man eine **Triole** (3). Höre dir dazu den **Audiotrack 59** an.

- Beim **nächsten Takt (12. Takt)** greifst du mit dem Zeigefinger die **G-Saite** im **1. Bund** und schlägst die **drei untersten Saiten** zusammen an.
- Danach greifst du den **H⁷-Griff** und schlägst ihn **sechsmal** mit der schon vorher erklärten Anschlagtechnik an (s. Tabulatur).

Die Taktteile zwischen dem **E-** und **H⁷-Griff** nennt man **Übergang**.
Diese **beiden Takte** übst du immer wieder, bis du sie **auswendig** spielen kannst.

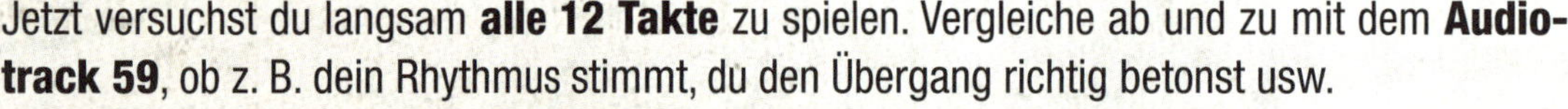

Jetzt versuchst du langsam **alle 12 Takte** zu spielen. Vergleiche ab und zu mit dem **Audiotrack 59**, ob z. B. dein Rhythmus stimmt, du den Übergang richtig betonst usw.
Wenn das klappt, dann spiele zum **Audiotrack 60** mit. Hier spiele ich dir alle 12 Takte langsam vor.
Das Gleiche kannst du dir auch im **Video 35** anschauen.

Ich finde, der **Blues** macht so richtig Spaß, besonders wenn du mit Freunden oder anderen Gitarristen zusammenspielst. Falls du mal einen **amerikanischen**, **afrikanischen** oder sogar **japanischen** Gitarristen treffen solltest, dann spiele einfach einen **Blues** in **E** an. Er wird sofort mitspielen können.
Denn der Blues ist international und kennt keine Grenzen!

Die **Übergänge** sind sehr populär im **Blues**. Deswegen zeige ich dir hier noch ein paar einfache **Varianten** für den **11. Takt**:

Beim **1. Beispiel** greifst du mit dem Zeigefinger in den 3. Bund der h-Saite, mit dem Mittelfinger in den 4. Bund der G-Saite und mit dem Ringfinger in den 4. Bund der dünnen e-Saite. Danach verschiebst du den Griff um jeweils einen Bund.

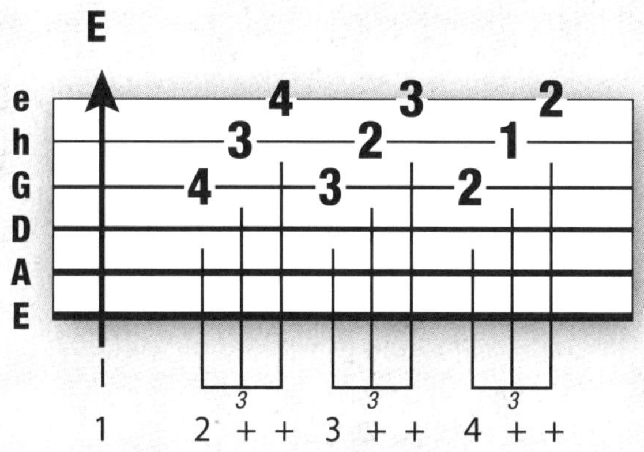

Beim **2. Beispiel** greifst du nur mit dem Mittel- und Ringfinger die G- und dünne e-Saite im 4. Bund. Danach verschiebst du den Griff wieder um jeweils einen Bund.

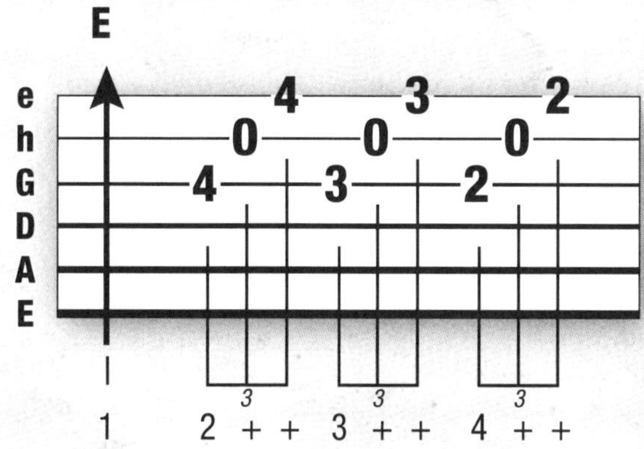

Beim **3. Beispiel** greifst du mit dem Zeigefinger in den 6. Bund der h-Saite, mit dem Mittel- und Ringfinger in den 7. Bund der G- und der dünnen e-Saite. Danach verschiebst du den Griff um einen Bund. Zum Schluss greifst du die untersten drei Saiten mit dem Zeigefinger (Barré).

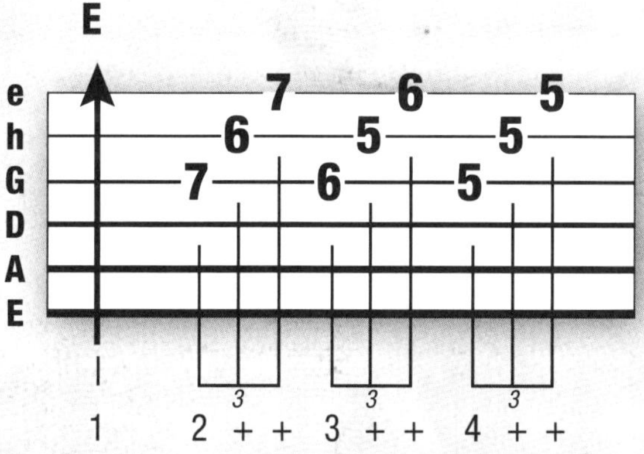

Beim **4. Beispiel** schlägst du einfach die vier angegebenen Griffe hintereinander an.

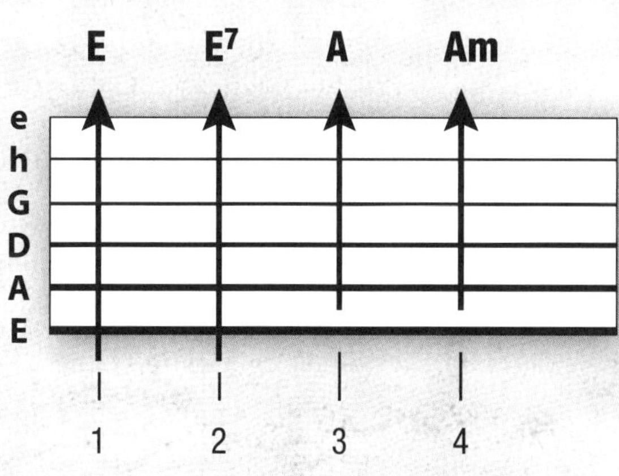

Denke immer daran, die **Zahlen** auf den **Linien** sind die **Bünde** in denen du mit der linken Hand greifst. Vergleiche mit dem **Audiotrack 61**. Hier spiele ich dir alle Übergänge einzeln vor.

Diese **Übergänge** sind natürlich auf den am meisten gespielten Blues in **E** bezogen.
Es gibt eine Menge Beispiele dafür von *B. B. King, Eric Clapton, Gary Moore, Taj Mahal, Johnny Winter, Alexis Korner, John Mayall,* den *Rolling Stones, Muddy Waters, Joe Bonamassa, Keb Mo, John Lee Hooker, Stevie Ray Vaughan, Buddy Guy, Rory Gallagher, Derek Trucks, Jonny Lang, John Mayer* usw.

Damit das Üben mehr Spaß macht, habe ich dir hier einen traditionellen Bluessong aufgeschrieben, den u. a. *Eric Clapton* gerne spielt:

Ramblin' on my mind

E E^6 E^7 E^6
1. I've got ramblin',

A A^6 A^7 A^6 E E^6 E^7 E^6, E E^6 E^7 E^6
I've got ramblin' all on my mind.

A A^6 A^7 A^6
I've got ramblin',

A A^6 A^7 A^6 E E^6 E^7 E^6, E E^6
I've got ramblin' all on my mind.

E^7 E^6 H^7 H^7 H^7 H^7
Hate to leave my baby,

A A^6 A^7 A^6 E Übergang H^7
But she treats me so unkind.

Words and Music by Robert Johnson (1911-1938),
Bearbeitung: Peter Bursch

Die Verteilung der Griffe sieht hier etwas chaotisch aus. Das liegt an der Gesangsmelodie und den vielen Griffen. Falls du es anders singen möchtest, kein Problem! Beim Blues ist alles möglich.
Den **Anfangston** beim Singen findest du auf der D-Saite im 2. Bund.
Achte darauf, dass du schon **nach** dem **1. Takt** (E E^6 E^7 E^6) zum **A-Griff** wechselst. Danach spielst du wieder normal mit dem **E (3. Takt)** weiter.
Spiele einfach beim **Audiotrack 62** mit. Da kommt so richtig Freude auf und du spürst den Blues!

> Wenn dich der Blues so gepackt hat, dass er dich nicht mehr los lässt, dann besorge dir mein Blues-Gitarrenbuch. Hier erkläre ich dir alle Geheimnisse des Blues von Anfang an und natürlich so einfach wie möglich!

Die restlichen Strophen findest du wieder im Anhang des Buches. Alle hier erklärten Blues-Spieltechniken kannst du dir auch in meinen Videos genau anschauen.

2. DIE ROCK-GITARRE

Wir kommen jetzt zu einem Musikstil, der zur größten musikalischen Revolution des 20. Jahrhunderts wurde: die **Rockmusik**. Natürlich spielt die Gitarre mit ihren speziellen Spielweisen eine wesentliche Rolle. Davon möchte ich dir in diesem Kapitel einiges zeigen.

Es begann in den **50er Jahren** mit dem **Rock'n'Roll**, einer Mischung aus dem Blues und der Country-Musik. Einer der ersten großen Hits war *Rock around the clock* von *Bill Haley*. Das ist nun schon lange her. Aber wenn du dir diese alten oder auch aktuelle neue Rock-Aufnahmen genau anhörst, dann wird dir eine besondere **Begleitgitarre** auffallen. Die möchte ich dir jetzt ausführlich erklären.

zu E

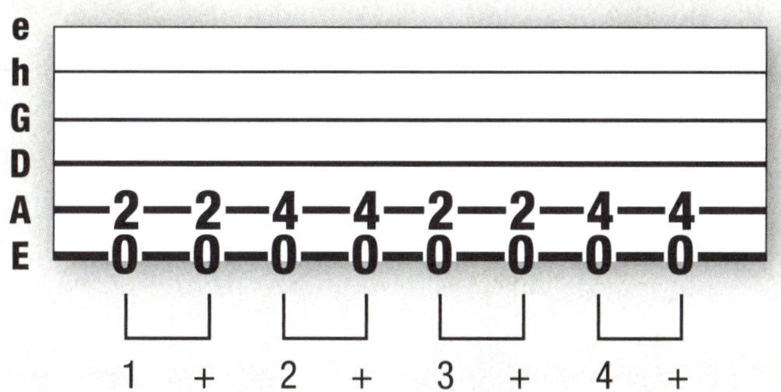

- Du greifst mit dem **Zeigefinger** der linken Hand in den **2. Bund** der **A-Saite** und spielst sie mit der **leeren E-Saite** zusammen **zweimal** an. Das machst du mit dem **Daumen** oder dem **Plektrum**.
- Danach greifst du mit dem **Ringfinger** in den 4. Bund der **A-Saite** und spielst das **Gleiche** nochmal usw.

Schaue dir dazu die Fotos der 1. und 2. Lage und das Griffbild genau an.

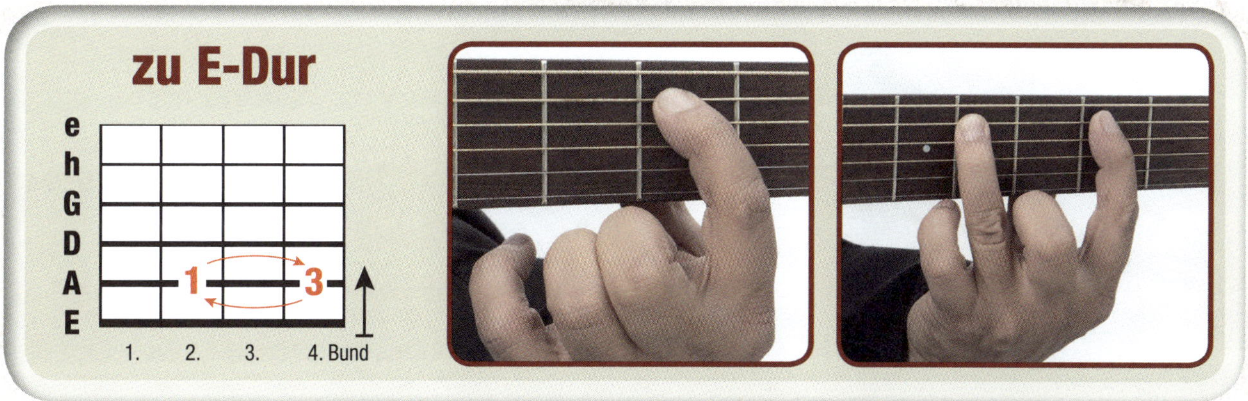

Du schlägst hier also nur die **E-** und **A-Saite** zusammen mit dem **Daumen** oder **Plektrum** an. Achte auf den **Pfeil** neben der Tabulatur. Dabei abwechselnd im **2.** und **4. Bund** der **A-Saite** greifen.

Das machst du nun **vor** und **zurück**, bis du es ohne rhythmische Pause spielen kannst. Vergleiche mit dem **Audiotrack 63**.

Das ist deine Rock'n'Roll-Begleitung zum E-Griff.

Du brauchst also nicht den **kompletten Griff** zu greifen, sondern nur mit **einem Finger** auf **einer Saite**. Das ist ganz schön einfach – oder nicht?
Genauso spielst du auch bei den nun folgenden Griffen.

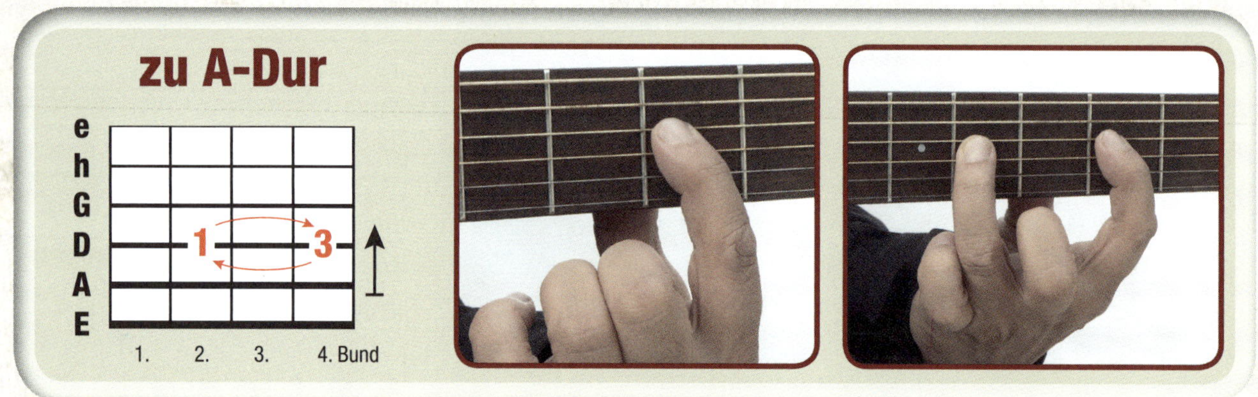

Hier schlägst du nur die **A- und D-Saite** zusammen an. Dabei abwechselnd im **2.** und **4. Bund** der D-Saite greifen.

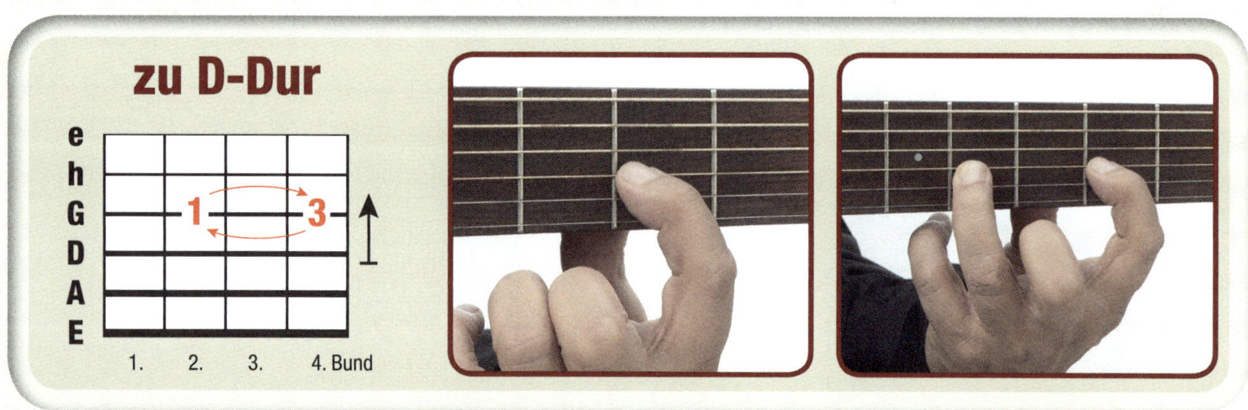

Hier schlägst du nur die **D-** und **G-Saite** zusammen an. Dabei abwechselnd im **2.** und **4. Bund** der **G-Saite** greifen.

Wenn du diese Begleitung zu den einzelnen Griffen gut kannst, dann versuche folgende Reihenfolge:

A, D, A, E und wieder von vorne.

Das sieht in der Tabulatur so aus:

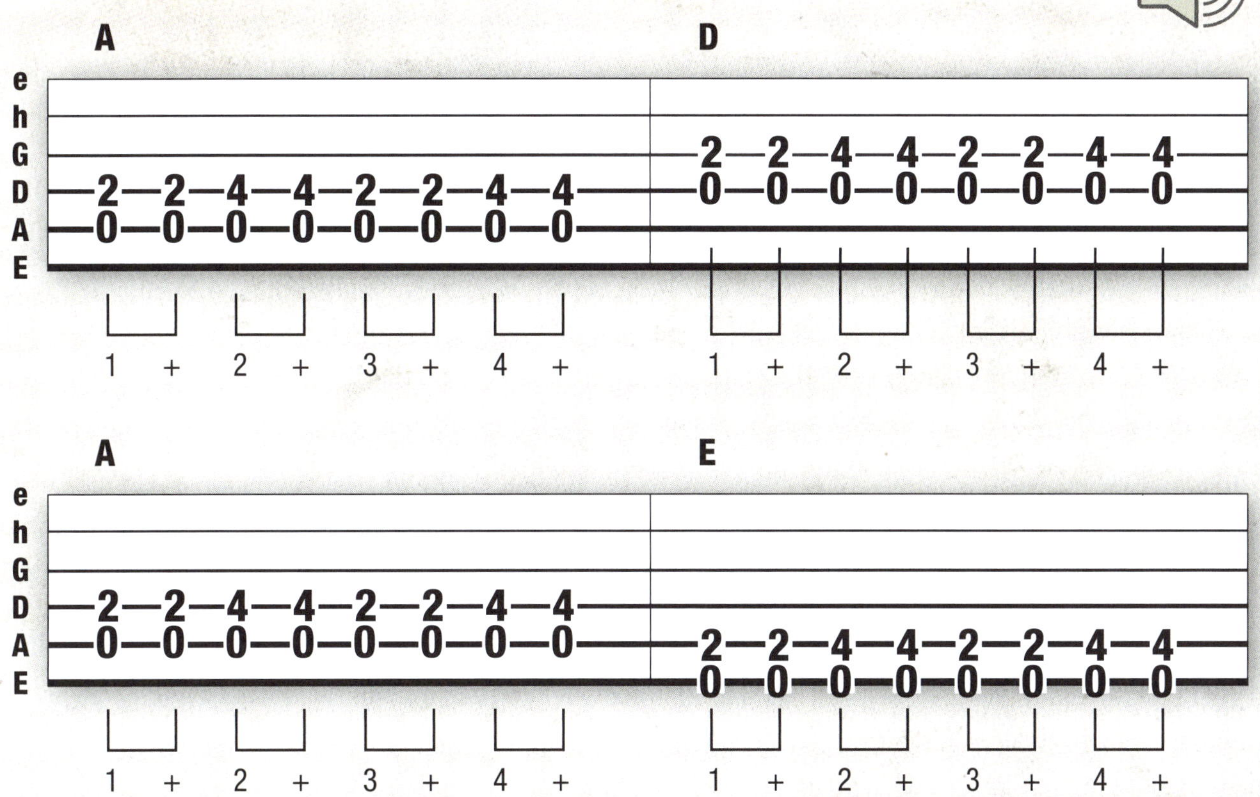

Spiele dabei **alle Anschläge rhythmisch gleichmäßig** an. Vergleiche mit dem **Audiotrack 64** und dem **Video 36**.

Damit das noch mehr Spaß macht, spiele mit dieser Technik *Marmor, Stein und Eisen bricht* aus dem 1. Teil des Buches.
Ich habe dir hier nochmal den Text mit den Griffen der 1. Strophe und des Refrains aufgeschrieben:

Marmor, Stein und Eisen bricht

A
1. Weine nicht, wenn der Regen fällt,

E A
Dam, dam; dam dam.

Es gibt einen, der zu dir hält,

E A
Dam, dam; dam dam.

A D
R. Marmor, Stein und Eisen bricht,

E A
Aber unsere Liebe nicht!

D
Alles, alles geht vorbei,

E A
Doch wir sind uns treu!

Das Schwierige wird für dich sein, zu dieser Begleitung zu singen. Das geht nur, wenn du die **Rock'n'Roll-Technik auswendig** spielen kannst. Du darfst dich also beim Singen nicht mehr vom Gitarrenspiel ablenken lassen. Übe das Schritt für Schritt. Lass dich dabei nicht nerven. Jeder Rock-Gitarrist hat mal so angefangen.
Ich habe dir *Marmor, Stein und Eisen bricht* mit dieser Begleitung beim **Audiotrack 65** so aufgenommen, dass du direkt mitspielen kannst.

Damit du diese Spieltechnik noch intensiver üben kannst, habe ich dir einen Song aus der Rock'n'Roll-Ära der 50er Jahre ausgesucht. Er ist von einem der wichtigsten Gitarristen dieser Zeit: *Chuck Berry*. Sogar die *Rolling Stones* und die *Beatles* haben einige seiner Songs weltweit bekannt gemacht. Schaue dir den Dokumentarfilm über *Chuck Berry* an. Er heißt: *Hail! Hail! Rock'n'Roll*. Dann verstehst du, warum er noch heute das Idol vieler Gitarristen ist. Übrigens, der musikalische Leiter des Films ist *Keith Richards*, der Gitarrist der *Rolling Stones*.

Sweet little sixteen

Text und Musik: Chuck Berry


```
   A                       E
1. They're really rockin' in Boston,
                  A
   In Pittsburgh, P. A.
                       E
   Deep in the heart of Texas,
                         A
   And 'round the Frisco Bay.
                  D
   All over St. Louis,
                          A
   Way down in New Orleans.
                          E
   All the cats wanna dance with
                    A
   Sweet little sixteen.
```

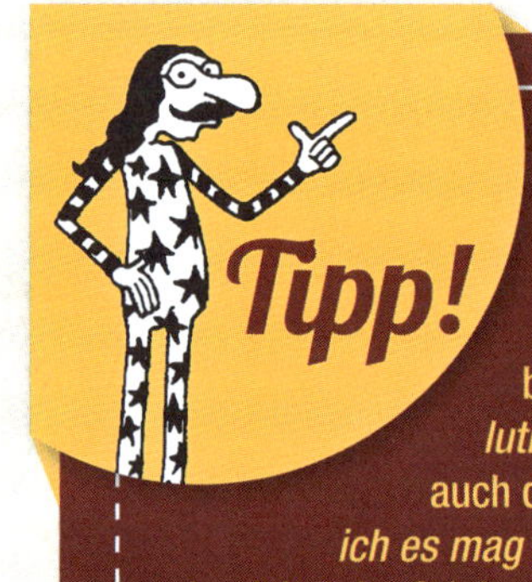

Diese Art der Begleitung kannst du z. B. auf dem weißen Beatles-Doppelalbum bei dem Stück *Revolution* hören. Genauso wird auch das Lied *Leben, so wie ich es mag* von *Peter Maffay* begleitet. Im Original heißt es *Tulsa Time* und kein Geringerer als *Eric Clapton* spielt es mit der gleichen Rock'n'Roll-Technik auf seinem Album *Just one night*. Du findest diesen Song in meinem Songbuch für Gitarre genauso wie *Johnny B. Goode* von *Chuck Berry*.
Viele Rock'n'Roll-Musiker wie *Elvis*, die *Beatles*, *Everly Brothers*, *Creedence Clearwater Revival*, *Status Quo* spielen ihre Songs mit der gleichen Spieltechnik.

Übe zuerst die Rock'n'Roll-Technik mit den entsprechenden Grifffolgen, bis du sie auswendig spielen kannst. Erst danach solltest du den Gesang hinzufügen. Dabei spielst du die Spieltechnik zum A-Griff am Anfang mehrmals ohne Gesang, bis du dann richtig loslegst.
Den **Anfangston** beim Singen findest du auf der D-Saite im 2. Bund.

Das klappt nur, wenn du die Spieltechnik auswendig spielen kannst, so dass du dich beim Singen nicht mehr darauf konzentrieren musst. Höre dir dazu den **Audiotrack 66** an. Die restlichen Strophen findest du wieder im Anhang! Der Refrain hat die gleiche Melodie wie die Strophen.
Du kannst dir die Rock'n'Roll-Spieltechnik auch auf im Video genau anschauen.

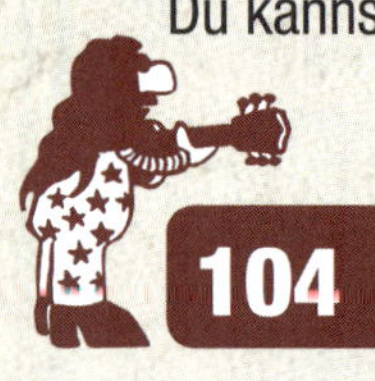

3. DIE E-GITARRE

In der Rockmusik wird hauptsächlich die E-Gitarre (elektrische Gitarre) gespielt. Hier habe ich dir die beiden populärsten Gitarren abgebildet.

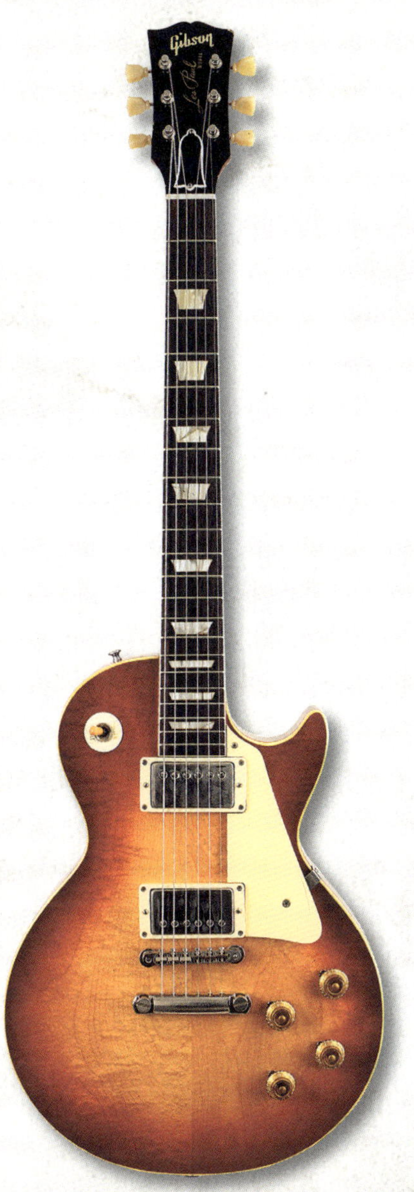

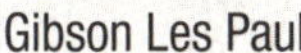

Gibson Les Paul

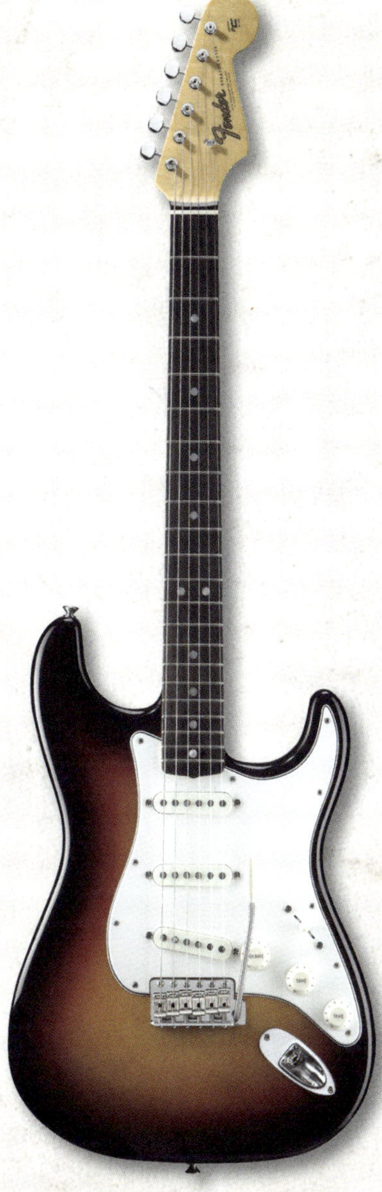

Fender Stratocaster

Diese Instrumente werden seit den 50er Jahren gebaut und haben bisher alle Strömungen und Weiterentwicklungen überlebt. Die Originale sind natürlich nicht billig, deswegen gibt es mittlerweile viele preiswerte Kopien, die hauptsächlich in China hergestellt werden. Erkundige dich in deinem Musikgeschäft und lass dich dort beraten. Außerdem findest du viele **Test-** und **Erfahrungsberichte** in **Fachzeitschriften**.

Neben diesen bekannten Gitarren gibt es viele Weiterentwicklungen von den verschiedensten Firmen. Damit du siehst, aus wieviele Einzelteilen so ein Instrument besteht, schaue dir folgende Zeichnung aufmerksam an.

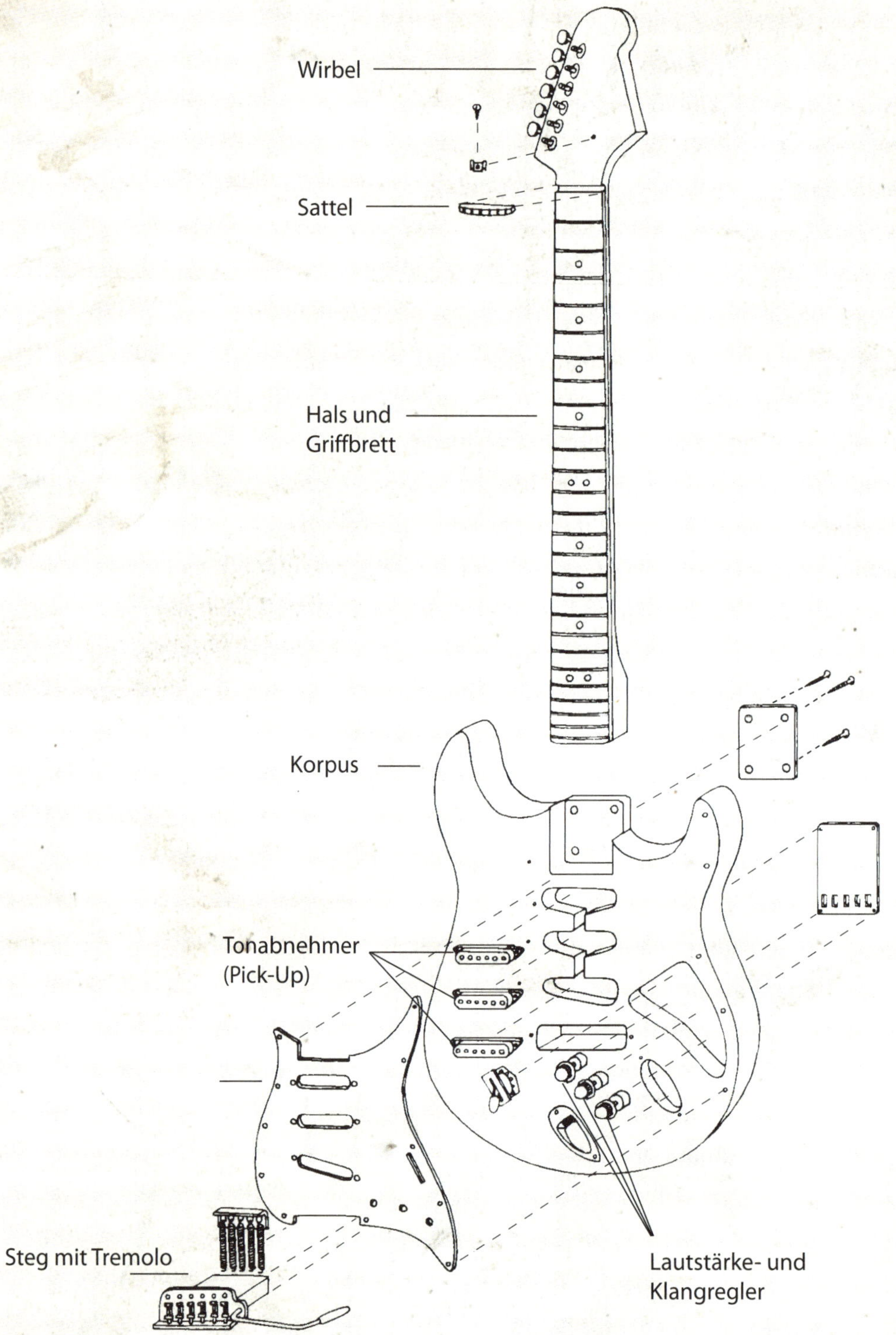

Wirbel

Sattel

Hals und
Griffbrett

Korpus

Tonabnehmer
(Pick-Up)

Steg mit Tremolo

Lautstärke- und
Klangregler

Das Herz dieser Gitarre sind die **Tonabnehmer**, die den Saitenanschlag aufnehmen und in ein elektrisches Signal umwandeln. Über einen **Verstärker** und **Lautsprecher** wird es hörbar gemacht. Dabei gibt es unzählige Varianten, um den **Klang des Tones** zu beeinflussen, z. B. **Klang- und Lautstärkeregler** an der Gitarre sowie am Verstärker, **unterschiedliche Lautsprecher** und viele Effektgeräte. Das wird dich erst einmal verwirren. Deswegen musst du dich Schritt für Schritt an alles herantasten.
Höre dir dazu den **Audiotrack 67** an. Hier führe ich dir ein paar einfache **Soundmöglichkeiten** vor.
Wenn dich das begeistert, dann besorge dir meine Rockgitarrenbücher aus dem Voggenreiter Verlag. Hier erkläre ich dir alles ausführlich und von Anfang an. Im Folgenden gebe ich dir ein paar Tipps zum Kauf einer E-Gitarre.

4. WAS ICH BEIM KAUF EINER E-GITARRE BEACHTEN MUSS!

Vieles kennst du schon vom **Kauf** der **akustischen Gitarre**, z. B. wie der **Hals** sein soll, das **Griffbrett** möglichst gerade usw. Die Gitarristen, die von der **Konzertgitarre** zur **E-Gitarre** wechseln, werden die größten Schwierigkeiten beim **Greifen** haben, da das **Griffbrett** hier viel **schmaler** ist. Es gibt aber neuerdings auch E-Gitarren mit einem klassischen Griffbrett (frage beim Fachhandel nach). In jeder Stadt findest du auch Fachleute, die dir den Gitarrenhals entsprechend umbauen. Beachte, dass das Zupfen und Anschlagen der Saiten problemlos möglich ist; denn wenn sich z. B. die **Tonabnehmer** zu nah an den Saiten befinden oder an der Stelle angebracht sind, an der die Saiten gezupft werden, behindern sie dein Spiel. Dann musst du die **Tonabnehmer** oder die **Saitenlage** anders einstellen.

Jetzt zu der **Elektronik**: Probiere alle **Schalt-** und **Regelmöglichkeiten** aus, ob alles funktioniert. Ich würde jeden einzelnen Tonabnehmer testen und alle Klangmöglichkeiten ausprobieren. Falls die Gitarre einen **Tremolo-Hebel** hat, teste ob sich die Saiten nach mehrmaligem Herunterdrücken **verstimmen**.

Das sind alles technische Dinge, die ich bisher erklärt habe. Alles andere was jetzt kommt, hängt von der Musik ab, die du mit diesem Instrument spielen möchtest. Natürlich auch von deinem Geschmack wie das Instrument aussehen soll und worauf du besonders stehst.

Die beiden populärsten Gitarren habe ich dir schon im vorigen Kapitel gezeigt. Es sind die *Fender Stratocaster* und die *Gibson Les Paul.*

Um zu wissen, wie die Fender-Gitarre klingt, höre dir Platten von *Eric Clapton, Jimi Hendrix, Ry Cooder, Mark Knopfler, Jeff Beck, Buddy Guy, David Gilmour, Chris Rea, Red Hot Chili Peppers, Coldplay* an.

Gibson-Gitarren spielen hauptsächlich: *AC/DC*, *Metallica*, *Scorpions*, *ZZ Top*, *Led Zeppelin*, *Slash*, *Chuck Berry*, *B. B. King*, *Joe Bonamassa*, *Zakk Wylde* und viele Heavy-Metal-Bands.

Danach kannst du ja entscheiden, mit welcher Gitarre du starten willst.

Nur sind diese **Original-Gitarren**, wie schon erwähnt, verhältnismäßig teuer. Falls du das Geld dafür nicht zusammenbekommst, kaufe dir eine **gute Kopie**. Die sind günstiger und sie sind manchmal vom Original nicht zu unterscheiden. Viele Firmen bauen diese Gitarren nach. Deswegen ist es schwierig hier etwas zu empfehlen, da auch nach ein paar Jahren oft die Firmennamen wechseln. Lass dich in deinem Fachgeschäft beraten.

Mit der Zeit haben auch viele Firmen eigenständige Modelle entwickelt, wie z.B. *Yamaha, Ibanez, Epiphone, PRS, Washburn, ESP, Düsenberg, Jackson, Music Man, Peavey* und viele, viele mehr.

Eine gute Möglichkeit ist auch, die **einfachen Gitarren** mit **Teilen** von **guten Firmen** umzubauen, z. B. die **Tonabnehmer** auszuwechseln oder einen besseren **Steg** mit **Tremolo-Arm** einzubauen, den **Hals** zu verändern usw. Da gibt es mittlerweile sehr viele Ideen, sogar mit **Bauanleitung** und vielen Tipps. Auch wie du dir aus den ganzen **Einzelteilen** selbst eine Gitarre nach Wunsch bauen kannst. Schau dir die Webseite von *Rockinger* an. Hier bekommst du nicht nur alle Ersatzteile: www.rockinger.com.

Darüber hinaus gibt es viele ausgefallene Gitarren unterschiedlichster Bauart. Ich will es dir an einem Beispiel zeigen: meine **Sitar-Gitarre**. Hier klingen die Saiten viel länger aus als bei der normalen Gitarre, sie „singen" regelrecht. Zusätzlich hat sie noch einen zweiten Hals für die Resonanz-Saiten. Ich habe sie zusammen mit dem Gitarrenbauer Henning Doderer entwickelt. Höre dir dazu den **Audiotrack 68** an.

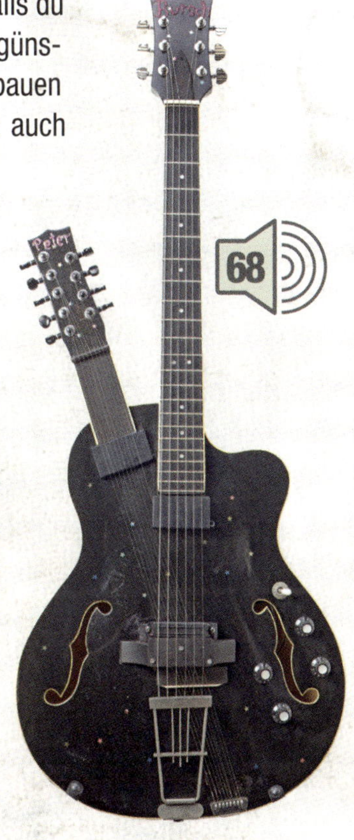

Sitar-Gitarre

5. WARUM HEULT MEIN AMP NICHT?

Um den Klang des **Tonabnehmers** an der elektrischen oder akustischen Gitarre hörbar zu machen, brauchst du einen **Verstärker** und einen **Lautsprecher**. Manche machen das auch mit einem **Kopfhörer**, den sie direkt an die Gitarre anschließen können. Damit störst du niemanden und kannst dich selbst gut hören. Um genug „Power" in den Kopfhörer zu bekommen, braucht man dazu einen **speziellen Verstärker**. Den gibt es sogar mit eingebauten Effekten. Oder du spielst direkt in deinen Computer, iPad usw.

Kommen wir wieder zurück zu den normalen Gitarrenverstärkern. Man sagt auch **Amp** dazu (aus dem Englischen von „Amplifier"). Es gibt zwei populäre Bauweisen: den **Transistor-Verstärker** und den **Röhren-Verstärker**. Der Transistor-Verstärker kann auch bei großer Lautstärke die Gitarre sehr klar klingen lassen, während ein vergleichbarer Röhrenverstärker schon übersteuern würde, die Gitarre klingt dann verzerrt.

Aber das ist es gerade, was sich viele so sehr wünschen, z. B. wenn man damit einen weichen, singenden Sound wie *Santana* erzeugen kann, oder den „Brat"-Sound von *AC/DC*.

Du kannst dir bestimmt vorstellen, dass je nachdem, wie so ein Verstärker gebaut wird, der Sound unterschiedlich ist. Auch mit Transistor-Verstärkern kannst du röhrenähnliche Klänge erzeugen, nur klingt es anders. Für speziell verzerrte Sounds gibt es entsprechende Vorstufen mit Vorverstärker.

Mit den verschiedensten Reglern an den Verstärkern kannst du die Lautstärke, den Klang, den Hall und die Verzerrung beeinflussen.

Wenn du nicht genau weißt, was du willst, dann musst du schon einige Amps bei Freunden oder im Musikgeschäft ausprobieren, um herauszufinden, welcher „heult" oder welcher sehr klar klingt. Höre dir dazu nochmal den **Audiotrack 67** an.

Verstärker mit 4x12"-Boxen

Als nächstes käme der **Lautsprecher**. Auch hier gibt es die unterschiedlichsten Modelle. Am Anfang würde ich dir einen **Koffer-Verstärker** (Combo-Verstärker) empfehlen. Dies sind Verstärker mit eingebauten Lautsprechern, d. h. der Lautsprecher ist dem Verstärker in der Leistung angepasst, und du kannst nicht viel falsch machen. Später ist es in jedem Fall möglich, den eingebauten Lautsprecher auszuwechseln oder eine Zusatz-Box mit mehreren Lautsprechern anzuschließen. Lass dich hier wieder von einem erfahrenen Musiker oder einem Fachmann im Musikgeschäft beraten.

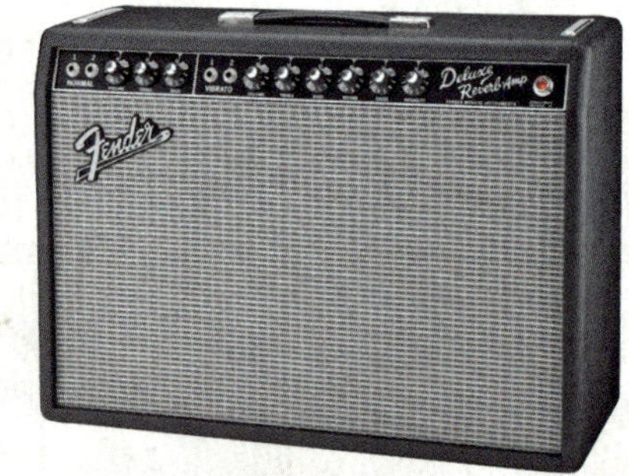

Combo-Verstärker

Du kannst deine Gitarre auch direkt mit speziellen Programmen und Anschlüssen an deinen **Computer** anschließen. Dadurch eröffnet sich eine neue **digitale Klangwelt** mit unbegrenzten Möglichkeiten.

6. EFFEKTGERÄTE – WARUM?

Manchen Gitarristen reicht der pure Gitarrenklang, der aus dem Lautsprecher kommt, nicht aus. Sie hätten gerne, dass der Sound vibriert, sich verdoppelt oder sich nach ein paar Sekunden wiederholt, dass er wie in einer riesigen Kirche klingt, sich ganz verrückt um sich selbst dreht, im Keller verschwindet und eine Oktave höher wieder rauskommt usw.

So etwas kannst du mit **Effektgeräten** machen. Die werden zwischen der Gitarre und dem Verstärker angeschlossen. Da gibt es von unzähligen Firmen eine Menge Möglichkeiten, die von Qualität und Preis abhängen. Es wäre auch zu viel jedes einzelne Gerät zu beschreiben. Die verschiedensten Effektgeräte werden ständig verändert bzw. verbessert. In ein paar Jahren gibt es schon wieder viele neue Geräte. Du musst sie ausprobieren. Dann weißt du, was die einzelnen Effekte bewirken. So kannst du dir deinen speziellen Gitarrensound entwickeln.

Höre dir dazu den **Audiotrack 69** an. Hier spiele ich dir ein paar von den bekanntesten Effekten vor.

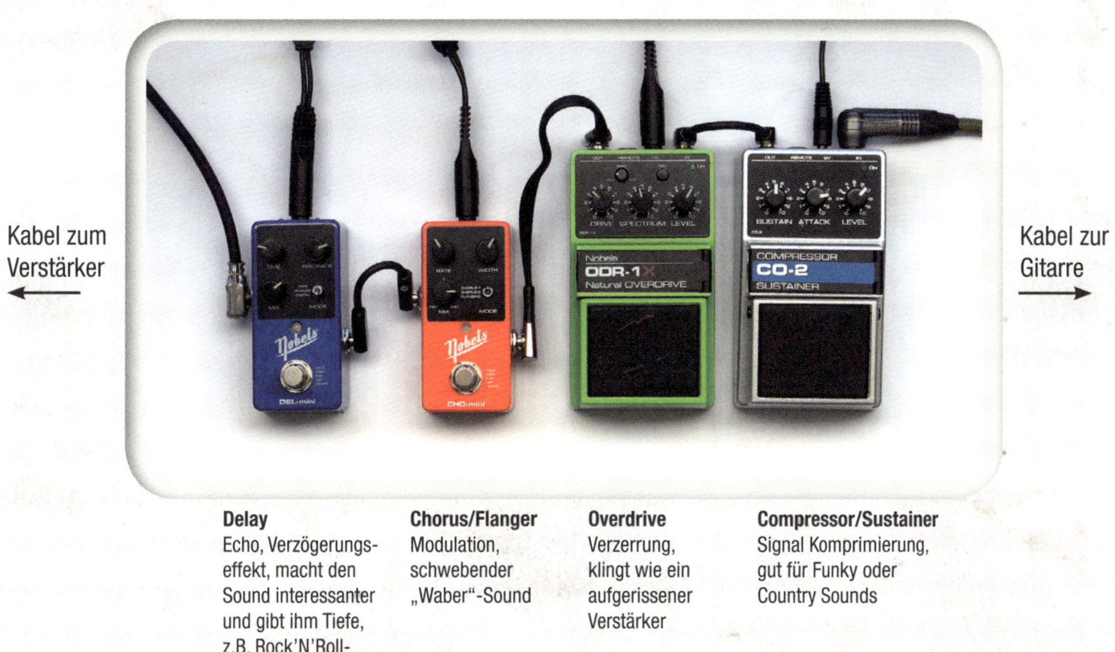

Kabel zum Verstärker ←

Kabel zur Gitarre →

Delay
Echo, Verzögerungseffekt, macht den Sound interessanter und gibt ihm Tiefe, z.B. Rock'N'Roll- oder U2-Sounds

Chorus/Flanger
Modulation, schwebender „Waber"-Sound

Overdrive
Verzerrung, klingt wie ein aufgerissener Verstärker

Compressor/Sustainer
Signal Komprimierung, gut für Funky oder Country Sounds

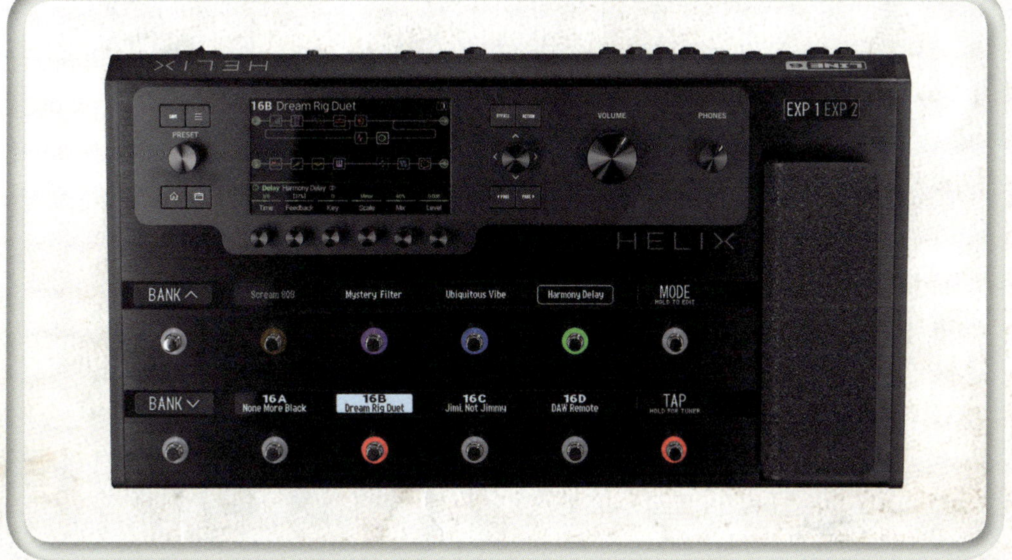

Multi-Effektgerät Line6 Helix Guitar Processor

7. WIE MACHE ICH AUS MEINER AKUSTISCHEN GITARRE EINE ELEKTRISCHE?

1. Es gibt **Tonabnehmer**, die du auf die **Decke** der Gitarre drückst und die sich dort festsaugen. Wenn du jetzt zu nahe damit an den Lautsprecher kommst, dann fängt dieser an zu randalieren, d. h. zu pfeifen (Feedback). Erfahrene Musiker sagen dazu: „Die Gitarre rückkoppelt!“ Diese Tonabnehmer klingen nicht überragend, sind aber dafür am billigsten.

2. Besser sind **Tonabnehmer**, die unter dem Stäbchen im **Steg** befestigt sind. Sie reagieren auf Druckbelastungen, rückkoppeln wenig und verstärken den akustischen Klang ziemlich naturgetreu. Viele Gitarrenfirmen bauen diese Systeme direkt ein. Lass dir wieder einige Gitarren mit eingebauten Tonabnehmern in guten Musikläden vorführen.

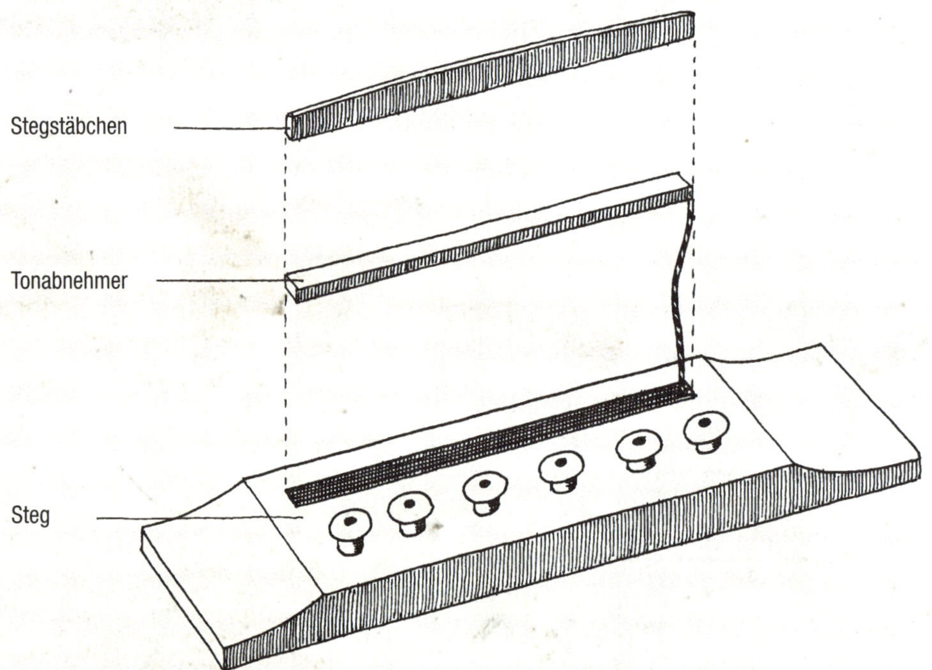

3. Es gibt viele Firmen, die diese und ähnlich gute **Tonabnehmer einzeln herstellen**, wie z. B.: *Shadow*, *L. R. Baggs*, *Fishman*, *D-TAR*. Diese kannst du in jede beliebige Gitarre einbauen lassen. Um Störgeräusche zu vermeiden, empfiehlt es sich, sie mit dem entsprechenden Vorverstärker zu kaufen.
   Ich benutze bei meinen Akustikgitarren das Tonabnehmersystem SH 4020 und das SH Hex-Pedal von *Shadow*, das ich selbst mitentwickelt habe. Das Besondere daran ist, dass ich die Lautstärke jeder einzelnen Seite einstellen kann.

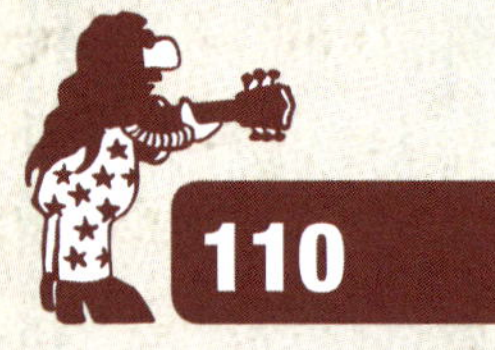

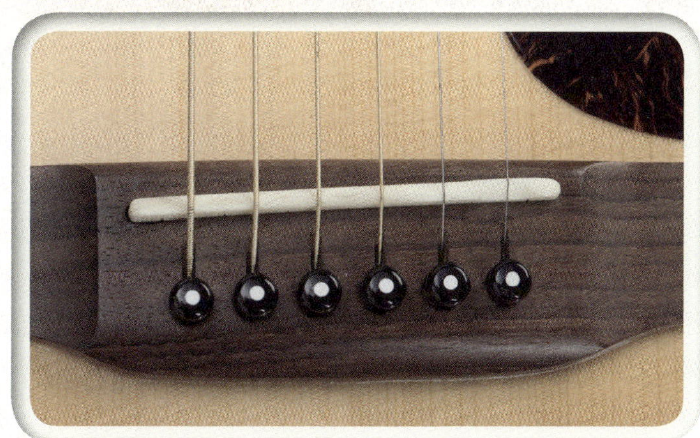

Unter der Steganlage befindet sich der Tonabnehmer.

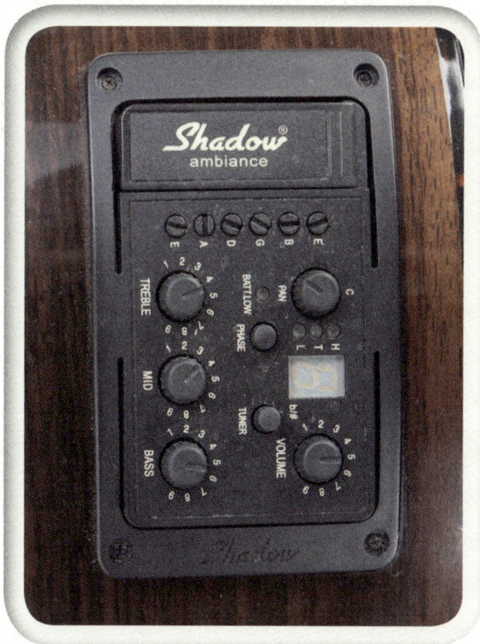

Vorverstärker und Lautstärkeregler für jede Saite, Klangregler und Panoramaregler (stereo) mit eingebautem Stimmgerät

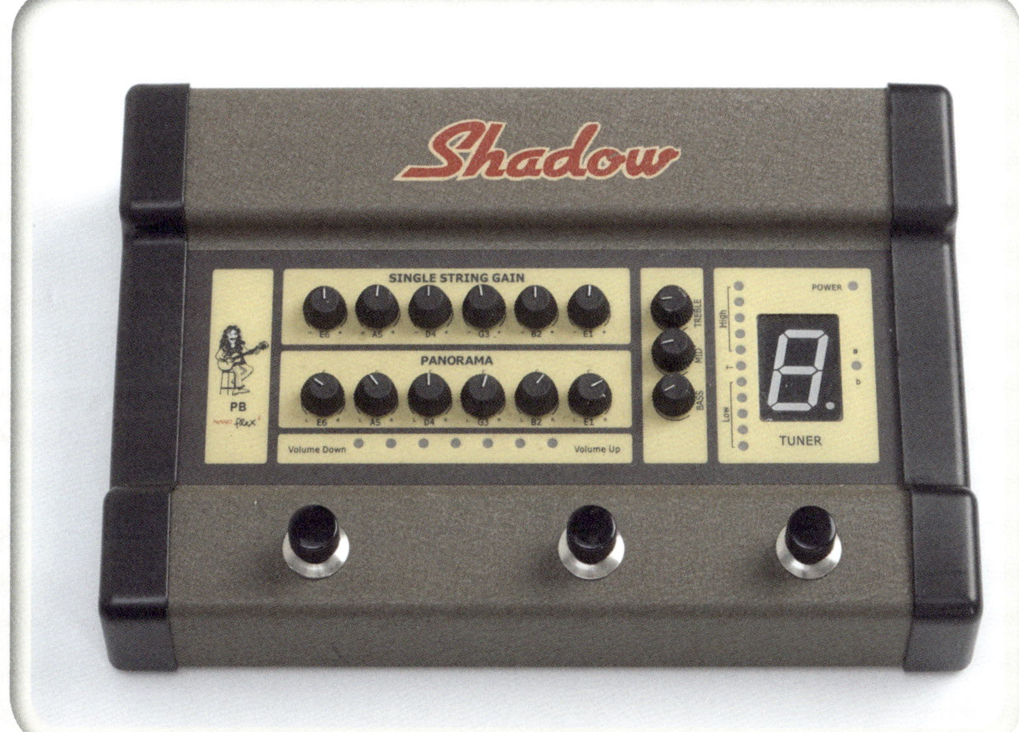

Fußpedal für den eingebauten Tonabnehmer, mit Lautstärke-, Klang- und Panoramaregler und eingebautem Stimmgerät.

4. Falls deine Gitarre wie eine E-Gitarre klingen soll, musst du elektromagnetische Tonabnehmer benutzen, die im Schallloch befestigt werden. Es sind vom Prinzip her die gleichen Tonabnehmer, die auch in E-Gitarren verwendet werden. Gute Firmen, die diese Tonabnehmer herstellen, sind: *Dean Markley, Seymour Duncan, Shadow, Fishman* und *L. R. Baggs*.
   Manche davon haben sogar Klang- und Lautstärkeregler. Diese Tonabnehmer funktionieren nicht bei Nylon-Saiten, also bei Konzert-Gitarren. Erkundige dich in deinem Gitarrengeschäft. Manche haben sogar unterschiedliche Modelle in den verschiedensten Gitarren eingebaut und du kannst sie miteinander vergleichen.

8. EINFACHE ZUPFTECHNIK

Bis jetzt kannst du die Saiten mit dem Daumen, dem Plektrum oder den restlichen Fingern der rechten Hand zusammen anschlagen. Das Zupfen hast du nur mit dem Daumen oder dem Plektrum kennengelernt. Um einzelne Saiten fließender zu zupfen, oder zwei Saiten, die weit auseinander liegen, gleichzeitig zu spielen, zeige ich dir folgende Technik:

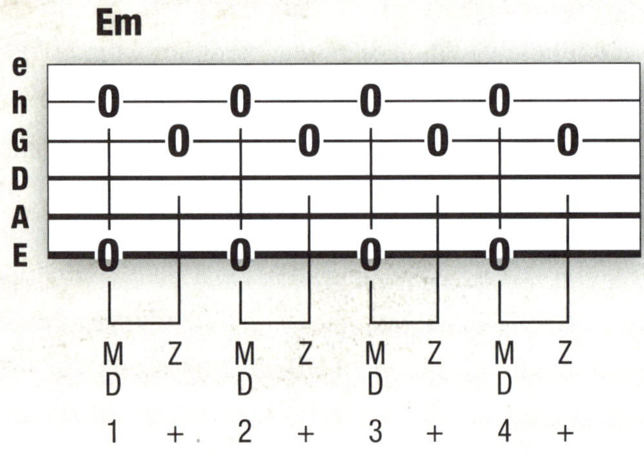

Die **Zahlen** auf den Saiten bedeuten die **Bünde**, in denen du mit der linken Hand greifst (0 = leere Saite). In diesem Fall spielst du nur leere Saiten an. Die Bezeichnungen unter den Saiten sind für die Finger der rechten Hand.

D = Daumen der rechten Hand
Z = Zeigefinger der rechten Hand
M = Mittelfinger der rechten Hand

Darunter habe ich dir noch eine **Rhythmushilfe** aufgeschrieben (1 + 2 + 3 + 4 +).

- Du greifst also **Em** und zupfst **gleichzeitig** mit dem **Daumen (D)** und **Mittelfinger (M)** die **leere E- und h-Saite**.
- Danach zupfst du mit dem **Zeigefinger (Z)** die **leere G-Saite**. Halte dabei deine Finger senkrecht zu den Saiten.

Damit du die Saiten gut zupfen kannst, mache mit den einzelnen Fingern kreisende Bewegungen. Schaue dir dazu die beiden Fotos an. Bei dem linken zupfe ich gerade mit Daumen und Mittelfinger gleichzeitig die E- und h-Saite, bei dem rechten Foto mit dem Zeigefinger die G-Saite.

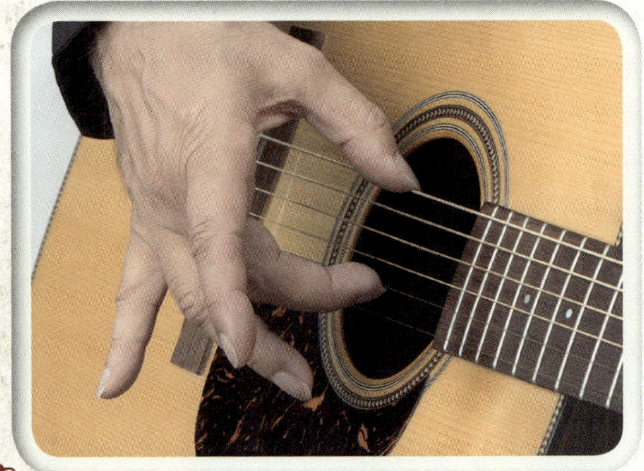

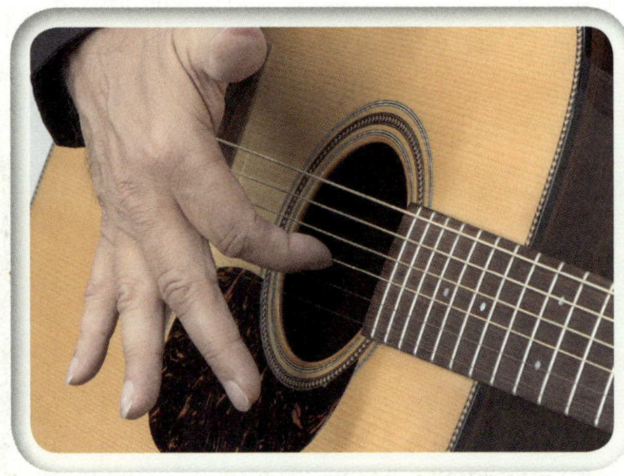

Dieses machst du immer wieder abwechselnd, bis du es ohne rhythmische Pause spielen kannst. Jedes Zupfen hat die gleiche Taktteillänge. Hör dir dazu den **Audiotrack 70** an.
Du kannst es dir auch im Video genau anschauen.
Wenn das gut klappt, dann versuche mit dieser Technik einen zweiten Griff, und zwar:

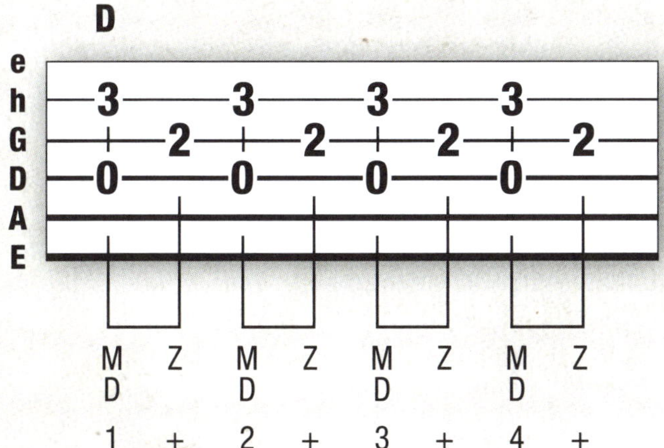

- Du greifst den **D-Griff** und zupfst **gleichzeitig** mit dem **Daumen** und **Mittelfinger** die **D-** und **h-Saite**.
- Danach zupfst du wieder mit dem **Zeigefinger** die **G-Saite**. Dabei greifst du die h-Saite im 3. Bund und die G-Saite im 2. Bund.

Wenn du den **D-Griff** gut zupfen kannst, dann versuche die beiden Griffe **Em** und **D** mehrmals hintereinander zu spielen.
Diese Begleitung passt wunderbar zu dem Song *Lady in black*. Hier nochmal die erste Strophe mit den dazugehörigen Griffen:

Lady in black

Em
1. She came to me one morning,

One lonely sunday morning,

D
Her long hair flowing

Em
In the midwinter wind.

I know not how she found me,

For in darkness I was walking,

D
And destruction lay around me

Em
From a fight I could not win.

Em D Em D Em
Ah.......................Ah......................

Du kannst beim **Audiotrack 71** direkt mitspielen.

Als nächstes will ich dir zeigen, wie du mit **Daumen**, **Zeigefinger** und **Mittelfinger** einzeln hintereinander zupfen kannst. Das ist ganz einfach und klingt sehr gut. Schaue dir dazu folgende Tabulatur an:

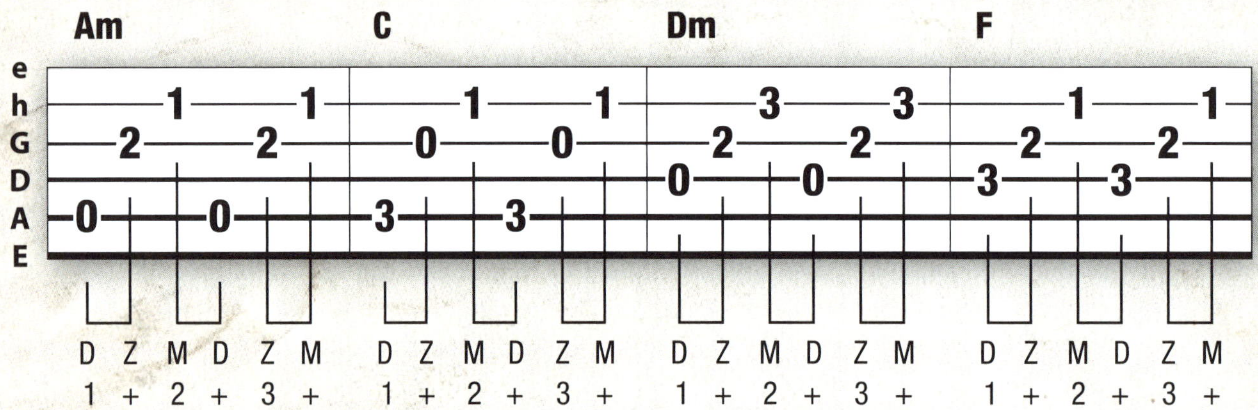

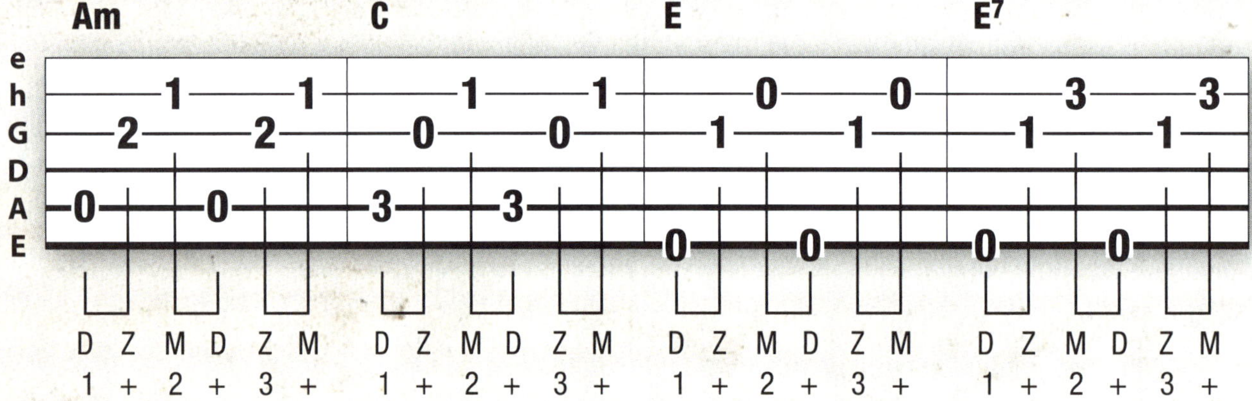

- Du zupfst hier mit dem **Daumen (D)** immer die **entsprechende Bass-Saite** des Griffes,
- mit dem **Zeigefinger (Z)** immer die **G-Saite** und
- mit dem **Mittelfinger (M)** immer die **h-Saite**.

Beispiel: der 1. Am-Griff

- der Daumen zupft die **A-Saite**,
- der **Zeigefinger** die **G-Saite**
- und der **Mittelfinger** die **h-Saite**;
- beim folgenden **C-Griff** zupft der Daumen wieder die A-Saite usw.

Die Grifffolge, die du hier übst, ist genau die gleiche wie bei dem Song *The house of the Rising Sun.* Probiere es doch direkt mal aus.

The house of the Rising Sun

Am C Dm F
1. There is a house in New Orleans,

Am C E E^7
They call the Rising Sun.

Am C Dm F
It has been the ruin of many a poor girl,

Am E E^7 Am
And me, oh God, I'm one.

Amerikanischer Folksong

Höre dir dazu den **Audiotrack 72** an und spiele direkt mit. Das Lied wird im **3/4-Takt** gespielt. Deswegen kommst du beim Zupfen mit **3 Fingern** aus.
Um Lieder im 4/4-Takt zu begleiten, brauchst du einen Finger mehr.
Damit kommen wir zum nächsten Kapitel:

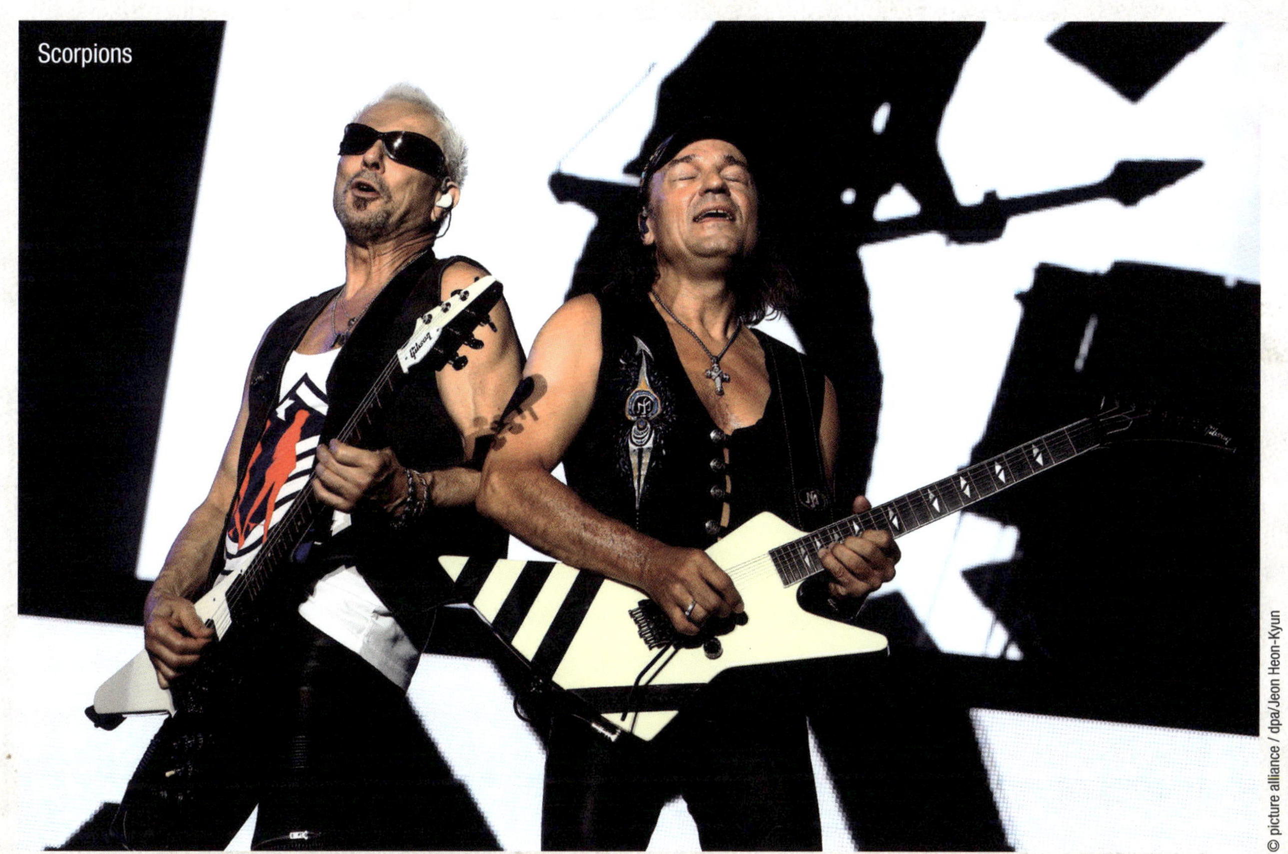
Scorpions

9. ZUPFTECHNIK MIT 4 FINGERN

Bis jetzt hast du alles mit **3 Fingern** der rechten Hand gezupft. Nun nimmst du **einen Finger** dazu, den **Ringfinger (R)**. Du zupfst also nacheinander mit dem **Daumen**, **Zeigefinger**, **Mittelfinger** und **Ringfinger**. Das sieht in der Tabulatur so aus:

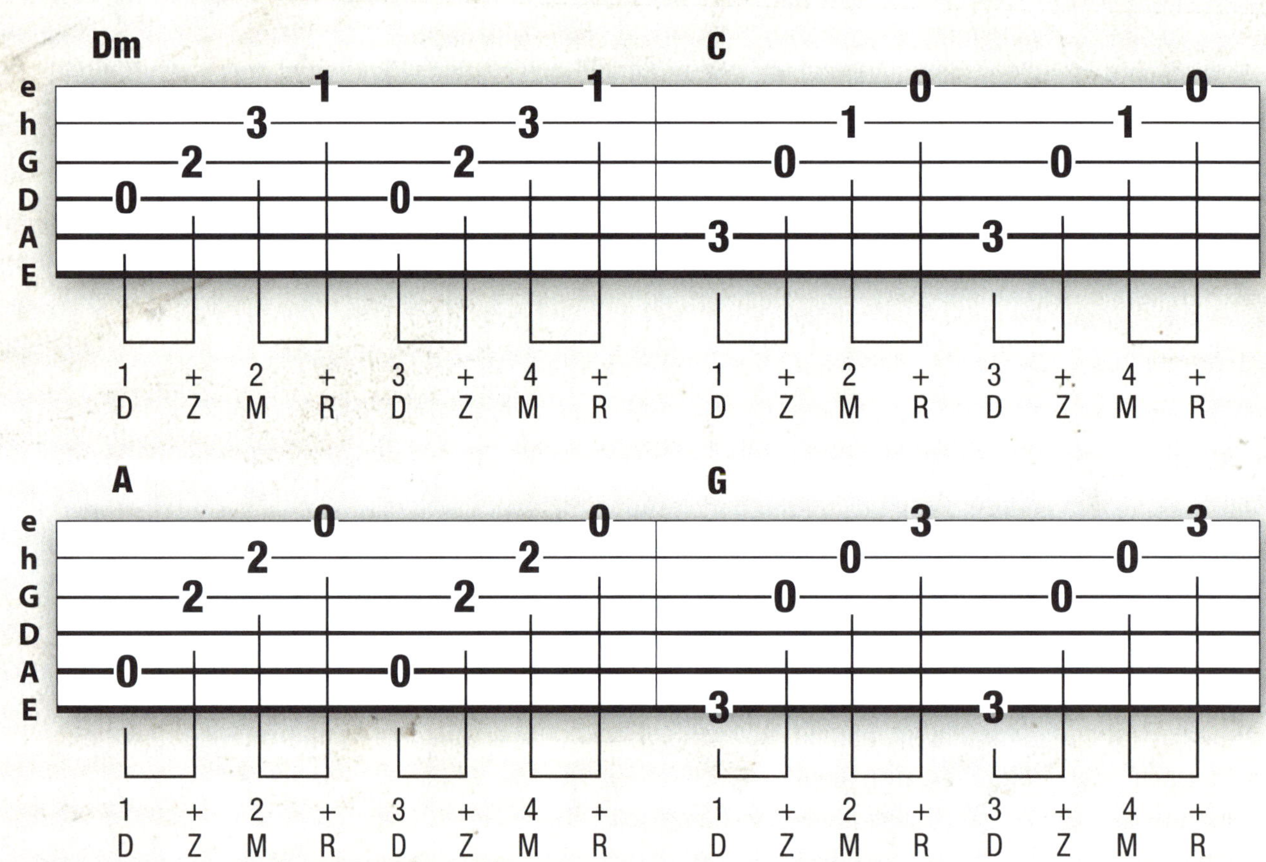

Du zupfst also bei dem Griff **Dm** mit dem **Daumen (D)** die **D-Saite**, mit dem **Zeigefinger (Z)** die **G-Saite**, mit dem **Mittelfinger (M)** die **h-Saite** und mit dem **Ringfinger (R)** die **dünne e-Saite**.

Jeden Anschlag spielst du rhythmisch gleichmäßig hintereinander. Das Ganze wiederholst du, erst dann wechselst du den Griff. Halte die Finger beim Zupfen schön locker und verkrampfe nicht dabei (s. Fotos). Höre es dir am Anfang vom **Audiotrack 73** genau an. Ich spiele es dir auch im Video schön langsam vor.

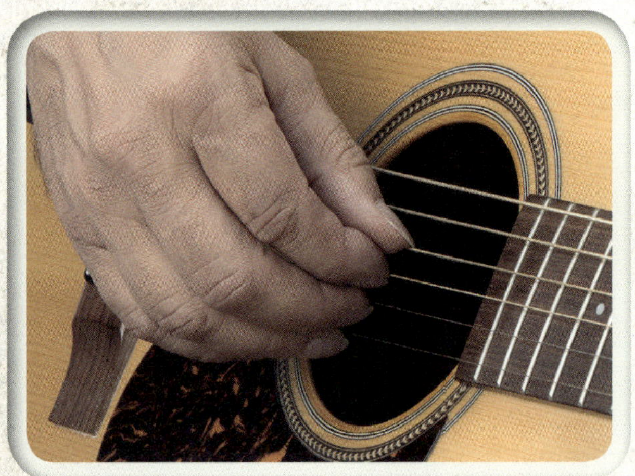

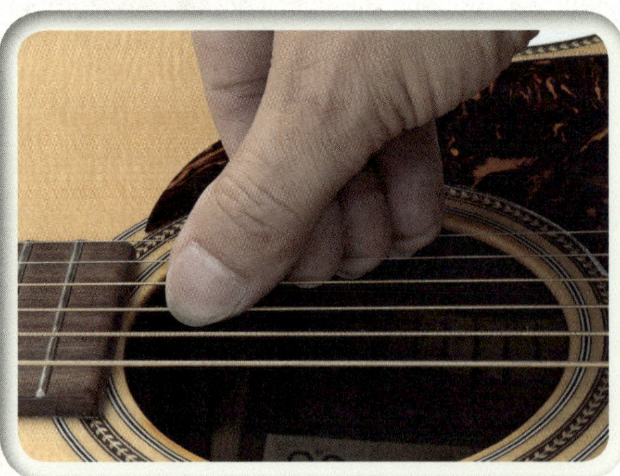

Wie du in der Tabulatur siehst, spielt der **Daumen** zu jedem Griff **unterschiedliche Bass-Saiten** an; **alles andere bleibt immer gleich**. Der **Zeigefinger** zupft immer die **G-Saite**, der **Mittelfinger** zupft immer die **h-Saite** und der **Ringfinger** zupft immer die dünne e-Saite. Natürlich passen diese Griffe wunderbar zu folgendem Song der *Scorpions*:

Holiday

Dm
1. *Let me take you far away,*

C A Dm
You'd like a holiday.

Let me take you far away,

C A Dm
You'd like a holiday.

C Dm
Exchange the cold days for the sun,

G A
Good times and fun.

Dm
Let me take you far away,

C A Dm
You'd like a holiday.

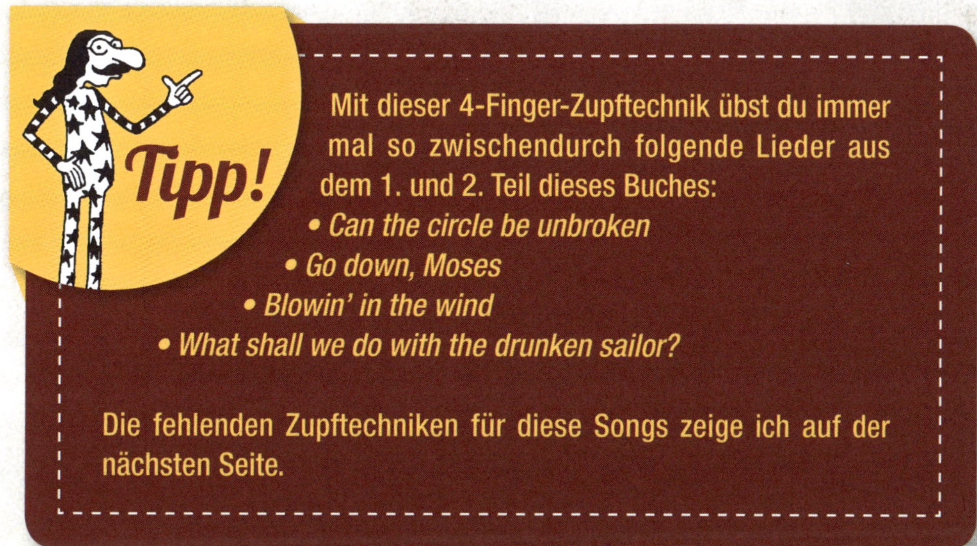

Mit dieser 4-Finger-Zupftechnik übst du immer mal so zwischendurch folgende Lieder aus dem 1. und 2. Teil dieses Buches:

- *Can the circle be unbroken*
- *Go down, Moses*
- *Blowin' in the wind*
- *What shall we do with the drunken sailor?*

Die fehlenden Zupftechniken für diese Songs zeige ich auf der nächsten Seite.

Hier sind die Zupftechniken zu den fehlenden Griffen für meine Songempfehlungen auf der vorigen Seite:

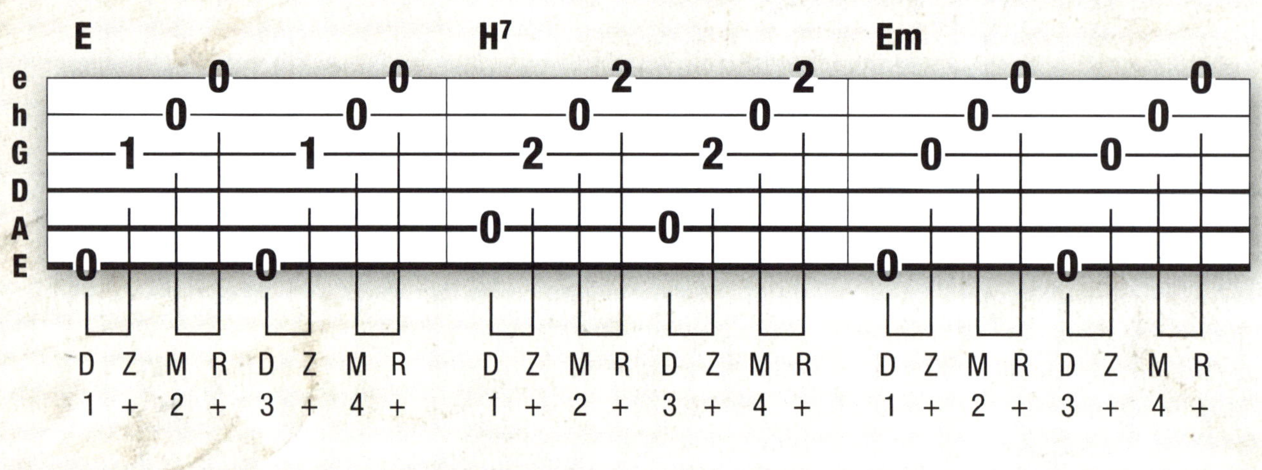

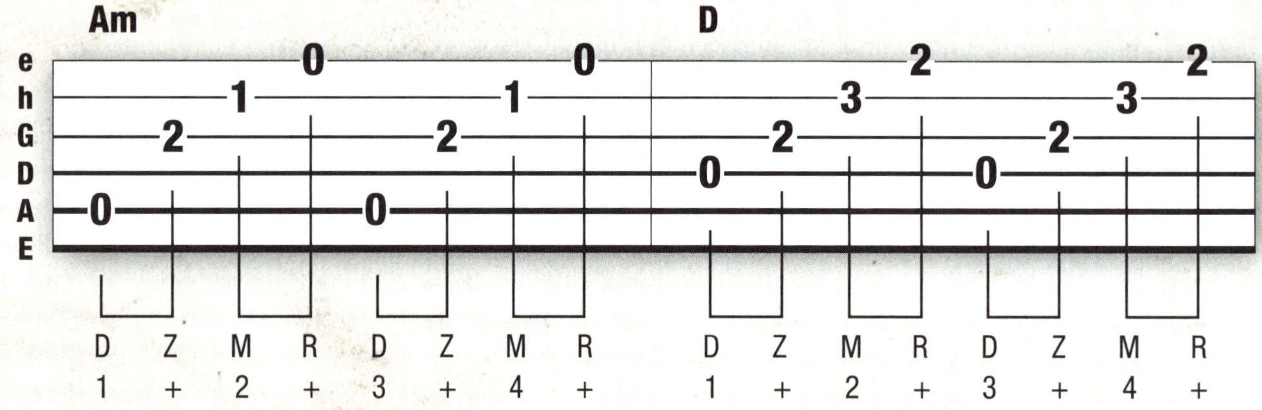

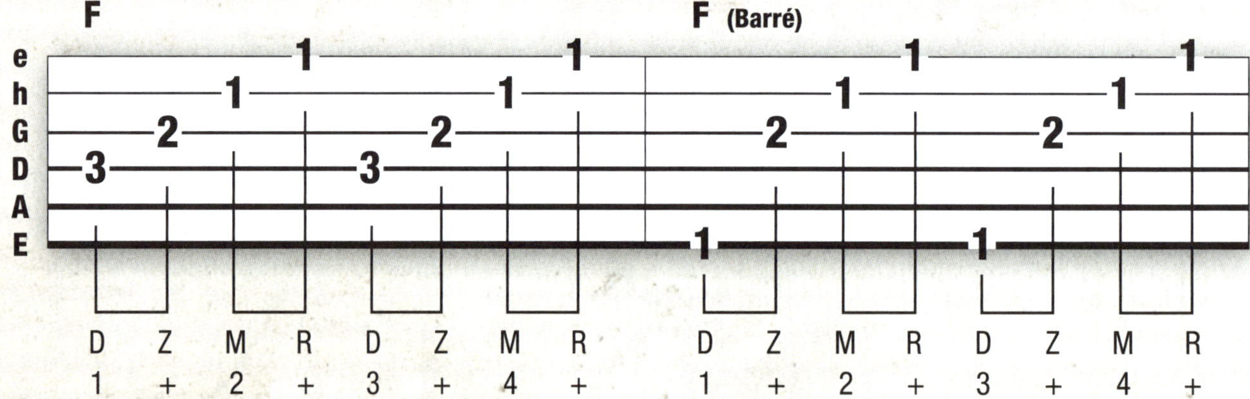

Für den **F-Griff** habe ich dir zwei Möglichkeiten aufgeschrieben. Einmal für den **kleinen F-Griff** und einmal für den kompletten **Barré-Griff**.

Zum Abschluss noch ein schönes **Gitarrenstück** von mir. Dabei lernst du eine Erweiterung der Zupftechnik und zwischen den einzelnen Griffen **Übergangstöne** spielen. Es heißt:

Duisburg

6/8

Takt	1	2	3	4
Akkord	C	C/H	Am	Am/G

Takt	5	6	7	8
Akkord	F	G	C	G

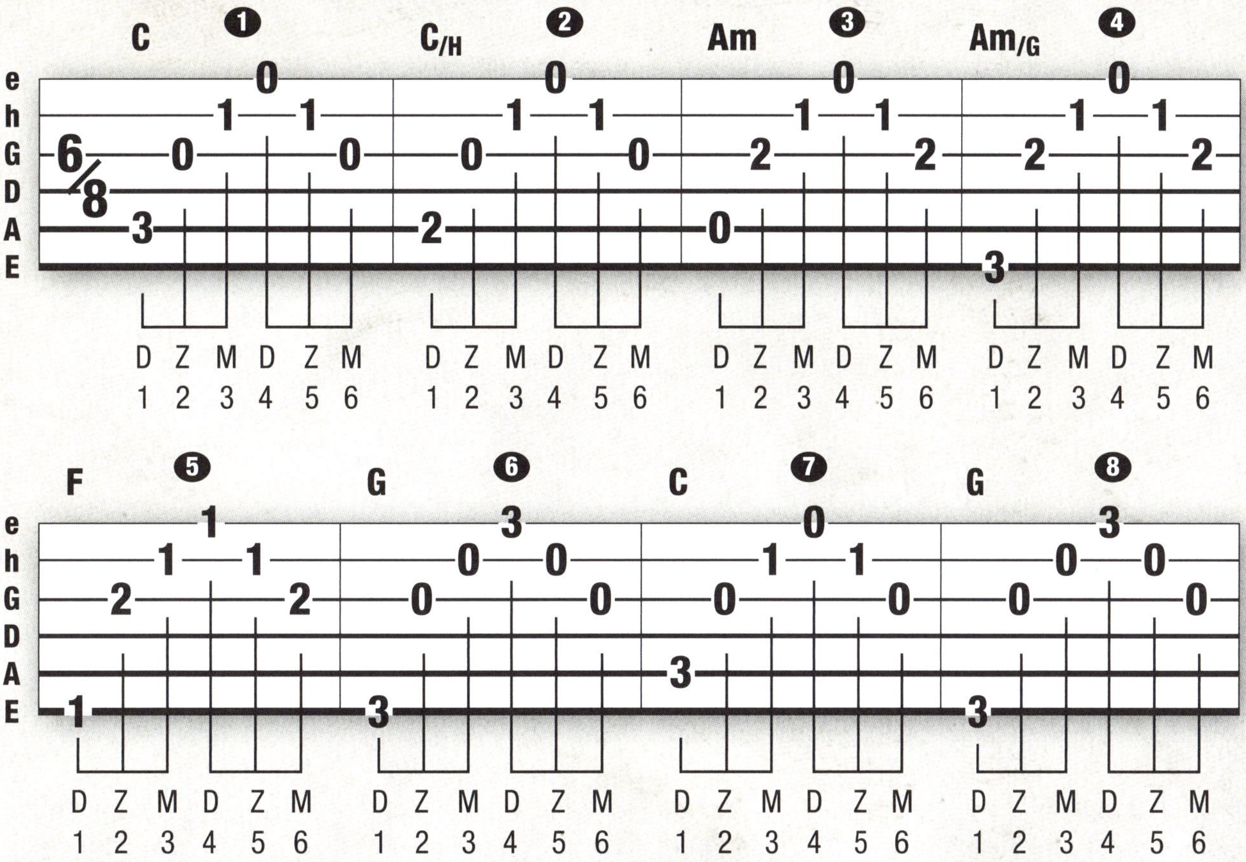

Wiederhole 1–7 dann weiter mit 9

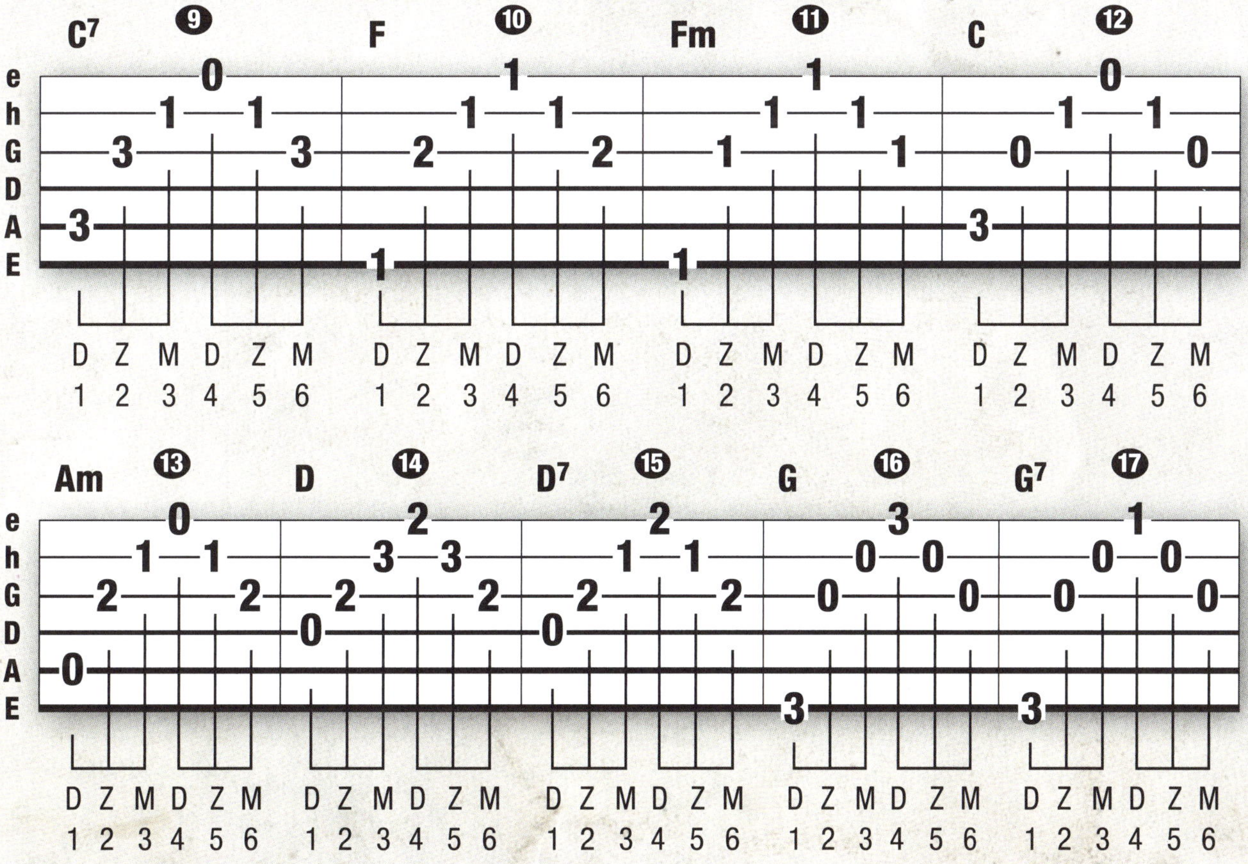

Takt	9	10	11	12
Akkord	C^7	F	Fm	C

Takt	13	14	15	16	17
Akkord	Am	D	D^7	G	G^7

Saiten: e h G D A E

Anschlag in jedem Takt: D Z M D Z M / 1 2 3 4 5 6

und wieder von vorne

Melodie: Peter Bursch

Übe zuerst die **neuen Griffe C/H**, **Am/G**, **Fm**, **C⁷** und **D⁷**:

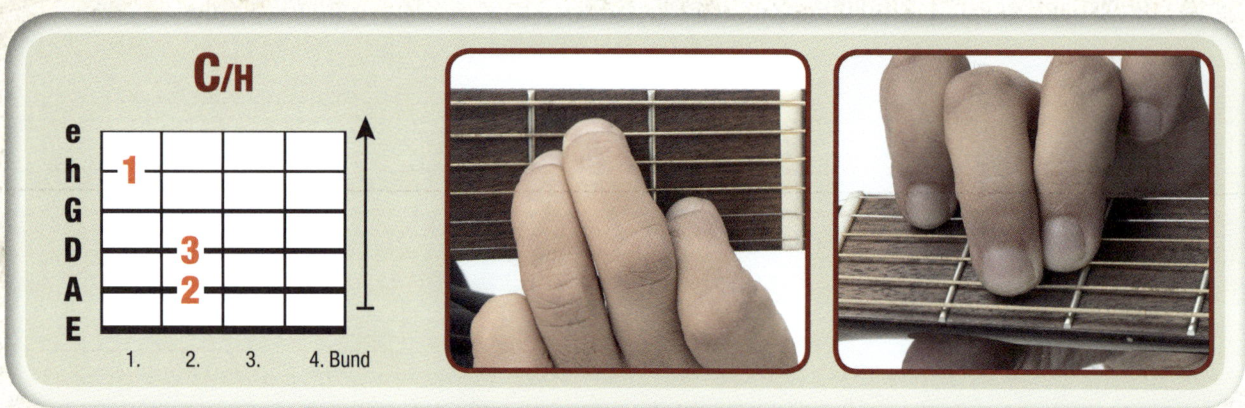

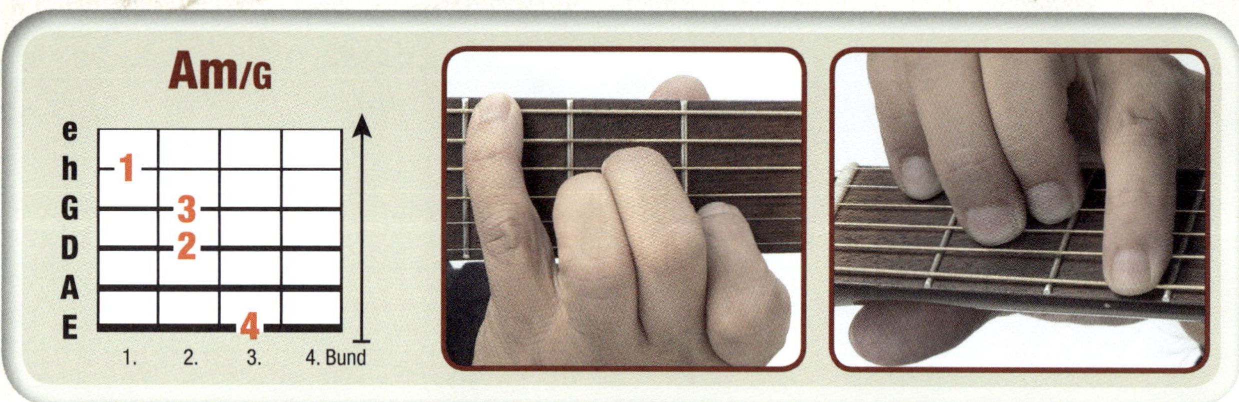

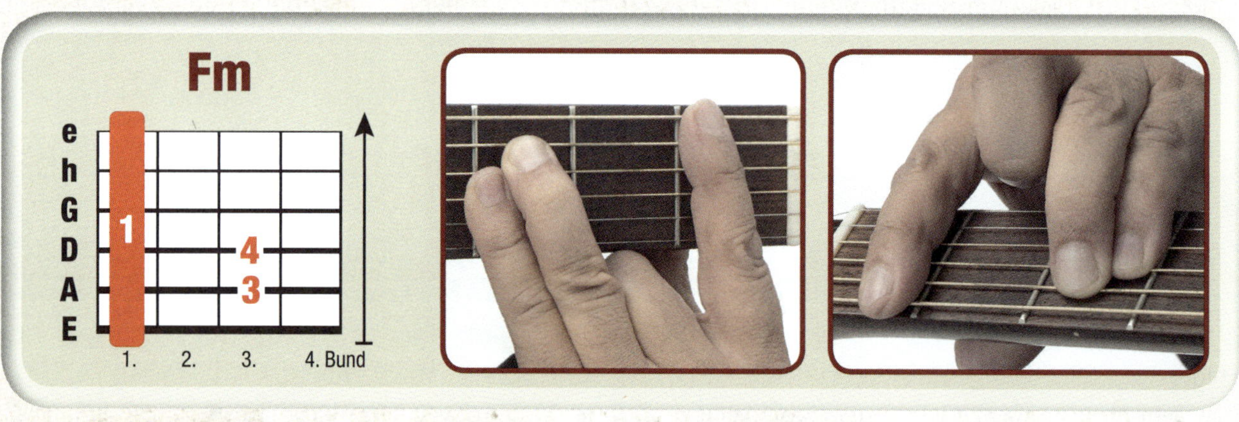

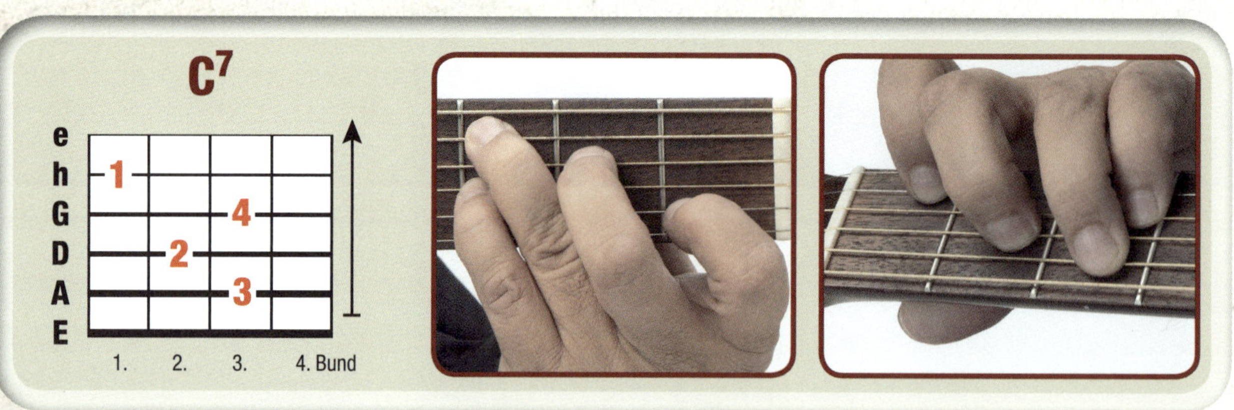

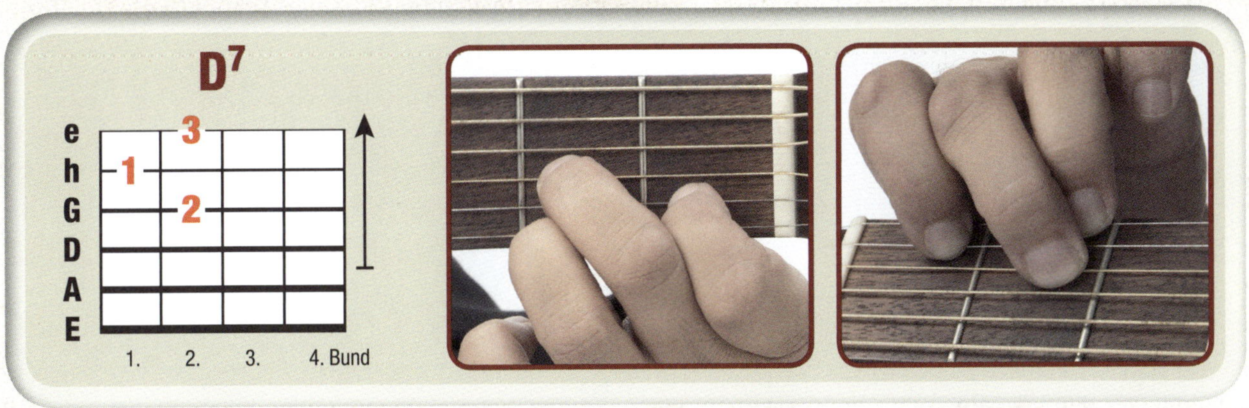

Wenn du diese Griffe ohne Probleme greifen kannst, dann versuche die **Zupftechnik**.

- Du greifst den **C-Griff**
- und zupfst mit dem **Daumen (D)** die **A-Saite**,
- mit dem **Zeigefinger (Z)** die **G-Saite**,
- mit dem **Mittelfinger (M)** die **h-Saite** und
- mit dem **Ringfinger (R)** die dünne **e-Saite**.

Bis hierhin kannst du das ja schon. Jetzt erweiterst du die Technik und

- zupfst direkt mit dem **Mittelfinger** die **h-Saite** und
- mit dem **Zeigefinger** die **G-Saite**.

Du zupfst also die **drei dünnen Saiten** einmal **runter** und wieder **zurück**. Mehr ist das nicht.
Übe das mehrmals, bis du den **C-Griff** locker spielen kannst.

Dieses Stück ist übrigens im **6/8-Takt** aufgeschrieben, du hast also **sechs 1/8-Anschläge** in **einem Takt**.

- Dann greifst du den nächsten Griff, den **C/H-Griff**. Hier zupfst du die gleichen Saiten wie im 1. Takt.
- Beim nächsten Griff, dem **Am-Griff**, zupfst du wieder das Gleiche.
- Beim **Am/G** zupfst du die **dicke E-Saite** mit dem **Daumen**, der Rest wird wieder genauso gezupft wie vorher.

So spielst du eigentlich das ganze Stück bis zum Ende durch.

Folgende Taktfolge schlage ich dir vor (die Takt-Nummerierung steht über der Tabulatur):

- Du spielst die ersten 8 Takte zweimal.
- Beim zweiten Mal spielst du allerdings direkt nach Takt 7 den 9. Takt und dann bis zum Ende (Takt 17) durch.
- Danach spielst du noch mal die ersten 8 Takte und endest mit dem 1. Takt, dem C-Griff.

Vergleiche mit dem **Audiotrack 74**.

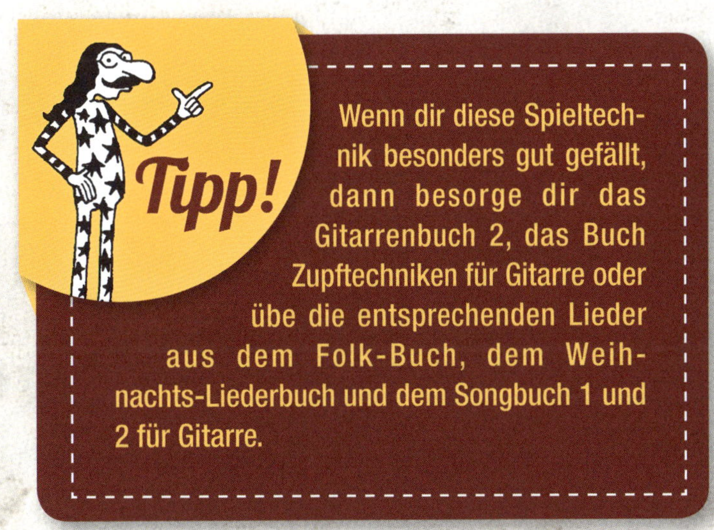

10. DIE PICKING-TECHNIK

75

Es gibt eine populäre Spieltechnik, die aus der Folk- und Country-Musik kommt. Man nennt sie **Picking-Technik**. **Picking** ist das englische Wort für „zupfen“. Du brauchst dafür nur drei Finger der rechten Hand. Der Trick dabei ist, dass der **Daumen** zwischen **zwei Bass-Saiten** hin- und herspringt. Ich zeige es dir mal an einem einfachen Beispiel:

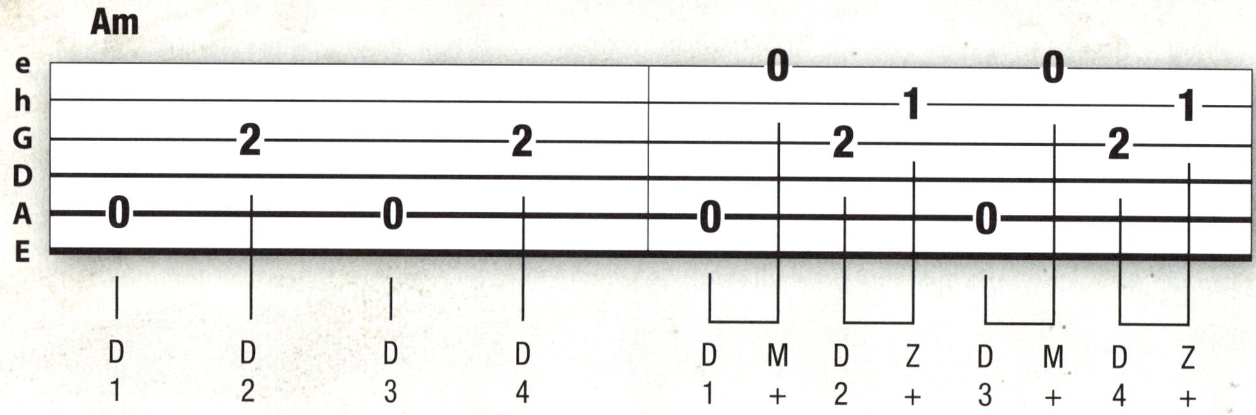

Du greifst den **Am-Griff** und zupfst im 1. Takt mit dem **Daumen** abwechselnd immer die **A-** und **G-Saite**. Du springst also über eine Saite (die D-Saite), die du nicht zupfen darfst, zur G-Saite und zurück. Jeder Anschlag hat rhythmisch die gleiche Länge (1/4-Taktteil).

Im **2. Takt** zupfst du zusätzlich zwischen jedem Daumen-Anschlag einmal mit dem **Mittelfinger (M)** und einmal mit dem **Zeigefinger (Z)**. Du zupfst also mit dem Daumen zuerst die A-Saite, dann mit dem Mittelfinger die dünne e-Saite, jetzt mit dem Daumen die G-Saite und zum Schluss mit dem Zeigefinger die h-Saite.

Das wiederholst du einmal, dann bist du am Ende des 2. Taktes. Spiele diesen 2. Takt so oft, bis du es fließend spielen kannst.

Höre dir dazu den **Audiotrack 75** an.

Danach übst du die gleiche Spieltechnik bei dem folgenden Griff:

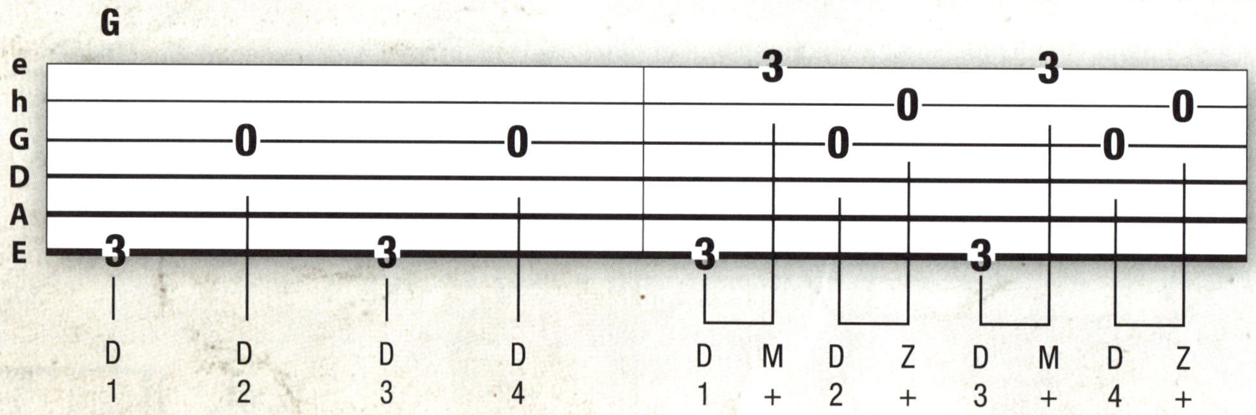

Du greifst den **G-Griff** und zupfst mit dem **Daumen** der rechten Hand **als erste Bass-Saite** die **dicke E-Saite**. Nicht wie beim Am-Griff die A-Saite. Du springst also mit dem Daumen beim G-Griff immer zwischen der dicken E-Saite und der G-Saite hin und her. **Der Rest bleibt gleich.**

Das übst du solange, bis du den G-Griff mit der Picking-Technik ohne Probleme spielen kannst.
Höre dir dazu den **Audiotrack 76** an.
Wenn das gut klappt, dann spiele beide Griffe hintereinander, möglichst ohne rhythmische Pausen.
Vergleiche mit dem **Audiotrack 77**.

Diese Grifffolge passt natürlich zu einem populären Lied, das du schon mit anderen Griffen gelernt hast. Jetzt lernst du es in einer anderen Tonart. Es heißt:

What shall we do with the drunken sailor?

Am
1. *What shall we do with the drunken sailor?*
G
What shall we do with the drunken sailor?
Am
What shall we do with the drunken sailor?
G *Am*
Early in the morning.

Shanty aus England (1891)

Ich habe es dir beim **Audiotrack 77** schön langsam aufgenommen, so dass du sofort mitspielen kannst.

78

Jetzt übst du die gleiche Spieltechnik bei folgenden Griffen:

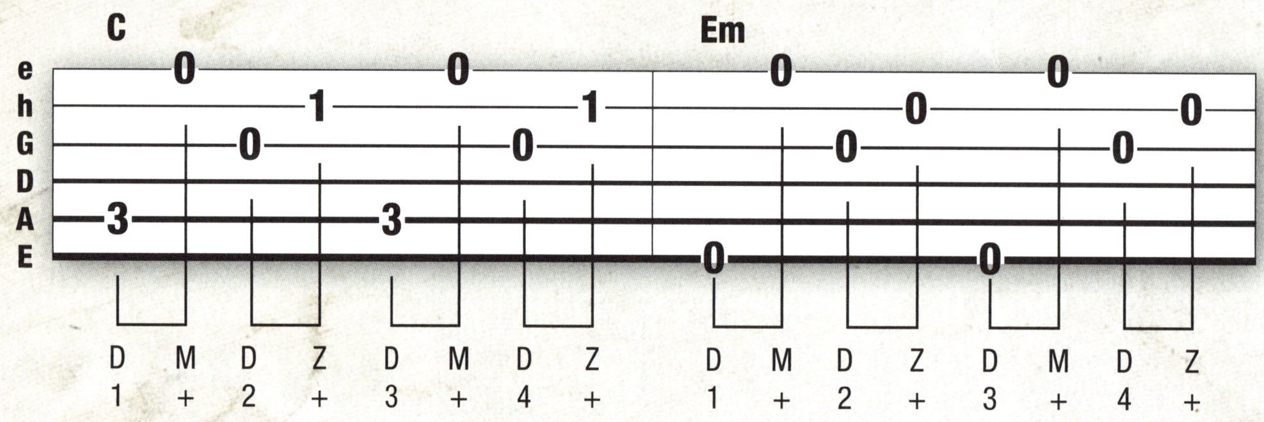

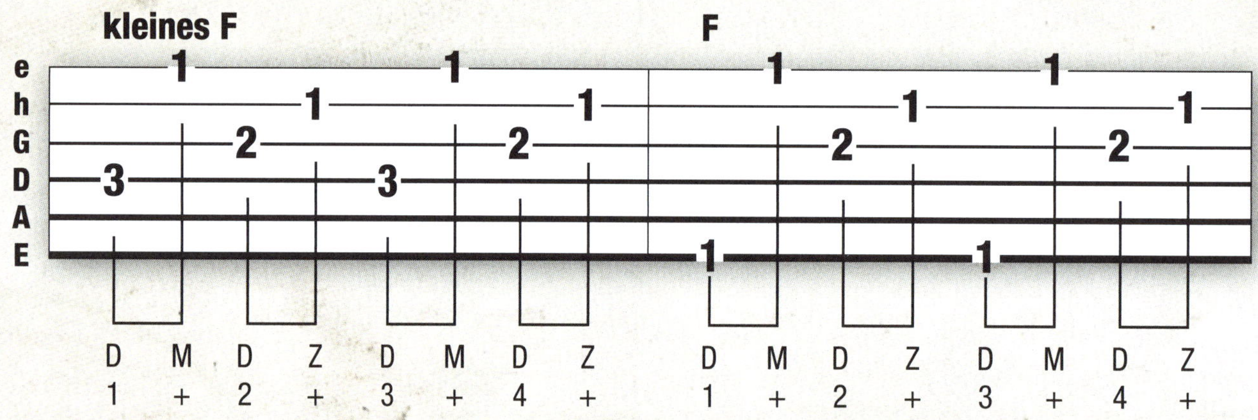

- Du greifst den **C-Griff** und zupfst mit dem Daumen der rechten Hand als **erste Bass-Saite** die **A-Saite**. (Nicht wie beim G-Griff die dicke E-Saite.) Du springst also mit dem Daumen beim C-Griff immer zwischen der A- und G-Saite hin und her. Der Rest bleibt gleich.
- Bei **Em** zupfst du die gleichen Saiten wie beim **G-Griff**.
- Beim kleinen **F-Griff** spielst du die **D-Saite** als **erste Bass-Saite**. Hier springst du jetzt mit dem Daumen zwischen der D- und G-Saite hin und her. Der Rest bleibt wieder gleich.
- Beim **großen F-Griff** spielst du das Gleiche wie beim **G-** oder **Em-Griff**.

Das übst du jetzt solange, bis du alle Griffe auswendig mit der Picking-Technik ohne rhythmische Pausen spielen kannst. Entscheide selbst, welchen F-Griff du spielst.
Höre es dir im **Audiotrack 78** genau an.

Du kannst dir auch die Picking-Technik im **Video 40** genau anschauen.

Diese Griffe passen zufälligerweise zu einem wunderschönen Hit der amerikanischen Popband *Family of the year*. Der Song heißt *Hero*.

Hero

```
    C
1.  Let me go
                           Am    Em
    I don't wanna be your     hero
                         F
    I don't wanna be a big man
                   C                   G
    Just wanna fight like everyone else
         C
    Your masquerade
                       Am                 Em
    I don't wanna be a part of your parade
                            F
    Everyone deserves a chance to
    C                  G
    Walk with everyone else
```


Übe zuerst die Melodie singen. Den **Anfangston** findest du auf der h-Saite im 1. Bund. Dann spiele die Picking-Technik mit den entsprechenden Griffen. Wenn du dich einigermaßen sicher fühlst, spiele zum **Audiotrack 79** mit.

Du kannst dir auch auf YouTube anschauen, wie *Family of the year* den Song spielen. Sie benutzen die gleiche Picking-Technik, spielen Hero aber etwas höher mit einem **Kapodaster** im 5. Bund. Wenn du nicht weißt, was ein Kapodaster ist, dann schaue dir das übernächste Kapitel an. Viel Spaß!

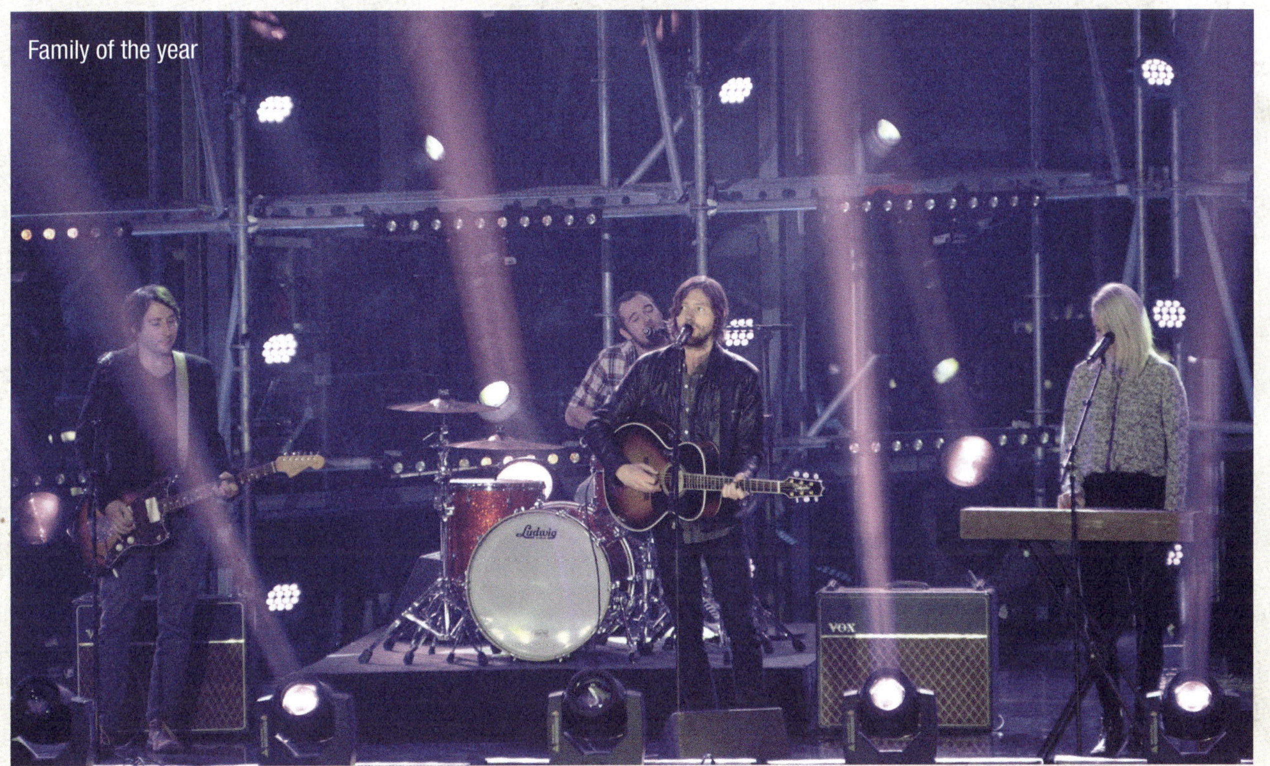

Family of the year

Mit den richtigen Songs macht das Lernen noch mehr Spaß. Hier nun eines der schönsten Picking-Beispiele aus den 60er Jahren. Es ist von *Ralph McTell* und heißt:

Streets of London

```
   C                G              Am           Em
1. Have you seen the old man in the closed down market,
   F              C              Dm       G
   Kicking up the paper with his worn out shoes.
   C               G            Am                Em
   In his eyes you see no pride, hand held loosely at his side,
  F            C            G          C
   Yesterday's paper telling yesterday's news.
```

```
      F            Em            C Am
R. So, how can you tell me, you're lonely,
  D                                 G
   And say for you, that the sun don't shine.
   C               G
   Let me take you by the hand,
       Am                    Em
   And lead you through the streets of London,
   F         C              G                     C
   Show you something, to make you change your mind.
```


Beim **Dm-Griff** spielst du die gleichen Saiten wie bei dem kleinen **F-Griff**. Die Zupftechnik zu den anderen Griffe kennst du ja schon. Übe wieder zuerst die Melodie.
Den **Anfangston** findest du auf der D-Saite im 2. Bund.
Dann spielst du die einzelnen Griffe mit der Picking-Technik. Wenn du jeden Griff auswendig spielen kannst, dann höre dir den **Audiotrack 80** an und spiele schön langsam mit.
Viel Spaß beim **Picking**.

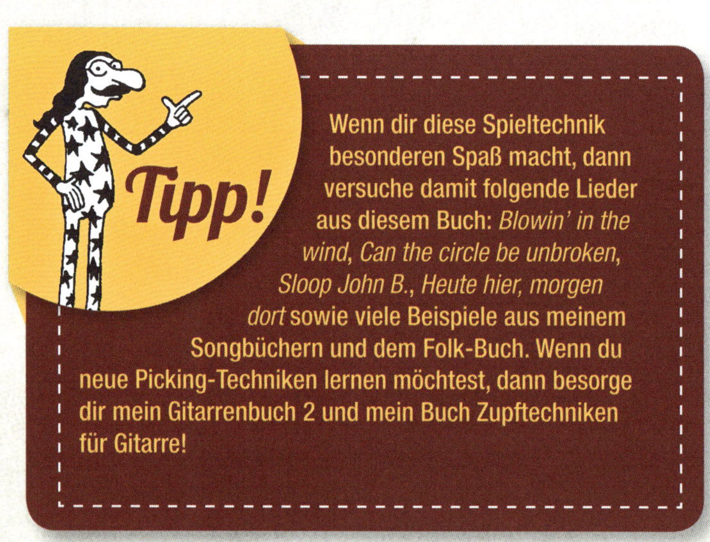

Es gibt immer wieder neue Lieder, die du gerne spielen möchtest, die in keinem Songbuch stehen. Entweder schaffst du es, sie nach deinem eigenen Gefühl und Gehör nachzuspielen oder du hast jemanden, der es dir zeigt. Dann kannst du das nächste Kapitel überspingen. Nehmen wir mal an, dein Gehör und Gefühl lassen dich aber schamlos in Stich. Du sitzt verzweifelt vor deinem CD-Player, Computer, iPad usw. und bekommst es auf die Schnelle nicht heraus. Dann ist das nächste Kapitel genau richtig für dich.

11. WIE KANN ICH MEINE LIEBLINGSSTÜCKE AUF MEINER GITARRE NACHSPIELEN?

Nehmen wir einmal an, du hörst ein Stück, das dir besonders gut gefällt, und möchtest es gerne auf deiner Gitarre nachspielen.
Schreibe dir nun auf, wie das betreffende Stück aufgebaut ist, z. B.:

Vorspiel (gezupft)
Strophen (rhythmisch geschlagen)
Refrain mit zwei Gitarren gespielt (z. B. zweistimmig)
Solo (sehr bluesig)
Schluss (wie Vorspiel)

Dadurch bekommst du einen guten Überblick beim Erarbeiten der einzelnen Teile und lernst gleichzeitig viel über das Arrangieren von Stücken.

Versuche auch den Text aufzuschreiben, so gut es geht – vielleicht steht er ja auf dem Cover oder im Booklet, oder du findest ihn im Internet.
Damit kannst du jetzt die Griffe über die richtigen Textstellen schreiben. Unterteile in einzelne Strophen, Refrain usw.

Jetzt versuchst du herauszubekommen, ob dein Instrument mit dem Original gleich gestimmt ist. Das funktioniert folgendermaßen:

Während das Stück läuft, spielst du auf einer Saite verschiedene Töne in unterschiedlichen Bünden, bis du einen Ton gefunden hast, der dazu passt. Eventuell hat dieser Ton die gleiche Tonhöhe oder er ist leicht daneben. Dann stimmst du deine Gitarre entsprechend höher oder tiefer. Das musst du sehr sorgfältig machen. Nach dieser Saite stimmst du nun, falls erforderlich, alle anderen neu.
Das wirst du wahrscheinlich mehrmals wiederholen.

Jetzt probierst du wieder verschiedene Töne auf verschiedenen Saiten aus, bis du meinst, dass einer davon am besten zum Original klingt. Um den richtigen Griff dazu spielen zu können musst du wissen, wie dieser Ton heißt. Deswegen habe ich dir alle Töne über das ganze Griffbrett verteilt bis zum 12. Bund in der folgenden Zeichnung aufgeschrieben:

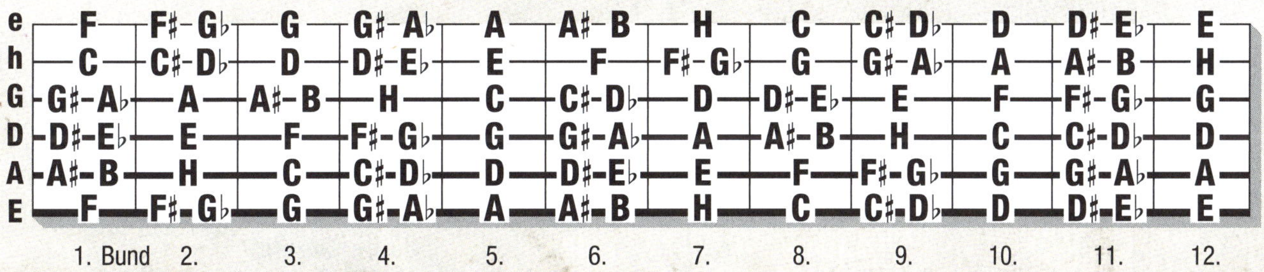

♯ = (sprich: Kreuz) Erhöhung um einen Halbton
♭ = Erniedrigung um einen Halbton

Ist z. B. der gefundene Ton im 3. Bund auf der h-Saite, dann heißt der Griff D. Wie heißen jetzt die anderen Griffe?

Viele Songs werden nur mit drei Griffen gespielt. Falls du nun den Grundgriff, auf dem das Lied aufgebaut ist, herausbekommen hast (er wird meist am Anfang und am Ende gespielt), dann sind die beiden anderen leicht zu bestimmen.

Hier ist eine Tabelle für die jeweils drei zusammenhängenden Griffe (der Grundton ist fett notiert).

E – A – H
F – B – C
F# – H – C#
G – C – D
G# – C# – D#
A – D – E
B – D# – F
H – E – F#
C – F – G
C# – F# – G#
D – G – A
D# – G# – A#

Wenn z. B. der Grundgriff nun ein A ist, dann heißen die anderen beiden Griffe D und E usw.

Das klappt nicht ohne Schwierigkeiten. Dein Gehör muss sich erst an so etwas gewöhnen. Aber mit der Zeit bekommst du immer mehr Erfahrung.

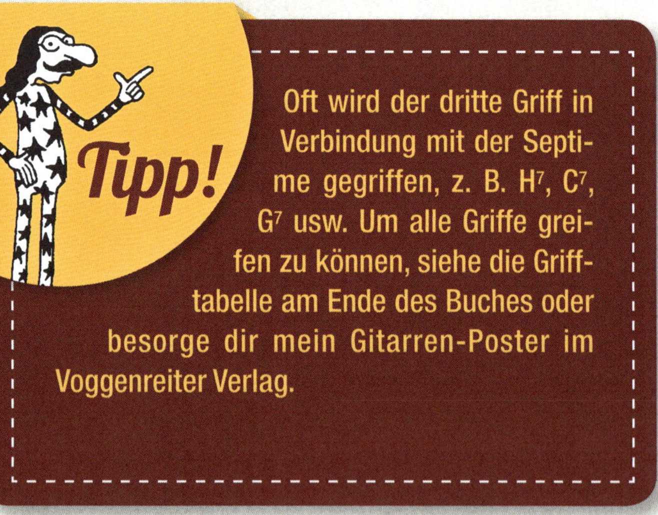

Natürlich gibt es auch viele Stücke mit vier und mehr Griffen. Hier eine Tabelle mit jeweils fünf zusammenhängenden Griffen in den Tonarten, die häufig vorkommen:

E	–	A	–	H(7)	–	C#m	–	F#
F	–	B	–	C(7)	–	Dm	–	G
G	–	C	–	D(7)	–	Em	–	A
A	–	D	–	E(7)	–	F#m	–	H
H	–	E	–	F#(7)	–	G#m	–	C#
C	–	F	–	G(7)	–	Am	–	D
D	–	G	–	A(7)	–	Hm	–	E

Werden bei der Originalaufnahme mehrere Gitarren gespielt, dann probiere, ob du (z. B. mit dem Balanceregler deiner Stereoanlage oder mit dem Kopfhörer) diese auseinanderhalten kannst. Du kannst entweder die eine Gitarre nach rechts oder die andere nach links regeln oder eine Muschel vom Kopfhörer etwas vom Ohr wegschieben.

Falls dein Abspielgerät (Computer, mp3-Player, CD-Player, Handy usw.) die Möglichkeit bietet, die Tonhöhe zu verändern, so kannst du auch versuchen, damit das Original auf die gleiche Stimmhöhe wie deine Gitarre zu bringen. Hierbei brauchst du dein Instrument nicht umzustimmen. Es gibt spezielle Apps dafür, wie z. B. *Anytune*.

Bei gefilmten Konzerten (TV, DVD oder YouTube) hast du vielleicht Glück, wenn die Kamera das Griffbrett des Gitarristen zeigt. Dann kannst du schneller die Griffe herausbekommen. Das gleiche gilt natürlich auch, um neue Spieltechniken oder sogar einige Melodieläufe zu erlernen.

Wie schon erwähnt, brauchst du dafür eine gewisse Übung, die du nur durch ständiges Ausprobieren bekommst.

Vielleicht fängst du mit einem einfachen Lied an, von dem du die Griffe schon kennst oder sie aus Songbüchern übernehmen kannst, und vergleichst das mit der hier beschriebenen Übung. Nur musst du leider damit rechnen, dass viele Grifffolgen aus den normalen Songbüchern nicht mit dem Original übereinstimmen, weil sich viele Autoren bzw. Verlage nicht die Mühe geben, die Lieder und Songs mit dem Original zu vergleichen. Das betrifft natürlich auch die Tonarten, die oft anders aufgeschrieben sind, als sie im Original gespielt werden. In solchen Fällen hilft dir das nächste Kapitel. Es zeigt dir, wie du Songs in andere Tonarten umschreiben kannst.

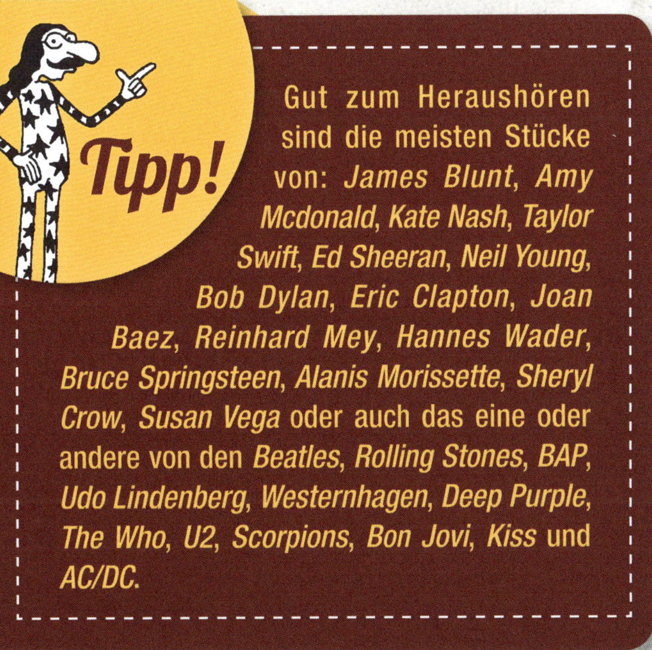

12. DAS TRANSPONIEREN

Lieder in andere Tonarten umschreiben

Du möchtest z. B. das Lied *Ein Bett im Kornfeld*, das in diesem Buch mit den Griffen **D**, **G** und **A** gespielt wird, in einer anderen Tonart versuchen. Das ist ganz leicht!
Schaue dir dazu die **Kapodaster-Tabelle** auf der folgenden Seite an:

- Du suchst dir in der **obersten Reihe** den **Ton D**. Das ist der Grundton des ersten Griffes. Jetzt willst du diesen Song probeweise mit **A** starten.
- Du suchst dir unter dem **D** in der gleichen senkrechten Spalte das **A**. Es steht hier in der **7. Reihe**. Diesen Abstand merkst du dir.
- Als nächstes käme das **G** dran. Du suchst es wieder in der obersten Reihe, gehst **7 Reihen** tiefer und findest ein **D**. Also aus dem **G** wird ein **D**.
- Aus dem letzten Griff **A** wird demnach ein **E**.

Die alten Griffe waren: **D**, **G** und **A**.
Die neuen Griffe heißen jetzt: **A**, **D** und **E**.

Jetzt kannst du *Ein Bett im Kornfeld* in einer tieferen **Tonlage singen**!

Tipp:
Ob Dur, Moll, 7 oder sonst was hinter dem Grundton steht, ist hier egal. Du schreibst erst mal nur die Grundtöne um und setzt später dein Moll etc. dahinter.

Mache mit dieser Methode einige Übungen, dann hast du das System schnell raus.

Hier zwei Übungen:

Übung 1: Wie heißen die neuen Griffe zu *Whiskey in the jar*, wenn du mit dem C-Griff startest?

Übung 2: Wie heißen die neuen Griffe zu *Knockin' on heaven's door*, wenn du mit dem G-Griff startest?

Lösung im Anhang!

Kapodaster-Tabelle

Bund	C	D	E	F	G	A	H	C
1.	C♯ / D♭	D♯ / E♭	F	F♯ / G♭	G♯ / A♭	A♯ / B	C	C♯ / D♭
2.	D	E	F♯ / G♭	G	A	H	C♯ / D♭	D
3.	D♯ / E♭	F	G	G♯ / A♭	A♯ / B	C	D	D♯ / E♭
4.	E	F♯ / G♭	G♯ / A♭	A	H	C♯ / D♭	D♯ / E♭	E
5.	F	G	A	A♯ / B	C	D	E	F
6.	F♯ / G♭	G♯ / A♭	A♯ / B♭	H	C♯ / D♭	D♯ / E♭	F	F♯ / G♭
7.	G	A	H	C	D	E	F♯/ G♭	G
8.	G♯ / A♭	A♯ / B	C	C♯ / D♭	D♯ / E♭	F	G	G♯ / A♭
9.	A	H	C♯ / D♭	D	E	F♯ / G♭	G♯ / A♭	A
10.	A♯ / B	C	D	D♯ / E♭	F	G	A	A♯ / B
11.	H	C♯ / D♭	D♯ / E♭	E	F♯ / G♭	G♯ / A♭	A♯ / B	H
12.	C	D	E	F	G	A	H	C

waagerecht = Reihe
senkrecht = Spalte

13. DIE KAPODASTER-TECHNIK

Die Benutzung des Kapodasters hat Ähnlichkeit mit dem Transponieren. Der **Kapodaster** ist eine Klammer fürs Griffbrett, mit der du die **Grundtonhöhe der Gitarre** veränderst.
Er wird am Hals der Gitarre in irgendeinem Bund so befestigt (festgeklemmt), dass alle Saiten sauber klingen. Wenn du ihn also im 5. Bund befestigst, ist die Gitarre um 5 Bünde höher gestimmt. Der 6. Bund ist dann wie der 1. Bund ohne Kapodaster, der 7. Bund wie der 2. Bund usw.

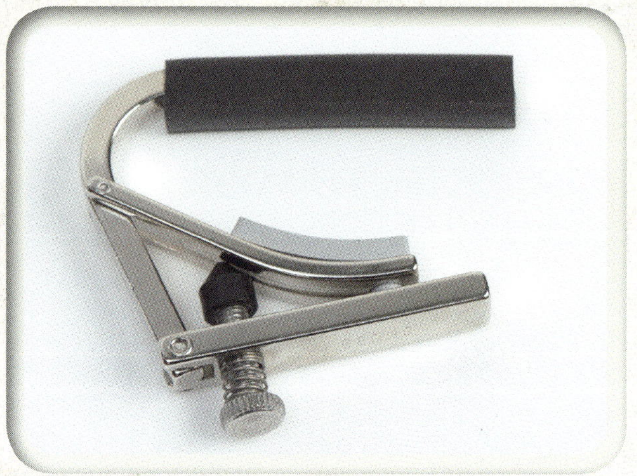

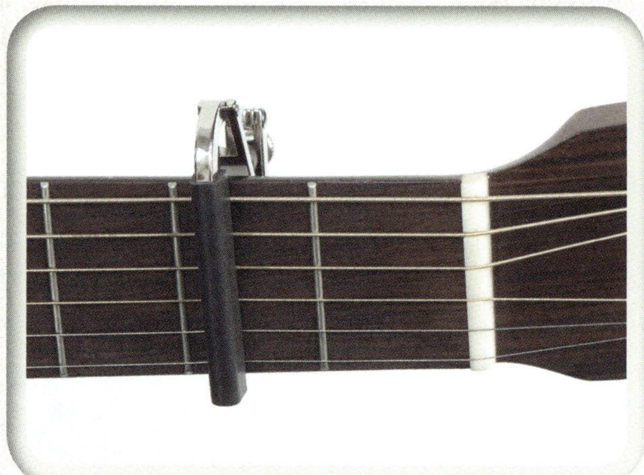

Wenn du den Kapodaster im 5. Bund befestigst und z. B. C-Dur greifst, dann klingt dieser Griff in F; oder wenn du E-moll greifst, dann hörst du in Wirklichkeit ein A-moll.
Schaue dir dazu wieder die Kapodaster-Tabelle auf der vorigen Seite an. Suche das C und das E (Moll) in der obersten Reihe und gehe 5 Reihen tiefer, dann findest du das F und das A (Moll).

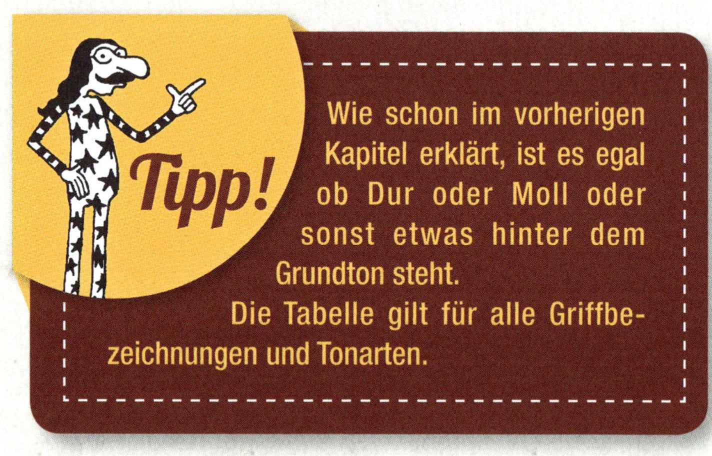

Wie schon im vorherigen Kapitel erklärt, ist es egal ob Dur oder Moll oder sonst etwas hinter dem Grundton steht.
Die Tabelle gilt für alle Griffbezeichnungen und Tonarten.

ÜBUNG 3: Du befestigst den Kapodaster im 2. Bund und spielst das Lied *What's up* (so spielen es zufälligerweise *4 Non Blondes*). Wie heißen jetzt in Wirklichkeit die Griffe, die du greifst?

ÜBUNG 4: Du befestigst den Kapodaster im 5. Bund und spielst das Lied *Go Down, Moses*.
Wie heißen jetzt in Wirklichkeit die Griffe, die du greifst?

Lösung wieder im Anhang.

ANHANG

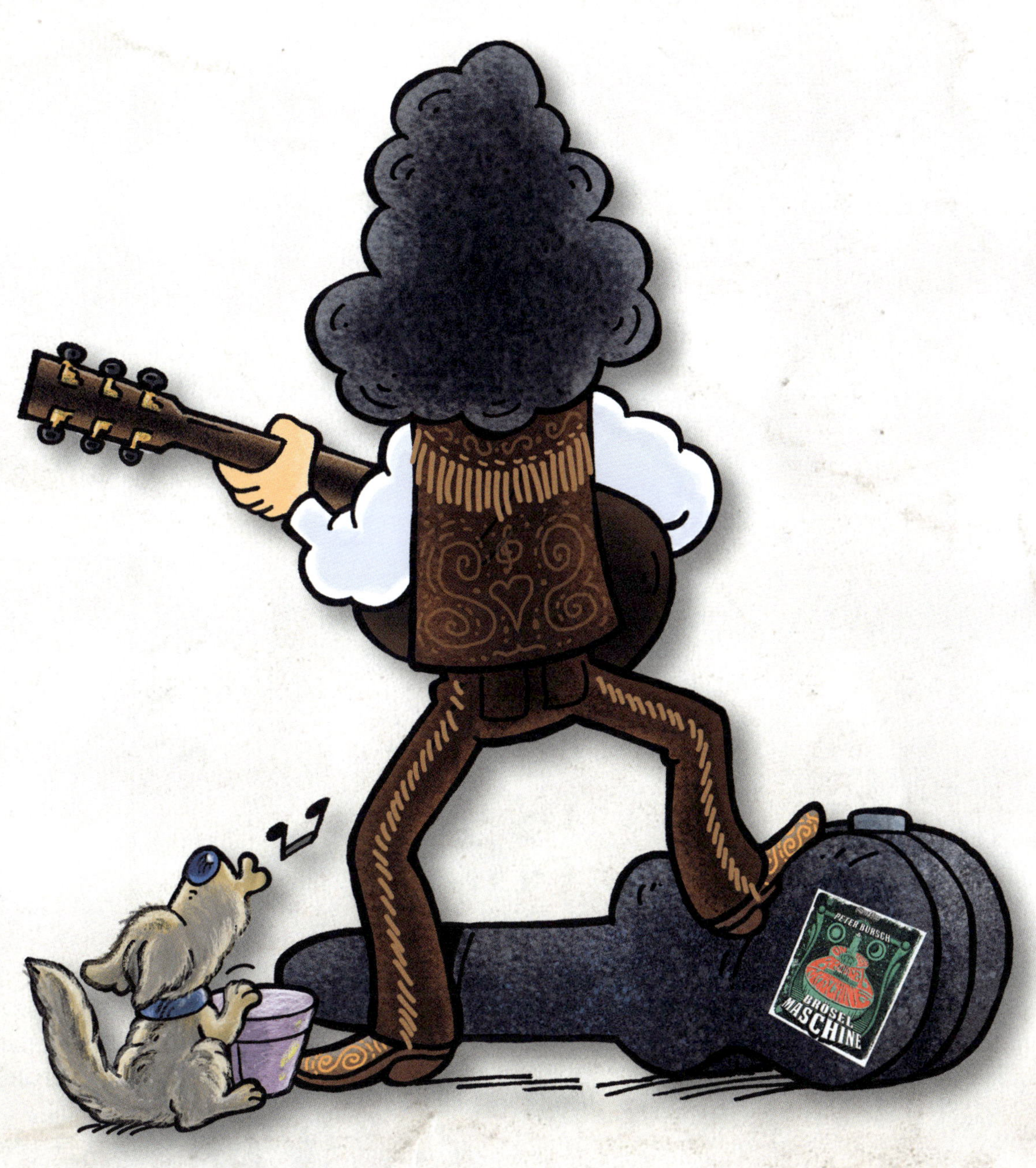

1. ALLE LIEDTEXTE MIT ALLEN GRIFFEN

Leben so wie ich es mag

G
1. Ich liebe manche Kämpfe,
Lieber Kampf als all die Krämpfe,
D
Davon kriegt man ein Geschwür.
Und ich hasse Leisetreter,
Und auch Obrigkeitsanbeter,
G
Sie können alle was dafür.

G
2. Und auch ich lieb Diskussionen
Über Dinge die sich lohnen,
D
Lass mich gern überzeugen.
Doch so laschen Argumenten
So wie Sicherheit und Renten,
G
Will ich mich nun mal nicht beugen.

G
R. Leben so wie ich es mag,
D
Leben spüren Tag für Tag.
Das heißt immer wieder fragen,
Das heißt wagen, nicht nur klagen.
G
Leben so wie ich es mag.

G
3. Und ich hass die Selbstgerechten,
Diese echten Schlechten,
D
Die ihre Kinder heut noch hau'n.
Dafür liebe ich die Raren,
Die sich ihren Stolz bewahren,
G
Denen kann man noch vertrau'n.

G
4. Ich hasse Muff und Enge,
Hasse diese Zwänge,
D
Den Satz: „Das tut man nicht."
Lieber geh ich stets aufs Ganze,
Nutze jede Chance,
G
Wenn es mir den Hals mal bricht.

G
R. Leben so wie ich es mag, ...

G
5. Es reicht nur für ein paar Runden,
Für uns Volk hier unten,
D
Und für jeden kommt der Tag.
Wenn sie mich dann dereinst oben,
Rügen oder Loben,
G
Ich hab gelebt wie ich es mag.

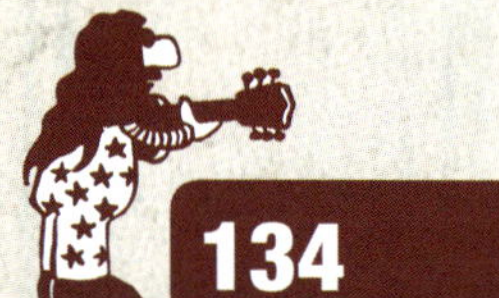

Ein Bett im Kornfeld

D
1. Sommerabend über blühendem Land,

Schon seit Mittag stand ich am Straßenrand.

A
Bei jedem Wagen, der vorüber fuhr,

D
hob ich den Daumen.

Auf einem Fahrrad kam da ein Mädchen her,

Und sie sagte: „Ich bedaure dich sehr.“

A
Doch ich lachte und sprach:

D
„Ich brauch keine weichen Daunen.“

G
R. Ein Bett im Kornfeld,

D
Das ist immer frei, denn es ist Sommer,

Und was ist schon dabei.

A
Die Grillen singen und es duftet nach Heu,

D
Wenn ich träume.

G
Ein Bett im Kornfeld, zwischen Blumen und Stroh,

D
Und die Sterne leuchten mir sowieso.

A
Ein Bett im Kornfeld,

D
Mach ich mir irgendwo ganz alleine.

D
2. Etwas später lag ihr Fahrrad im Gras,

Und so kam es, dass sie die Zeit vergaß,

A
Mit der Gitarre hab' ich ihr erzählt,

D
Von meinem Leben.

Auf einmal rief sie: „Es ist höchste Zeit,

Schon ist es dunkel und mein Weg ist noch weit.“

A
Doch ich lachte und sprach:

D
„Ich hab dir noch viel zu geben.“

G
R. Ein Bett im Kornfeld ...

Heute hier, morgen dort

G
1. Heute hier, morgen dort.
C G
Bin kaum da, muß ich fort.
Em D
Hab' mich niemals deswegen beklagt.
G
Hab' es selbst so gewählt,
C G
Nie die Jahre gezählt.
Em D G
Nie nach gestern und morgen gefragt.

D
R. Manchmal träume ich schwer,
C G
Und dann denk' ich es wär
D
Zeit zu bleiben und nun,
C G
'Was ganz and'res zu tun.
So vergeht Jahr um Jahr
C G
Und es ist mir längst klar,
Em D
Daß nichts bleibt, daß nichts bleibt,
G
Wie es war.

G
2. Dass man mich kaum vermisst,
C G
Schon nach Tagen vergisst,
Em D
Wenn ich längst wieder anderswo bin.
G
Stört und kümmert mich nicht,
C G
Vielleicht bleibt mein Gesicht,
Em D G
Doch dem ein' oder and'ren im Sinn.

D
R. Manchmal träume ich schwer ...

G
3. Fragt mich einer, warum
C G
Ich so bin, bleib ich stumm,
Em D
Denn die Antwort darauf fällt mir schwer.
G
Denn was neu ist wird alt,
C G
Und was gestern noch galt,
Em D G
Stimmt schon heut' oder morgen nicht mehr.

D
R. Manchmal träume ich schwer ...

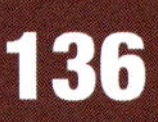

Bye Bye, Love

D G D
R. Bye bye, love.

G D
Bye bye, happiness.

G D
Hello loneliness,

A D
I think I'm gonna cry.

G D
Bye bye, love.

G D
Bye bye, sweet caress.

G D
Hello emptiness,

A D
I feel like I could die.

A D
Bye bye, my love, goodbye.

D A
1. There goes my baby

D
With someone new.

A
She sure looks happy,

D
I sure am blue.

G
She was my baby

A
Till he stepped in.

A
Goodbye to romance,

D
That might have been.

G D
R. Bye bye, love ...

D A
2. I'm through with romance,

D
I'm through with love.

A
I'm through with counting

D
The stars above.

G
And here's the reason,

A
That I'm so free.

A
My loving baby,

D
Is through with me.

G D
R. Bye bye, love.

Get back

A
1. Jojo was a man who thought he was a loner,

D A
But he knew it couldn't last.

Jojo left his home in Tuscon Arizona,

D A
For some California grass.

A
R. Get back, get back,

D A
Get back to where you once belonged.

A
Get back, get back,

D A
Get back to where you once belonged.

A
2. Sweet Loretta Martin thought she was a woman,

D A
But she was another man.

All the girls around her say she's got it coming,

D A
But she get's it while she can.

A
R. Get back, get back ...

He's got the whole world in His hand

A
1. He's got the whole world in His hand,
E
He's got the whole world in His hand,
A
He's got the whole world in His hand,
E A
He's got the whole world in His hand.

A
2. He's got the wind and the rain in His hand,
E
He's got the wind and the rain in His hand,
A
He's got the wind and the rain in His hand,
E A
He's got the whole world in His hand.

A
3. He‘s got the earth and sky in his hand,
E
He's got the earth and sky in his hand
A
He‘s got the earth and sky in his hand
E A
He's got the whole world in His hand.

A
4. He's got the little bits of babies in His hand,
E
He's got the little bits of babies in His hand,
A
He's got the little bits of babies in His hand,
E A
He's got the whole world in His hand.

Amerikanischer Spiriual

Marmor, Stein und Eisen bricht

A
1. Weine nicht, wenn der Regen fällt,
E A
Dam, dam; dam dam.

Es gibt einen, der zu dir hält,
E A
Dam, dam; dam dam.

A D
R. Marmor, Stein und Eisen bricht,
E A
Aber unsere Liebe nicht!
D
Alles, alles geht vorbei,
E A
Doch wir sind uns treu!

A
2. Kann ich einmal nicht bei dir sein,
E A
Dam, dam; dam dam.

Denk daran, du bist nicht allein,
E A
Dam, dam; dam dam.

A D
R. Marmor, Stein und Eisen bricht ...

A
3. Nimm den goldenen Ring von mir,
E A
Dam, dam; dam dam.

Bist Du traurig, dann sagt er Dir:
E A
Dam, dam; dam dam.

A D
R. Marmor, Stein und Eisen bricht ...

Musik: Christian Bruhn/Drafi Deutscher, Text: Günther Loose

Memphis, Tennessee

E H^7
1. Long distance information, give me Memphis, Tennessee.

Help me find the party trying to get in touch with me.

E
She could not leave her number, but I know who placed the call.

H^7 E
'Cause my uncle took the message and he wrote it on the wall.

H^7
2. Help me, information, get in touch with my Marie.

She's the only one who'd phone me here from Memphis, Tennessee.

E
Her home is on the south side, high up on a ridge

H^7 E
Just a half a mile from the Mississippi bridge.

H^7
3. Help me, information, more than that I cannot add

Only that I miss her and all the fun we had.

E
But we were pulled apart because her mom did not agree

H^7 E
And tore apart our happy home in Memphis, Tennessee.

H^7
4. Last time I saw Marie, she was waving me goodbye

With hurry-home drops on her cheek that trickled from her eye.

E
Marie is only 6 years old, information, please

H^7 E
Try to put me through to her in Memphis, Tennessee.

Text und Musik: Chuck Berry

Sloop John B.

D
1. We sailed on the sloop John B.
My grandfather and me,
A
Round Nassau town we did roam.
D G
Drinkin' all night, we got in a fight.
D A D
I feel so broke-up, I wanna go home.

D
R. So, hoist up the John B. sails,
See how the main sail's set,
A
Send for the cap'n ashore, let me go home!
D G
Let me go home, let me go home!
D A D
I feel so broke-up, I wanna go home.

D
2. The first mate he got drunk,
Break up the people's trunk,
A
Constable come aboard and take him away,
D G
Mr. Johnstone, please let me alone,
D A D
I feel so broke-up, I wanna go home.

D
R. So, hoist up the John B. sails ...

D
3. The poor cook he got fits,
Throw 'way all the grits,
A
Then he took and eat up all of my corn,
D G
Lemme go home, I want to go home!
D A D
This is the worst trip, since I been born!

Karibischer Folksong

Can the circle be unbroken

E
R. Can the circle be unbroken,
A E
By and by, Lord by and by.
There's a better home awaiting
H^7 E
In the sky, Lord in the sky.

E
1. I was standing by the window,
A E
On one cold and cloudy day.
When I saw the hearse come rolling,
H^7 E
For to carry my mother away.

E
R. Can the circle be unbroken ...

E
2. Lord, I told the undertaker,
A E
Undertaker, please drive slow
For the body you are taking
H^7 E
Lord, I hate to see her go.

E
R. Can the circle be unbroken ...

E
3. I followed close behind her
A E
Tried to hold up and be brave
But I could not hide my sorrow
H^7 E
When they laid her in the grave

E
R. Can the circle be unbroken ...

Words & Music by R. Habershon & Charles H Gariel

What shall we do with the drunken sailor?

Shanty aus England (1891)

Version in Am

Am
1. *What shall we do with the drunken sailor?*
G
What shall we do with the drunken sailor?
Am
What shall we do with the drunken sailor?
G Am
Early in the morning.

Am
R. *Hooray and up she rises.*
G
Hooray and up she rises.
Am
Hooray and up she rises.
G Am
Early in the morning.

Am
2. *Take him and shake him and try to awake him.*
G
Take him and shake him and try to awake him.
Am
Take him and shake him and try to awake him.
G Am
Early in the morning.

Am
R. *Hooray and up she rises ...*

Am
3. *Give him a dose of salt and water. (3x)*
G Am
Early in the morning.

Am
R. *Hooray and up she rises ...*

Am
4. *Put him in a long boat till he's sober. (3x)*
G Am
Early in the morning.

Am
5. *That's what to do with a drunken sailor. (3x)*
G Am
Early in the morning.

Version in Dm

Dm
1. *What shall we do with the drunken sailor?*
C
What shall we do with the drunken sailor?
Dm
What shall we do with the drunken sailor?
C Dm
Early in the morning.

Dm
R. *Hooray and up she rises.*
C
Hooray and up she rises.
Dm
Hooray and up she rises.
C Dm
Early in the morning.

Dm
2. *Take him and shake him and try to awake him.*
C
Take him and shake him and try to awake him.
Dm
Take him and shake him and try to awake him.
C Dm
Early in the morning.

Dm
R. *Hooray and up she rises ...*

Dm
3. *Give him a dose of salt and water. (3x)*
C Dm
Early in the morning.

Dm
R. *Hooray and up she rises ...*

Dm
4. *Put him in a long boat till he's sober. (3x)*
C Dm
Early in the morning.

Dm
5. *That's what to do with a drunken sailor. (3x)*
C Dm
Early in the morning.

Lady in black

Em
1. She came to me one morning,

One lonely sunday morning,

D
Her long hair flowing

Em
In the midwinter wind.

I know not how she found me,

For in darkness I was walking,

D
And destruction lay around me

Em
From a fight I could not win.

Em D Em D Em
Ah.......................Ah......................

Em
2. She asked me name my foe then,

I said the need within some men,

D
To fight and kill their brothers

Em
Without thought of love or god.

And I begged her give me horses,

To trample down my enemy,

D
So eager was my passion

Em
To devour this waste of live.

Em D Em D Em
Ah.......................Ah......................

Em
3. But she would not think of battle, that

Reduces men to animals,

D
So easy to begin and yet

Em
Impossible to end.

For she, the mother of all men,

Did counsel me so wisely then,

D
I feared to walk alone again

Em
And asked if she would stay.

Em D Em D Em
Ah.......................Ah......................

Em
4. Oh Lady lend your hand I cried,

Or let me rest here at your side,

D
Have faith and trust in me she said

Em
And filled my heart with life.

There is no strength in numbers,

Have no such misconception,

D
But when you need me be assured

Em
I won't be far away.

Em D Em D Em
Ah.......................Ah......................

Em
5. Thus having spoke she turned away,

And though I found no words to say,

D
I stood and watched until I saw

Em
Her black cloak disappear.

My labour is no easier,

But now I know I'm not alone,

D
I find new heart each time I think

Em
Upon that windy day.

And if one day she comes to you,

Drink deeply from her words so wise,

D
Take courage from her as your prize

Em
And say hello for me.

Em D Em D Em
Ah........................Ah.......................

Em D Em D Em
Ah........................Ah.......................

Blowin' in the wind

A D A
1. How many roads must a man walk down,

D E
Before you call him a man?

A D A
How many seas must a white dove sail,

D E
Before she sleeps in the sand?

A D A
How many times must the cannonballs fly,

D E
Before they are forever banned?

D E
R. The answer my friend

A
Is blowin' in the wind,

D E A
The answer is blowin' in the wind.

A D A
2. How many times must a man look up,

D E
Before he can see the sky?

A D A
How many ears must one man have,

D E
Before he can hear people cry?

A D A
How many deaths will it take till he knows,

D E
That too many people have died?

D E
R. The answer my friend ...

A D A
3. How many years can a mountain exist,

D E
Before it's washed to the sea?

A D A
How many years can some people exist,

D E
Before they're allowed to be free?

A D A
How many times can a man turn his head,

D E
Pretending he just doesn't see?

D E
R. The answer my friend ...

Words and Music by Bob Dylan

What's up?

G
1. Twenty-five years and my life is still
Am C
Trying to get up that great big hill of hope
G
For a destination
G
I realized quickly when I knew that I should
Am
That the world was made
C
of this brotherhood of man
G
For whatever that means.
G
And so I cry sometimes when I'm lying in bed
Am C
Just to get it all out what's in my head and I,
G
I am feeling a little peculiar.
G
So I wake in the morning and I step outside
Am
And I take a deep breath
C
and I get real high and I
G
Scream at the top of my lungs what's goin on?

G Am
R. And I said hey-yeah-yeah-hey-hey, hey-yeah-yeah,
C G
I said hey, what's going on?
G Am
And I said hey-yeah-yeah-hey-hey, hey-yeah-yeah,
C G
I said hey, what's going on?

G Am C G
2. Uhh, uh, uhuhuh uhuhuh
G Am C G
Uhh, uh, uhuhuh uhuhuh
G Am
And I try, oh my god do I try
C G
I try all the time, in this institution
G Am
And I pray, oh my god do I pray
C
I pray every single day
G
For a revolution
G
And So I cry sometimes when I'm lying in bed
Am C
Just to get it all out what's in my head and I,
G
I am feeling a little peculiar.
G
So I wake in the morning and I step outside
Am
And I take a deep breath
C
and I get real high and I
G
Scream at the top of my lungs what's goin on?

G
R. And I said ...

G Am C G
3. Uhh, uh, uhuhuh uhuhuh
G Am C G
Uhh, uh, uhuhuh uhuhuh
G
Twenty Five years and my life is still
Am C
Trying to get up that great big hill of hope
G
For a destination

Go down, Moses

Em H^7 Em
1. When Israel was in Egypt's Land,

H^7 Em
Let my people go.

H^7 Em
Oppressed so hard, they could not stand,

H^7 Em
Let my people go.

Em Am
R. Go down, Moses,

H^7
Way down in Egypt's Land,

Em H^7 Em
Tell ol' Pharao, let my people go!

Em H^7 Em
2. No more shall they in bondage toil,

H^7 Em
Let my people go.

H^7 Em
Let them come out with Egypt's spoil,

H^7 Em
Let my people go.

Em Am
R. Go down, Moses ...

Em H^7 Em
3. Oh, Moses, the cloud shall cleave the way

H^7 Em
Let my people go.

H^7 Em
A fire by night, a shade by day

H^7 Em
Let my people go.

Em Am
R. Go down, Moses ...

Em H^7 Em
4. Your foes shall not before you stand

H^7 Em
Let my people go.

H^7 Em
And you'll posess fair Canaan's land

H^7 Em
Let my people go.

Amerikanischer Spiriual

Holiday

Dm
1. Let me take you far away,

C A Dm
You'd like a holiday.

Let me take you far away,

C A Dm
You'd like a holiday.

C Dm
Exchange the cold days for the sun,

G A
Good times and fun.

Dm
Let me take you far away,

C A Dm
You'd like a holiday.

Dm
2. Let me take you far away,

C A Dm
You'd like a holiday.

Let me take you far away,

C A Dm
You'd like a holiday.

C Dm
Exchange your troubles for some love,

G A
Wherever you are

Dm
Let me take you far away,

C A Dm
You'd like a holiday.

Words and Music by Klaus Meine and Rudolf Schenker

Über den Wolken

G Am
1. Wind Nord-Ost, Startbahn null-drei,
D G
Bis hier hör' ich die Motoren.
Am
Wie ein Pfeil zieht sie vorbei,
D G
Und es dröhnt in meinen Ohren.
Am
Und der nasse Asphalt bebt,
D C G
Wie ein Schleier staubt der Regen.
Am
Bis sie abhebt und sie schwebt,
D G
Der Sonne entgegen.

Am D C G
R. Über den Wolken, muss die Freiheit wohl grenzenlos sein.
Am
Alle Ängste, alle Sorgen, sagt man,
D G
Blieben darunter verborgen und dann,
C G
Würde was uns groß und wichtig erscheint,
D G
Plötzlich nichtig und klein.

Am
2. Ich seh' ihr noch lange nach,
D G
Seh' sie die Wolken erklimmen.
Am
Bis die Lichter nach und nach,
D G
Ganz im Regengrau verschwimmen.
Am
Meine Augen haben schon,
D C G
Jenen winz'gen Punkt verloren.
Am
Nur von fern klingt monoton,
D G
Das Summen der Motoren.

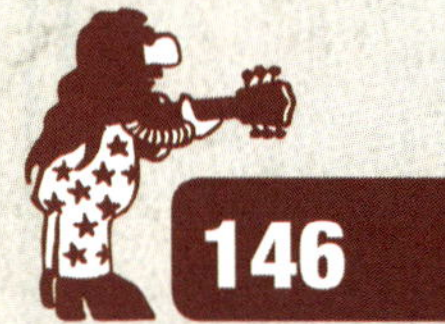

Am D C G
R. Über den Wolken, muss die Freiheit wohl grenzenlos sein.
Am
Alle Ängste, alle Sorgen, sagt man,
D G
Blieben darunter verborgen und dann,
C G
Würde was uns groß und wichtig erscheint,
D G
Plötzlich nichtig und klein.

Am
3. Dann ist alles still, ich geh',
D G
Regen durchdringt meine Jacke.
Am
Irgendjemand kocht Kaffee,
D G
In der Luftaufsichtsbaracke.
Am
In den Pfützen schwimmt Benzin,
D C G
Schillernd wie ein Regenbogen.
Am
Wolken spiegeln sich darin,
D G
Ich wär' gern mitgeflogen.

Am D C G
R. Über den Wolken, muss die Freiheit wohl grenzenlos sein.
Am
Alle Ängste, alle Sorgen, sagt man,
D G
Blieben darunter verborgen und dann,
C G
Würde was uns groß und wichtig erscheint,
D G
Plötzlich nichtig und klein.

Whiskey in the jar

1. G As I was going over
Em The far-famed mountain,
C I met with Captain Farrell
And his G money he was countin'.

I first produced my pistol
And I Em then produced my rapier.
Saying: "Stand C and deliver
For you G are my bold deceiver".

R. Mush-a D riggedum, diggedum dah.
G Whack fol di daddy-o,
C Whack fol di daddy-o,
There's G Whiskey D in the G jar.

2. He G counted out his money
And it Em made a pretty penny.
I C put it in my pockets
And I G gave it to my Jenny.

She sighed and she swore,
That Em she would never betray me.
But the C devil take the women
For they G never can be easy.

R. Mush-a D riggedum, diggedum dah ...

3. I G went into my chamber,
Oh, for Em to take a slumber,
I C dreamt of gold and jewels
And sure G it was no wonder.

For Jennie drew my charges
And she Em filled them up with water,
And she sent C for Captain Farrell
To be ready G for the slaughter.

R. Mush-a D riggedum, diggedum dah ...

4. 'T was G early in the morning
Em Before I rose to travel
Up C comes a band of footmen
And like G wise Captain Farrell.

I then produced my pistol,
For she Em stole away my rapier,
But I C couldn't shoot the water
So a pri G soner I was taken.

R. Mush-a D riggedum, diggedum dah ...

G
5. They put me into prison
Em
Without a judge a-writin',
C
For robbin' Captain Farrell
G
On the far-famed Kerry Mountain.

When I couldn't take my fists
Em
So I knocked the jailor down,
C
And I bade farewell
G
To the jail in Limerick town.

D
R. Mush-a riggedum, diggedum dah ...

G
6. Now, there's some take delight
Em
In the fishin' and the bowlin',
C
And others take delight
G
In the carriage fast a-rollin'.

But I take delight
Em
In the juice of the barley
C
And courtin' pretty lassies
G
On the mountains of Killarney.

D
R. Mush-a riggedum, diggedum dah ...

Textbearbeitung Peter Bursch,
in Anlehnung an die Version der Dubliners,
Melodie: Irische Volksweise

Knockin' on heaven's door

C G Dm
1. Mama, take this badge off of me,
C G F
I can't use it anymore.
C G Dm
It's gettin' dark, too dark to see,
C G F
I feel like I'm knockin' on heaven's door.

C G Dm
R. Knock, knock, knockin' on heaven's door.
C G F
Knock, knock, knockin' on heaven's door.
C G Dm
Knock, knock, knockin' on heaven's door.
C G F
Knock, knock, knockin' on heaven's door.

C G Dm
2. Mama, put my guns in the ground,
C G F
I can't shoot them anymore.
C G Dm
That long black cloud is comin' down,
C G F
I feel like I'm knockin' on heaven's door.

C G Dm
R. Knock, knock, knockin' on heaven's door.
C G F
Knock, knock, knockin' on heaven's door.
C G Dm
Knock, knock, knockin' on heaven's door.
C G F
Knock, knock, knockin' on heaven's door.

Words and Music by Bob Dylan

Tom Dooley

F
R. Hang down your head Tom Dooley,
C
Hang down your head and cry,
Hang down your head Tom Dooley,
F
Poor boy, your bound to die.

F
1. I met her on the mountain,
C
There I took her life,
Met her on the mountain,
F
Stabbed her with my knife.

F
R. Hang down your head Tom Dooley ...

F
2. This time tomorrow,
C
Reckon' where I'd be,
Hadn't been for Grayson,
F
I'd been in Tennessee.

F
R. Hang down your head Tom Dooley ...

F
3. This time tomorrow,
C
Reckon' where I'll be,
Down in some lonesome valley,
F
Hangin' from a wide oak tree.

F
R. Hang down your head Tom Dooley ...

Amerikanischer Folksong

Guantanamera

C F G C F G
R. Guantanamera, guajira Guantanamera.
C F G C F G
Guantanamera, guajira Guantanamera.

C F G
1. Yo soy un hombre sincero,
C F G
De donde crece la palma.
C F G
Yo soy un hombre sincero,
C F G
De donde crece la palma.
C F G
Y antes de morir me quiero,
C F G
Echar mis versos del alma.

F G C F G
R. Guantanamera, guajira Guantanamera ...

C F G
2. Mi verso es de un verde claro,
C F G
Y de un carmin encendido.
C F G
Mi verso es de un verde claro,
C F G
Y de un carmin encendido.
C F G
Mi verso es un cierro herido,
C F G
Que busca en el monte amparo.

C F G
3. Con los probes de la tierra,
C F G
Quiero yo me suerte echar.
C F G
Con los probes de la tierra,
C F G
Quiero yo me suerte echar.
C F G
El arroyo de la sierra,
C F G
Me complace mas que el mar.

Musik: alte kubanische Volksweise,
Text: José Marti (1853-1895)

The house of the Rising Sun

Am C Dm F
1. There is a house in New Orleans,
Am C E
They call the Rising Sun.
Am C Dm F
It has been the ruin of many a poor girl,
Am E Am
And me, oh God, I'm one.

Am C Dm F
2. My mother is a tailor,
Am C E
She sews those new blue jeans.
Am C Dm F
My sweetheart is a drunkard Lord,
Am E Am
Drinks down in New Orleans.

Am C Dm F
3. Well, the only thing a drunkard needs,
Am C E
Is a suitcase and a trunk
Am C Dm F
And the only time he's satisfied
Am E Am
Is when he's on a drunk.

Am C Dm F
4. He'll fill his glasses to the brim
Am C E
And he passes them around,
Am C Dm F
And the only pleasure that he gets out of life
Am E Am
Is a ho-boing from town to town.

Am C Dm F
5. Go tell my baby sister
Am C E
Never do what I have done,
Am C Dm F
But shun that house in New Orleans
Am E Am
They call the Rising Sun.

Am C Dm F
6. Well, it's one foot on the platform
Am C E
And the other on the train,
Am C Dm F
I'm going back to New Orleans
Am E Am
To wear that ball and chain.

Am C Dm F
7. I'm going back to New Orleans
Am C E
My time is almost done
Am C Dm F
I'm going there to spend my days
Am E Am
Beneath that Rising Sun.

Amerikanischer Folksong

Tage wie diese

```
 D
1. Ich wart' seit Wochen auf diesen Tag
                  G
   Und tanz vor Freude über den Asphalt
               Hm
   Als wär's ein Rythmus, als gäb's ein Lied
                    G
   Das mich immer weiter durch die Straßen zieht
              C                  G               D
   Komm dir entgegen, dich abzuholen, wie ausgemacht
              C                    G                   D
   Zu der selben Uhrzeit, am selben Treffpunkt, wie letztes Mal

                  D
2. Durch das Gedränge der Menschenmenge
               G
   Bahnen wir uns den altbekannten Weg
               Hm
   Entlang der Gassen zu den Rheinterrassen
              G
   Über die Brücken bis hin zu der Musik
             C             G                     D
   Wo alles laut ist, wo alle drauf sind, um durchzudreh'n
                    C                    G             D
   Wo die anderen warten, um mit uns zu starten, und abzugeh'n

                 D                        G
R. An Tagen wie diesen, wünscht man sich Unendlichkeit
                 Em                  G
   An Tagen wie diesen, haben wir noch ewig Zeit
                     D
   Wünsch ich mir Unendlichkeit

              D
3. Das hier ist ewig, ewig für heute
                   G
   Wir steh'n nicht still für eine ganze Nacht
              Hm
   Komm ich trag' dich durch die Leute
              G
   Hab keine Angst, ich gebe auf dich Acht
                   C             G                        D
   Wir lassen uns treiben, tauchen unter, schwimmen mit dem Strom
                   C                       G                D
   Dreh'n unsere Kreise, kommen nicht mehr runter, sind schwerelos
```

D G
R. An Tagen wie diesen, wünscht man sich Unendlichkeit
Em G
An Tagen wie diesen, haben wir noch ewig Zeit
C G D
In dieser Nacht der Nächte, die uns so viel verspricht
C G D
Erleben wir das Beste, kein Ende ist in Sicht
G Hm
Kein Ende in Sicht – kein Ende in Sicht
G A
Kein Ende in Sicht

D G
R. An Tagen wie diesen, wünscht man sich Unendlichkeit
Em G
An Tagen wie diesen, haben wir noch ewig Zeit
C G D
In dieser Nacht der Nächte, die uns so viel verspricht
C G D
Erleben wir das Beste, kein Ende ist in Sicht
C G D
Erleben wir das Beste, und kein Ende in Sicht
G A D
Kein Ende in Sicht.

Musik: von Holst, Text: Frege, Minichmayr

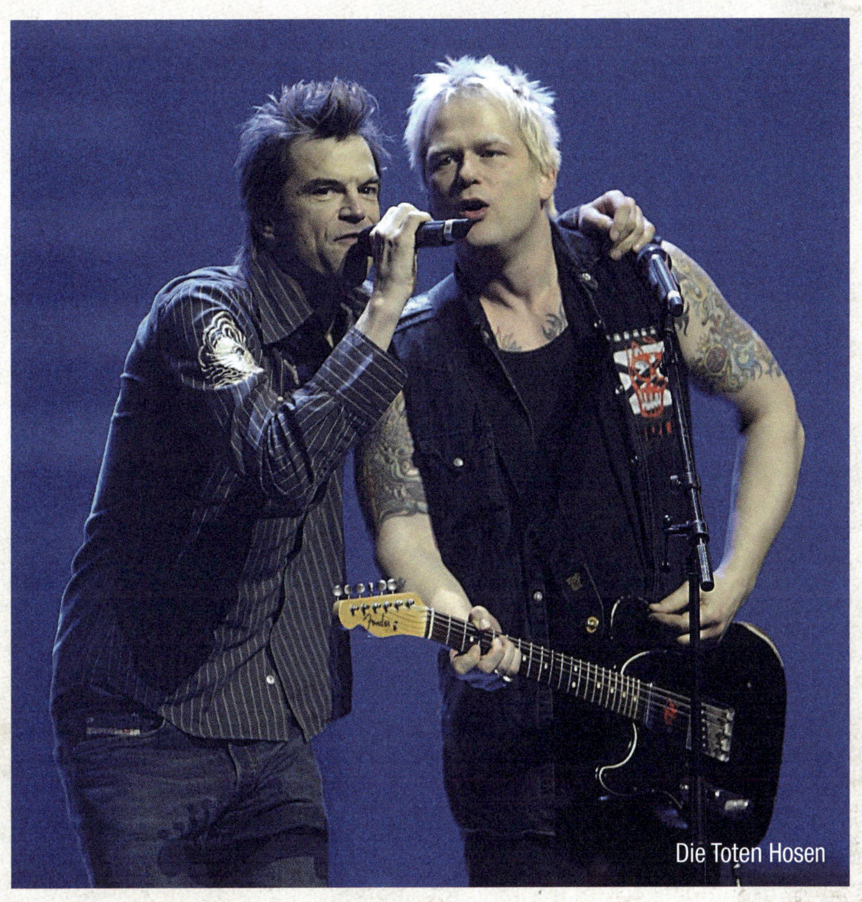

Die Toten Hosen

Nothing else matters

```
Em                     D        C
1. So close no matter how far,
Em                          D             C
   Couldn't be much more from the heart,
Em                    D        C
   Forever trust in who we are,
G      H7           Em
   And nothing else matters.

Em                    D          C
2. Never opened myself this way,
Em                         D        C
   Life is ours, we live it our way,
Em                          D        C
   All these words I don't just say,
G      H7           Em
   And nothing else matters.

Em                  D            C
3. Trust I seek and I find in you,
Em                  D            C
   Every day for us something new,
Em                  D          C
   Open mind for a different view,
G      H7           Em      C A
   And nothing else matters.

D                          C   A
R. Never cared for what they do,
D                            C      A
   Never cared for what they know
D       Em
   But I know.

Em                     D        C
4. So close no matter how far,
Em                          D             C
   Couldn't be much more from the heart,
Em                    D         C
   Forever trusting who we are,
G      H7           Em      C  A
   And nothing else matters.

D                          C  A
R. Never cared for what they do, ...

Em                          D          C
5. Never opened myself this way,
Em                             D      C
   Life is ours, we live it our way,
Em                              D      C
   All these words I don't just say,
G      H7             Em
   And nothing else matters.

Em                         D          C
6. Trust I seek and I find in you,
Em                          D              C
   Every day for us something new,
Em                          D             C
   Open mind for a different view,
G      H7             Em     C  A
   And nothing else matters.

D                                   C  A
R. Never cared for what they say,
D                                    C    A
   Never cared for what they play
D                                   C  A
   Never cared for what they do
D                                    C    A
   Never cared for what they know
D        Em
   And I know.

Em                           D       C
7. So close no matter how far,
Em                                D              C
   Couldn't be much more from the heart,
Em                         D          C
   Forever trusting who we are,
G      H7             Em
   No nothing else matters.
```

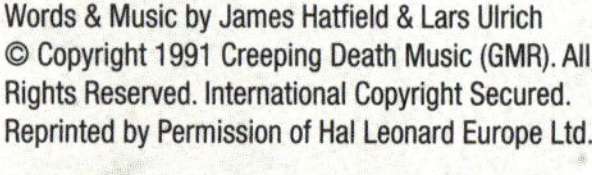

Ramblin' on my mind

E E^6 E^7 E^6
1. I've got ramblin',

A A^6 A^7 A^6 E E^6 E^7 E^6, E E^6 E^7 E^6
I've got ramblin' all on my mind.

A A^6 A^7 A^6
I've got ramblin',

A A^6 A^7 A^6 E E^6 E^7 E^6, E E^6
I've got ramblin' all on my mind.

E^7 E^6 H^7 H^7 H^7 H^7
Hate to leave my baby,

A A^6 A^7 A^6 E Übergang H^7
But she treats me so unkind.

E E^6 E^7 E^6
2. Runnin' down to the station,

A A^6 A^7 A^6 E E^6 E^7 E^6, E E^6 E^7 E^6
Catch the first mail train I see.

A A^6 A^7 A^6
Runnin' down to the station,

A A^6 A^7 A^6 E E^6 E^7 E^6, E E^6
Catch that old first mail train I see

E^7 E^6 H^7 H^7 H^7 H^7
I got the blues about Miss So and So

A A^6 A^7 A^6 E Übergang H^7
And the child got the blues about me.

E E^6 E^7 E^6
3. I got mean things

A A^6 A^7 A^6 E E^6 E^7 E^6, E E^6 E^7 E^6
I've got mean things on my mind

A A^6 A^7 A^6
I got mean things

A A^6 A^7 A^6 E E^6 E^7 E^6, E E^6
I got mean things all on my mind

E^7 E^6 H^7 H^7 H^7 H^7
I got to leave my baby,

A A^6 A^7 A^6 E Übergang H^7
Well, she treats me so unkind.

Words and Music by Robert Johnson (1911-1938),
Bearbeitung: Peter Bursch

Sweet little sixteen

A   E
1. They're really rockin' in Boston,
                          A
In Pittsburgh, P. A.
                              E
Deep in the heart of Texas,
                                  A
And 'round the Frisco Bay.
                 D
All over St. Louis,
                                A
Way down in New Orleans.
                              E
All the Cats wanna dance with,
                        A
Sweet little sixteen.

A   E
R. Sweet little sixteen,
                          A
She's just got to have.
                      E
About a half a million,
                   A
Famed autographs.
                                       D
Her wallet's filled with pictures,
                             A
She gets 'em one by one.
                   E
She gets so excited,
                                   A
Watch her, look at her run.

A   E
2. Oh, mommy, mommy,
                    A
Please, may I go?
                            E
It's such a sight to see,
                                  A
Somebody steal the show.

                   D
Oh, daddy, daddy,
                 A
I beg of you.
                      E
Whisper to mommy,
                               A
It's all right with you.

A   E
3. Cause they'll be rockin' on Bandstand,
                               A
In Philadelphia, P. A.
                                    E
Deep in the heart of Texas,
                                        A
And 'round the Frisco Bay.
                    D
All over St. Louis,
                                      A
Way down in New Orleans.
                                    E
All the Cats wanna dance with,
                              A
Sweet Little Sixteen.

A   E
R. Sweet Little Sixteen,
                                         A
She's got the grown-up blues.
                               E
Tight dress and lipsticks,
                                         A
She's sportin' high heel shoes.
                                   D
Oh, but tomorrow morning,
                                              A
She'll have to change her trend.
                               E
And be sweet sixteen,
                                   A
And back in class again.

A   E
1. They're really rockin' in Boston ...

Text und Musik: Chuck Berry

Hero

```
   C
1. Let me go
                        Am   Em
   I don't wanna be your   hero
                      F
   I don't wanna be a big man
             C                G
   Just wanna fight like everyone else
       C
   Your masquerade
                      Am             Em
   I don't wanna be a part of your parade
                             F
   Everyone deserves a chance to
   C                G
   Walk with everyone else

        C
2. While holding down
                 Am     Em
   A job to keep my girl around
                               F
   And maybe buy me some new strings
              C          G
   And her and I out on the weekends
               C
   And we can whisper things
                      Am     Em
   Secrets from my America dreams
                         F
   Baby needs some protection
            C              G
   But I'm a kid like everyone else

       C
3. So, let me go
                        Am   Em
   I don't wanna be your   hero
                      F
   I don't wanna be a big man
             C                G
   Just wanna fight like everyone else
   C C C C Am Em Em Em
   O – o – o – o – o – o - h
   F F C G Am G F F G G
   O – o – o – o – o – o – h

       C
4. So, let me go
                        Am   Em
   I don't wanna be your   hero
                      F
   I don't wanna be a big man
             C                G
   Just wanna fight like everyone else
       C
   Your masquerade
                      Am             Em
   I don't wanna be a part of your parade
                             F
   Everyone deserves a chance to
   C                G
   Walk with everyone else

C C C C Am Em Em Em
F F C G C G C
```

Streets of London

    C   G   Am   Em
1. Have you seen the old man in the closed down market,
    F   C   Dm   G
   Kicking up the paper with his worn out shoes.
    C   G   Am   Em
   In his eyes you see no pride, hand held loosely at his side,
   F   C   G   C
   Yesterday's paper telling yesterday's news.

        F   Em   C Am
R. So how can you tell me you're lonely,
   D   G
   And say for you that the sun don't shine.
   C   G
   Let me take you by the hand,
        Am   Em
   And lead you through the streets of London,
   F   C   G   C
   Show you something to make you change your mind.

     C   G   Am   Em
2. Have you seen the old girl who walks the streets of London,
     F   C   Dm   G
   Dirt in her hair and her clothes in rags.
    C   G   Am   Em
   She's no time for talkin', she just keeps right on walkin',
   F   C   G   C
   Carrying her home in two carrier bags.

        F   Em
R. So, how can you tell me ...

   C   G   Am   Em
3. In the all night cafe at a quarter past eleven,
   F   C   Dm   G
   Same old man sitting there on his own.
   C   G   Am   Em
   Looking at the world over the rim of his tea cup,
   F   C   G   C
   Each tea last an hour and he wanders home alone.

        F   Em
R. So, how can you tell me ...

C G Am Em
4. *Have you seen the old man outside the seaman's mission.*
F C Dm G
Memory fading with the medal ribbons that he wears.
C G Am Em
In our winter city the rain cries a little pity,
F C G C
For one more forgotten hero and a world that doesn't care.

F Em
R. *So, how can you tell me ...*

Musik & Text: Ralph McTell

2. AUFLÖSUNG DER ÜBUNGEN UND FRAGEN

Zu Kapitel 2: Der berühmte Gitarrist, der seine Gitarre manchmal hinter dem Kopf spielte, hieß *Jimi Hendrix*.

Zu Übung 1: Die neuen Griffe zu *Whiskey in the jar* heißen:
C, Am, F und G

Zu Übung 2: Die neuen Griffe zu *Knockin' on heaven's door* heißen:
G, D, Am und C

Zu Übung 3: Die Griffe zu *What's up* heißen jetzt:
A, Hm, D

Zu Übung 4: Die Griffe zu *Go down, Moses* heißen jetzt:
Am, E^7 und Dm

3. DAS STIMMEN DER SAITEN NACH GEHÖR

Als Erstes hörst du beim **Audiotrack 2** den Ton meiner dicken E-Saite und vergleichst ihn mit der dicksten Saite (obersten Saite) auf deiner Gitarre. Du schlägst dabei die Saite an und drehst an dem Wirbel, an dem die Saite aufgezogen ist, nach links oder rechts. Dabei wird die Saite strammer oder schlaffer; der Ton höher oder tiefer. Das machst du so oft, bis beide Töne übereinstimmen.

2

Die Schwierigkeit wird für dich sein, herauszufinden, ob dein E zu tief oder zu hoch gestimmt ist. Du musst also immer deine **E-Saite** mit meinem Original-E des Audiotracks vergleichen. Das wird dir am Anfang noch schwerfallen, aber da musst du durch. Denk immer daran, dass jeder deiner Lieblingsgitarristen das gleiche Problem hatte. Sonst benutze für die dicke E-Saite dein Stimmgerät.

Falls dein Abspielgerät die Möglichkeit hat, bestimmte Passagen automatisch zu wiederholen (z. B. Repeat-Funktion), dann programmiere den Anfang und das Ende des Audiotracks mit der E-Saite ein. Das gilt natürlich auch für jede andere Saite. So hast du es viel leichter, danach deine Gitarre zu stimmen.

Damit du siehst, an welchem Wirbel welche Saite aufgezogen ist, schaue dir folgende Fotos an:

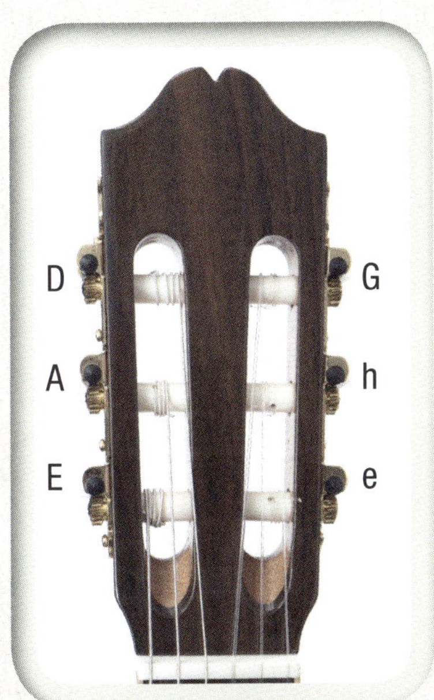

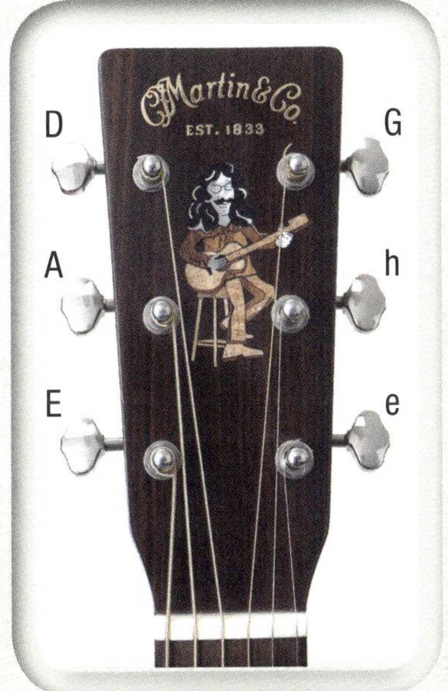

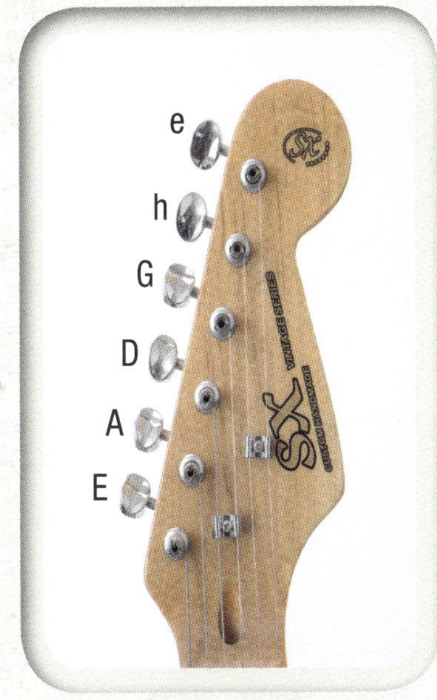

Jetzt kann es dir passieren, dass die Saiten an **falschen Wirbeln** aufgezogen sind. Vergleiche also alle Saiten mit den entsprechenden Wirbeln aus der Zeichnung. Entweder merkst du dir die falschen Befestigungen oder veränderst sie entsprechend der Zeichnung. Denke daran, dass du beim Drehen des Wirbels immer die entsprechende Saite anschlägst. Dann hörst du sofort, ob der Ton höher oder tiefer wird. Die Saite kann nämlich von unten oder von oben auf dem Wirbel aufgezogen sein. Richtig ist es von oben (s. Zeichnung)!

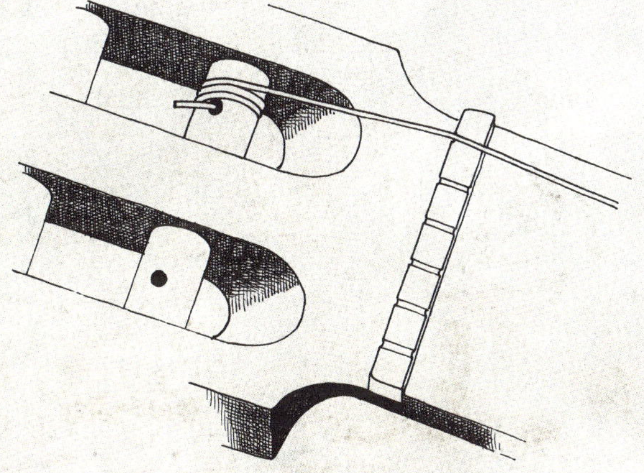

Nehmen wir mal an, deine **E-Saite** ist jetzt richtig gestimmt, dann hörst du dir die nächste Saite, die **A-Saite** im Audiotrack genau an und vergleichst sie mit der A-Saite auf deiner Gitarre. Diese stimmst du nach dem gleichen Schema, wie du schon die E-Saite gestimmt hast. So machst du das mit allen 6 Saiten, bis deine Gitarre komplett gestimmt ist.

Du hast natürlich meine Audiotracks oder dein Stimmgerät nicht immer dabei. Dann musst du die **Saiten** wohl oder übel **selbst nach deinem Gehör stimmen**. Da kommst du leider nicht dran vorbei. Du kannst später noch so gut spielen; wenn die Gitarre nicht stimmt, dann klingt alles scheußlich.

Deswegen zeige ich dir die bekannteste Stimm-Methode, wobei du dir nur den Anfangston der dicken E-Saite besorgen musst (wie schon erklärt).

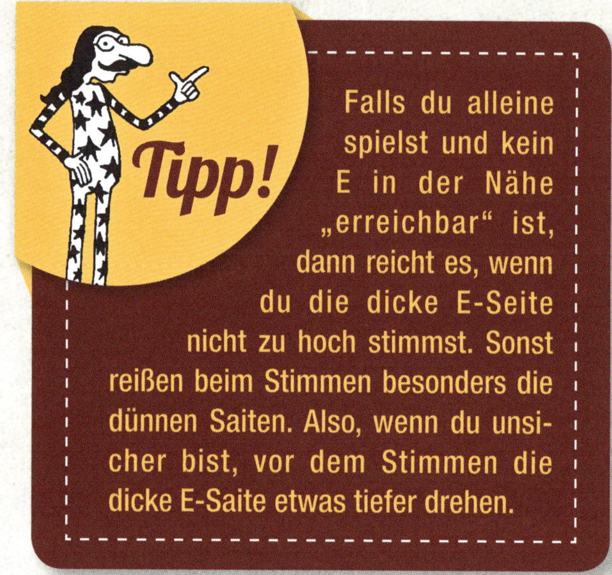

- Ist nun danach die E-Saite gestimmt, drückst du fest mit der linken Hand (gleichgültig mit welchem Finger) im **5. Bund** auf die **dicke E-Saite**. Das ist der **Ton A**.
- Die meisten Gitarren haben in der Mitte des Halses oder zwischen den Bundstäbchen im 5. Bund eine Markierung. Mit dem Ton **A** hast du nun die Tonhöhe für die nächst tiefer liegende Saite. Jetzt vergleichst du die im 5. Bund angespielte E-Saite mit der leeren A-Saite (diese nicht mit der linken Hand berühren) so lange, bis sie in der Tonhöhe übereinstimmen. Dabei den Wirbel der A-Saite entsprechend nach links oder rechts drehen. **Dieses System gilt für alle Saiten!**
- Wenn du jetzt die gestimmte **A-Saite** im **5. Bund** auf das Griffbrett drückst, dann hast du den **Ton D**. Diesen vergleichst du so lange mit der 3. Saite (der leeren D-Saite), bis die beiden Töne übereinstimmen.
- Danach drückst du die gestimmte **D-Saite** im **5. Bund** auf das Griffbrett, dann hast du den **Ton G**. Diesen vergleichst du mit der G-Saite (4. Saite), bis auch diese beiden Töne übereinstimmen.
- Die vorletzte Saite, die **h-Saite**, stimmst du nach dem **4. Bund** der **G-Saite** (einzige Ausnahme, sonst immer im 5. Bund).
- Und die letzte Saite, die **dünne e-Saite**, wird nach dem **5. Bund** der **h-Saite** gestimmt.

Dies zusammengefasst sieht folgendermaßen aus:

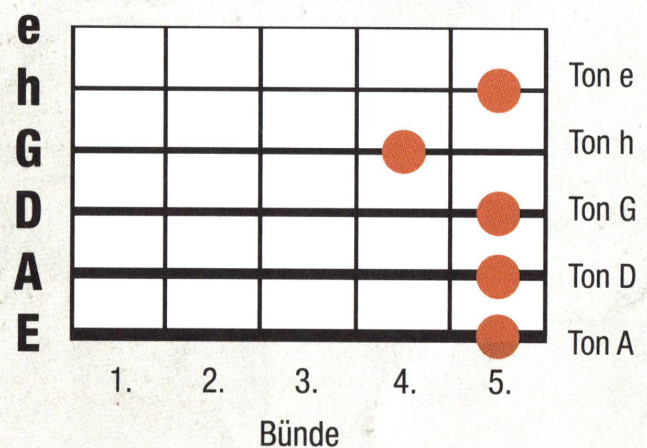

oder fast mathematisch ausgedrückt:

E_5	**=**	**A_0**
A_5	**=**	**D_0**
D_5	**=**	**G_0**
G_4	**=**	**h_0**
h_5	**=**	**e_0**

hierbei ist z. B.: E_5 = E-Saite im 5. Bund gegriffen
A_0 = leere A-Saite

Damit ist die Gitarre gestimmt!

Sei bitte vorsichtig, wenn du die Saiten höher stimmst. Die dünneren Saiten reißen besonders schnell. Wenn du einige Probleme damit hast, dann überprüfe jeden Stimmvorgang mit deinem Stimmgerät!
Wie schon gesagt: Du kannst noch so gut spielen, es würde sich alles falsch anhören, wenn die Gitarre nicht richtig gestimmt ist.

Für den Anfänger sind Kunststoffsaiten (Nylonsaiten) besser als Stahlsaiten, da diese weicher und deswegen einfacher zu greifen sind.
Die Art der Saiten richtet sich nach der Bauart des Instrumentes.
Lies dir dazu die Kapitel *Die ideale Gitarre für dich* und *Einige Hinweise zu den Saiten und ihrer Pflege* durch.

4. DIE IDEALE GITARRE FÜR DICH

Hier gebe ich dir nochmal einen Überblick, was du beim Kauf einer neuen oder gebrauchten Gitarre beachten solltest. Zusätzlich gebe ich noch viele nützliche Hinweise! Falls du niemanden kennst, der dich vertrauensvoll beraten kann, z. B. ein guter Gitarrist aus der Nachbarschaft, dann sei dir über folgende Dinge im klaren:

1. Du solltest eine Gitarre spielen, die technisch einwandfrei ist und genau deinen Vorstellungen entspricht (Größe, Design etc.).

2. Entscheide dich daher zunächst einmal, ob du lieber eine mit **Nylon-** oder mit **Stahlsaiten** bespannte Gitarre spielen willst.
   Gitarren mit **Nylonsaiten** wählt man meist für die klassischen oder ruhigeren folkloristischen Spielarten, aber auch für Flamenco und Popmusik. Deshalb nennt man diese Gitarren meist auch **Klassik-** oder **Konzertgitarre**.
   Für die anderen Musikrichtungen wie Folk, Country, Rock, Jazz, Blues und Ragtime sind die **Stahlsaitengitarren** populärer. Man nennt diese dann **Akustik-**, **Folk-** oder **Western-Gitarre**.
   Mache nie den Fehler und ziehe auf eine Konzertgitarre Stahlsaiten auf. Konzertgitarren sind von der Konstruktion und vom Holz her anders gebaut und halten den Saitenzug der Stahlsaiten nicht aus. Der Hals wird sich verbiegen oder der Steg löst sich von der Decke. Umgekehrt solltest du auch keine Nylonsaiten auf eine Akustikgitarre aufziehen. Das Instrument wird zwar nicht beschädigt, aber der Klang der Gitarre wird schlechter, er wird dumpfer und leiser. Es gibt nur ganz wenige Gitarren, auf denen du wahlweise Nylon- oder Stahlsaiten aufziehen kannst. Lass dich dabei am besten von einem Fachmann beraten.

3. Der **Klang** deiner Gitarre sollte wirklich deinen Vorstellungen entsprechen. Das ist zum einen natürlich Geschmacksache, zum anderen eine Frage des Geldes.
   Gehe am besten in ein Musikfachgeschäft, wo man dich gut berät. Wichtig ist auch ein weitreichender Service, wie Garantie, Reparaturen, fachmännische Beratung etc.
   Solltest du eine gebrauchte Gitarre kaufen wollen, dann nimm jemanden mit, der dir auch wirklich helfen kann.

4. Der **Hals** und das **Griffbrett** deiner Gitarre müssen in Ordnung sein. Schaue am besten vom Kopf der Gitarre am Rande des Halses über die Bundstäbchen entlang. Dann siehst du, wo der Hals nicht in Ordnung ist.
   Man sagt im allgemeinen, dass der Hals eine leichte Krümmung entgegengesetzt den Saiten haben sollte, um den Sound der Gitarre und das freie Schwingen der Saiten zu verbessern. Eine Faustregel ist auch, die Saiten im 1. und 12. Bund auf das Griffbrett zu drücken. Dann dürfen die Saiten im 7. Bund zum Bundstäbchen hin nicht mehr als ca. 0,4 mm entfernt sein.
   Wenn das nicht zutrifft, musst du den Hals deiner Gitarre überarbeiten lassen. Viele Instrumente haben deswegen einen Stahlstab (oder einen aus ähnlichem Material) im Hals eingebaut, der justierbar ist.

Je nachdem, zu welcher Seite du diesen Stab mit einem entsprechenden Schraubenschlüssel drehst, verbiegt sich der Hals in Richtung der Saiten oder entgegengesetzt. Zur Überprüfung des Griffbretts, das heißt der Bünde, musst du jeden einzelnen Ton spielen. Wenn nichts schnarrt und nach deinem Gehör die einzelnen Töne – vor allem die Oktave (gegriffener Ton im 12. Bund) – stimmen, sind die Bünde in Ordnung. Eine große Hilfe hierbei ist dein **Stimmgerät**. Mit dem kannst du jeden Ton auf dem Griffbrett und die Oktave überprüfen!

5. Wichtig ist die **Saitenlage** und damit die Bespielbarkeit der Gitarre. Die Saiten dürfen nicht zu weit vom oder zu nahe am Griffbrett liegen. Sonst lassen sie sich entweder schwer greifen oder sie schlagen an die Bundstäbchen an und schnarren beim Spielen.
   Wenn der Hals deiner Gitarre richtig justiert ist (siehe Punkt 4.), dann liegt die schlechte Saitenlage entweder am Sattel oder am Steg. Der Sattel sollte so hoch sein, dass nur ein hauchdünner Zwischenraum über dem 1. Bundstäbchen entsteht, wenn du die einzelnen Saiten im 3. Bund runterdrückst (gerade um ein Stück Papier dazwischen zu schieben).

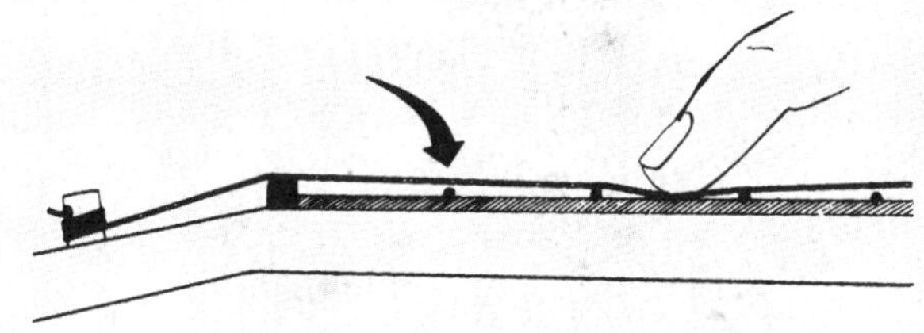

   Falls das nicht stimmt, muss der Sattel verändert werden. Wenn nun die Saitenlage immer noch nicht zufriedenstellend ist, musst du die Höhe des Stegs verändern. Im Steg ist ein Kunststoff- oder Knochenstäbchen eingelassen, das du herausnehmen kannst, wenn du vorher die Saiten lockerst.
   Du müsstest dieses Stäbchen abfeilen, falls du die Saiten niedriger haben möchtest bzw. umgekehrt ein größeres besorgen oder eine Unterlage unter das Plättchen legen, z. B. ein Stückchen Holz, Kunststoff oder ähnliches. Manche Akustikgitarren haben eine mechanische Vorrichtung, um die Steghöhe einzustellen. Das kann aber für den Klang störend sein, weil die unmittelbare Verbindung des Stegs mit der Decke, d. h. die Übertragung der Schwingungen der Saite fehlt. Die Saitenlage richtet sich auch nach der Stärke der Saiten und danach, wie kräftig du die Saiten anschlägst oder zupfst.

6. Deine Gitarre sollte vor allem auch aus dem **richtigen Holz** gebaut sein. Jedes Material hat seinen eigenen spezifischen Klang. Man unterscheidet zwischen folgenden Hölzern:

   Palisander ist ein hartes dunkelrotes Holz aus vorwiegend südlichen Ländern und wird meist für den Bau von Xylophonen, Marimbas etc. verwendet. Gitarrenbauer benutzen es für den Boden und die Seitenteile sowie für das Griffbrett und den Steg. Es gibt jeden Ton sauber, laut und hart, aber edel wieder.

   Mahagoni ist bräunlich und nicht so hart wie Palisander. Dafür klingt es wärmer, ist preiswerter und leichter zu bekommen, vorwiegend aus den Ländern Mittelamerikas und Madagaskar. Es wird ähnlich wie Palisander eingesetzt und zusätzlich, bei besonderen Modellen, für die Decke und den Hals der Gitarre verwendet.

   Ahorn ist ein hartes, schweres, helles Holz mit schöner Maserung und findet ähnliche Anwendung wie Palisander und Mahagoni. Es ist jedoch nicht so brüchig wie diese. Man verwendet Ahorn gerne für das Griffbrett auf Fender E-Gitarren.

   Ebenholz ist ein extrem hartes, fast schwarzes Holz und nahezu unverwüstlich. Wird ein altes Klavier verschrottet, so sind die schwarzen Tasten aus Ebenholz meist noch in Ordnung. Man verwendet dieses Holz bei teueren Instrumenten für den Steg und das Griffbrett.

   Rotfichte (auch Sitka) ist ein helles Holz, das vielfach für die Decke der Gitarre verwendet wird, weil es sehr schwingungsfreudig ist. Diese Art Decken findet man hauptsächlich bei Akustik- und Flamenco-Gitarren.

Exotische Hölzer werden vorzugsweise von den Gitarrenbauern in asiatischen Ländern verwendet und zwar in der Regel für alle Teile einer Gitarre. Instrumente, die aus solchen Hölzern wie z. B. Jacaranda, Bubinga etc. gebaut sind, haben einen entsprechend spezifischen Klang.

Sperrholz nimmt man meist für einfache, preiswerte Gitarren, weil es maschinell sehr leicht bearbeitet werden kann. Das heißt aber nicht, dass diese Gitarren schlecht klingen müssen.

Kunststoff wurde erstmals von dem Gitarrenbauer Mario Maccaferri verwendet. Er wurde bekannt durch den berühmten Jazz-Gitarristen Django Reinhardt, der dessen Gitarren spielte. Allerdings waren diese nicht aus Kunststoff. Als Maccaferri in den fünfziger Jahren mit dem Gitarrenbau aus Kunststoff begann, konnte er diese Idee nur für die Ukulele durchsetzen, von der er in kurzer Zeit viele Millionen verkaufte. Die erste Firma, die diese Idee wieder aufgriff, war 1966 Ovation. Sie bauen den Rücken ihrer Gitarren aus Fiberglas (Lyracord). Es gibt eine Ähnlichkeit im Bau mit der südamerikanischen Gitarre *Charango*, bei der der Rücken aus einem Gürteltierpanzer hergestellt wird.

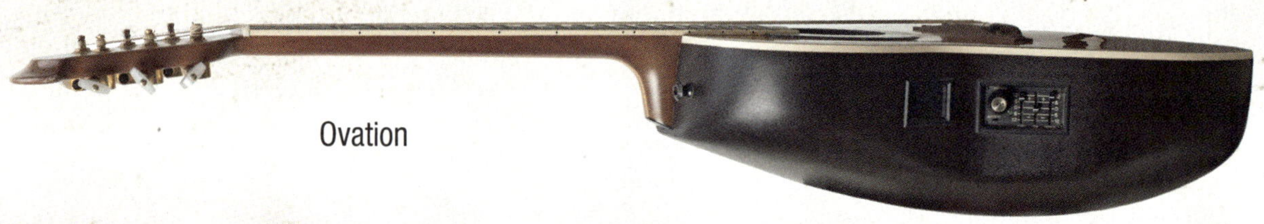

Ovation

Heute gibt es viele unterschiedliche Modelle, z. B. ganz aus Kunststoff, oder mit einem Hals aus Metall usw. Diese Gitarren haben alle einen ganz speziellen Klang.

Gitarren, die man auch im Blues, in der Folk- und Country-Musik spielt, sind **Dobro (Resonator)-Gitarren**. Hier ist der Körper teilweise oder sogar ganz aus Metall. Die Saitenlage bei diesen Instrumenten ist entweder normal oder speziell am Sattel höher gesetzt. Das ist besonders gut für die Bottleneck-Spielweise (s. mein Bluesgitarrenbuch)

Die Dobro hat einen sehr lauten, metallischen Klang. Entwickelt wurde dieses Instrument bereits in den zwanziger Jahren von den Gebrüdern Dopera. Diese Gitarren eignen sich, wie gesagt, sehr gut für Blues-, Country- und Slide-Spielweisen und werden von vielen bekannten Musikern gespielt z. B. von *Mark Knopfler, Eric Clapton, Derek Trucks* und dem leider schon verstorbenen *Bob Brozman.*

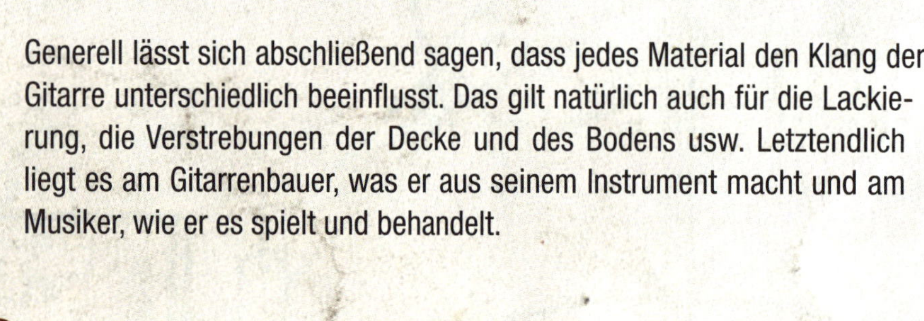

Generell lässt sich abschließend sagen, dass jedes Material den Klang der Gitarre unterschiedlich beeinflusst. Das gilt natürlich auch für die Lackierung, die Verstrebungen der Decke und des Bodens usw. Letztendlich liegt es am Gitarrenbauer, was er aus seinem Instrument macht und am Musiker, wie er es spielt und behandelt.

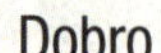

Dobro

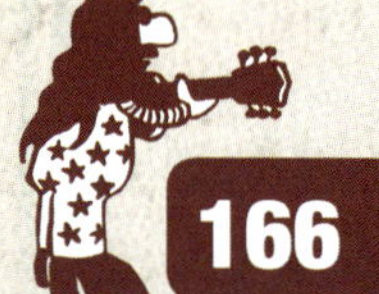

5. EINIGE HINWEISE ZU DEN SAITEN UND IHRER PFLEGE

Nach jedem Spielen solltest du den Schweiß deiner Finger von den Saiten abwischen. Das machst du, indem du mehrmals mit einem Lappen darübergehst. Auch das Griffbrett muss ab und an gereinigt und die Wirbel geölt werden.
Hier noch ein paar Ergänzungen:

1. Wechsel die Saiten so oft wie möglich. Natürlich ist das ein finanzielles Problem. Aber deine Gitarre klingt wie der „Sound des Universums", wenn du nach einigen Monaten neue Saiten aufziehst. Du kannst deine Gitarre auch nicht richtig stimmen, wenn die Saiten alt sind. Sie hängen dann durch und klingen dumpf. Es hängt natürlich auch viel davon ab, wie oft du sie spielst. Versuche wenigstens alle drei Monate die Saiten zu wechseln.

2. Wichtig ist es vor allem, dass du die für dich richtige Saitenstärke herausfindest, so dass du gut greifen und kräftig genug die Saiten anschlagen kannst. Bei Akustik-Gitarren haben sich die Light- sowie Extra-Light-Saiten durchgesetzt. Bei den Nylon-Saiten sind es die mittleren bis harten der jeweiligen Firmen. Hier eine Aufstellung der gebräuchlichsten Saitenstärken in Inch (1 Inch = 2,54 cm):

Extra-light Gauge (Extra weiche Stärke)

0.10	0.14	0.22	0.30	0.36	0.48
e	h	G	D	A	E

(Für Zupftechniken, leichtes Anschlagen etc.; auf Saitenlage achten.)

Light Gauge (weiche Stärke)

0.12	0.16	0.24	0.32	0.42	0.54
e	h	G	D	A	E

(Für starkes Zupfen und mittleres Anschlagen; auf Saitenlage achten.)

Medium Gauge (mittlere Stärke)

0.13	0.17	0.26	0.35	0.46	0.56
e	h	G	D	A	E

(Für starkes Anschlagen; auf Saitenlage sowie Decken und Halsverbiegung achten.)

Bei **Nylonsaiten** gibt es diese Einteilung nicht; hier unterscheidet man nur zwischen weich, mittel und hart (achte auf die verschiedenen Farben der Päckchen).
Beim Aufziehen neuer Saiten hat man oft die Schwierigkeit, dass sich die Stimmung (Tonhöhe) der einzelnen Saiten nicht hält. Die Saite hat sich noch nicht an den entsprechenden Saitenzug gewöhnt. Dem kannst du durch mehrmaliges Ziehen und Dehnen der Saite beim Aufziehen entgegenwirken. Beim Stimmen der Saiten kann auch ein sogenanntes „Knacken“ entstehen. Dann sind die Führungsritzen (Spalten), zwischen denen die Saiten auf dem Sattel durchlaufen, zu schmal und die Saiten klemmen fest. In diesem Fall musst du diese Spalten vorsichtig mit einer Feile erweitern, aber nur in der Breite.
Um dir bestimmte Saiten zu empfehlen, müsste ich dein Gitarrenspiel schon kennen. Es gibt einfach zu viele Firmen mit den unterschiedlichsten Saiten. Auf meinen Instrumenten spiele ich zum Beispiel folgende Saiten:

Akustikgitarre	=	Elixir Nanoweb Extra Light bis Light
Konzertgitarre	=	Augustine- oder Savarez- Saiten mittlerer Stärke
E-Gitarre	=	Elixir Nanoweb Light

Noch etwas zu den Bezeichnungen auf den Saitenpäckchen:
Die meisten Firmen benutzen amerikanische Bezeichnungen bei den Stahlsaiten.

- **Bronze-Wound-Saiten** sind Stahlsaiten mit Bronzedraht-Umwicklung. Diese gibt es mit einem runden oder sechskantigen Kern und mit heller gelblicher Bronze oder rötlicher Phosphorbronze umwickelt. Der Klang ist bei allen etwas unterschiedlich, aber allgemein gilt, dass diese Saiten einen weichen, warmen Klang erzeugen.
- **Silk and Steel-Saiten** sind mit Silberdraht umwickelte Stahlsaiten, die es auch von allen bereits erwähnten Herstellem gibt. Sie klingen in der Regel härter und heller.
- **Flatwound-Saiten** sind geschliffene Saiten, d. h., die Umwicklung (meist Nickel) ist glatt geschliffen, so dass keine Nebengeräusche wie Quietschen beim Spielen entstehen. Sie sind im Klang etwas dumpfer und der Ton klingt nicht lange nach (wenig sustain).
- **Groundwound-Saiten** sind angeschliffene Saiten und liegen in etwa in der Mitte zwischen ungeschliffenen und geschliffenen Saiten. Ähnlich verhält es sich auch mit dem Ton.
- **Beschichtete Saiten** (coated strings) sind z. B. Bronze-Saiten mit einer dünnen Kunstoffbeschichtung, die die Saiten mehrfach länger haltbar machen. Sie fühlen sich für viele Gitarristen geschmeidiger an und verursachen weniger quietschende Geräusche beim Greifen. Sie sind leider etwas teurer und für manche Gitarristen klingen sie nicht so klar wie unbeschichtete Saiten.
- **Nylonsaiten** gibt es meines Wissens nur ungeschliffen und zwar mit einer Umwicklung aus einer Legierung mit Gold, Bronze oder Silber und einem Nylonkern. Manchmal sind die glatten, blanken Nylonsaiten (e, h, G) aufgeraut, damit sie noch knackiger klingen oder die G-Saite ist gleichermaßen umsponnen wie die übrigen Bass-Saiten.

Bleibt noch zu erwähnen, dass es für Konzert-Gitarren auch sogenannte Stahlsaiten gibt, z. B. von Thomastik, die dem Klang einer Akustik-Gitarre ähneln. Sie sind aber im Preis sehr hoch.

Das Aufziehen der Saiten bei der Konzertgitarre

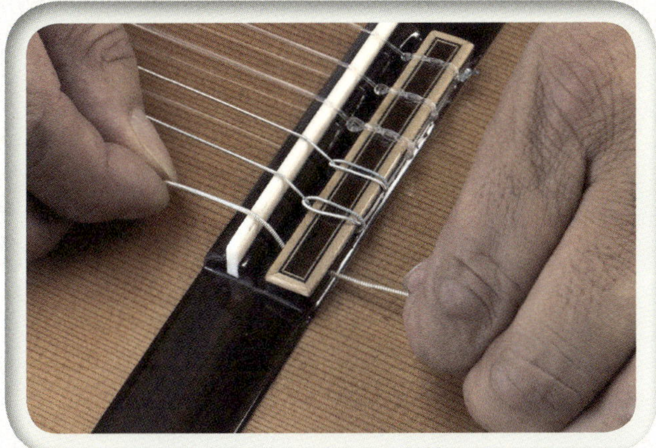

Nimm das entsprechende Ende der Saite (manche Saiten haben dort ein kleines Kügelchen befestigt) und schiebe sie so durch den Steg, dass sie ca. 6 cm lang hinten herausschaut.

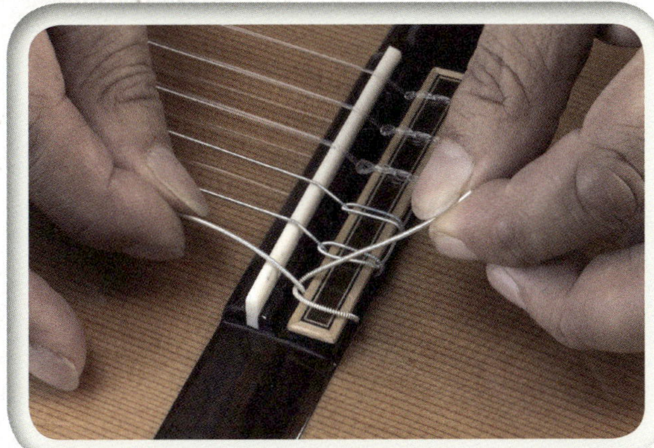

Führe diesen Teil wieder zurück und unter derselben Saite durch.

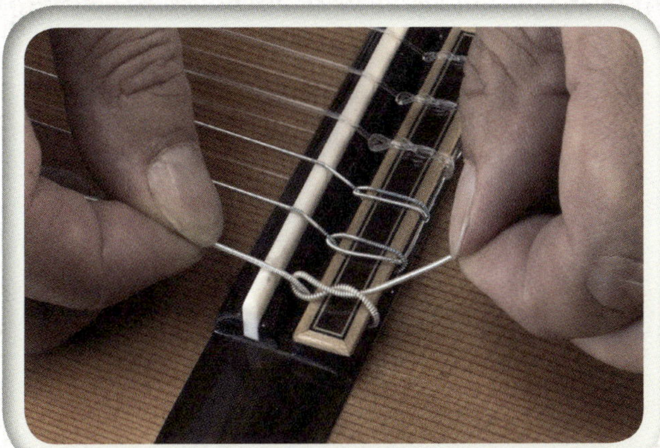

Nun wickele die Saite mehrmals um das Saitenteil, welches oberhalb des Steges liegt.

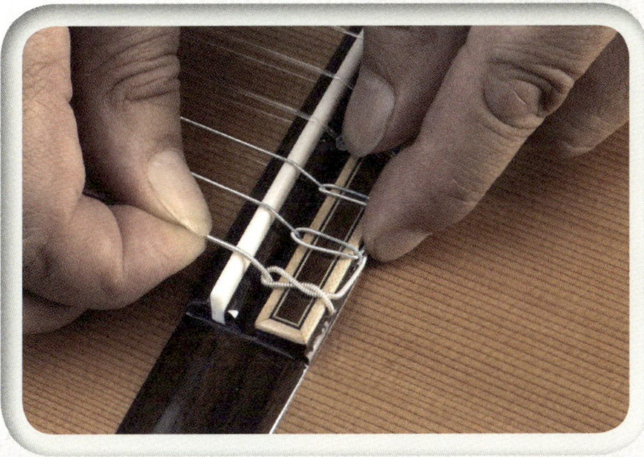

Knicke das Ende dahinter ab.

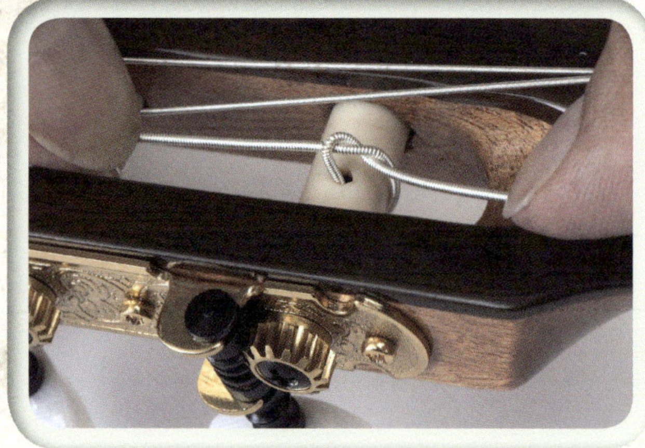

Am anderen Ende, und zwar an der Wirbelhalterung, befestigst du die Saite mit Hilfe eines Knotens.

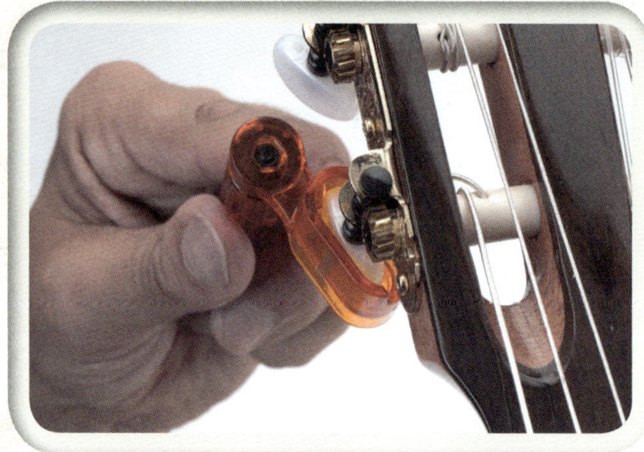

Jetzt kannst du die Saite aufdrehen und dabei stimmen. Damit das leichter geht, benutze ich eine Saitenkurbel.

Bleibe immer cool dabei. Am Anfang kannst du sehr leicht die Nerven verlieren. Besonders, wenn die Saite immer wieder herausrutscht.
Auch **dehnen** sich **neue Saiten** beim Stimmen so stark, dass du sie immer wieder nachstimmen musst. Die Saite muss sich erst an den entsprechenden Saitenzug gewöhnen.

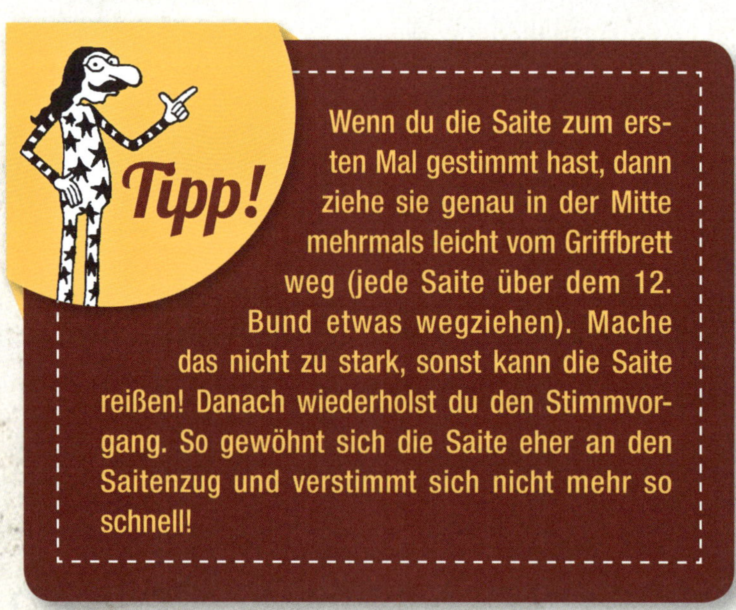

Wenn du die Saite zum ersten Mal gestimmt hast, dann ziehe sie genau in der Mitte mehrmals leicht vom Griffbrett weg (jede Saite über dem 12. Bund etwas wegziehen). Mache das nicht zu stark, sonst kann die Saite reißen! Danach wiederholst du den Stimmvorgang. So gewöhnt sich die Saite eher an den Saitenzug und verstimmt sich nicht mehr so schnell!

Das Aufziehen der Saiten bei der Akustikgitarre

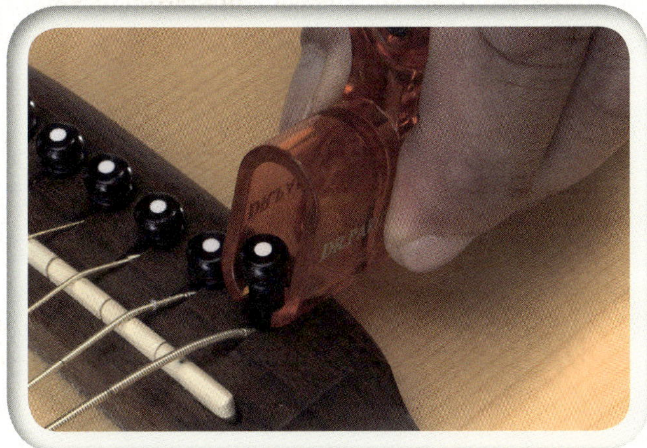

Alte Saite am Wirbel lockern (zu dir hin drehen) und den Steg-Pin mit der Saitenkurbel, die eine entsprechende Einkerbung hat, vorsichtig herausnehmen.

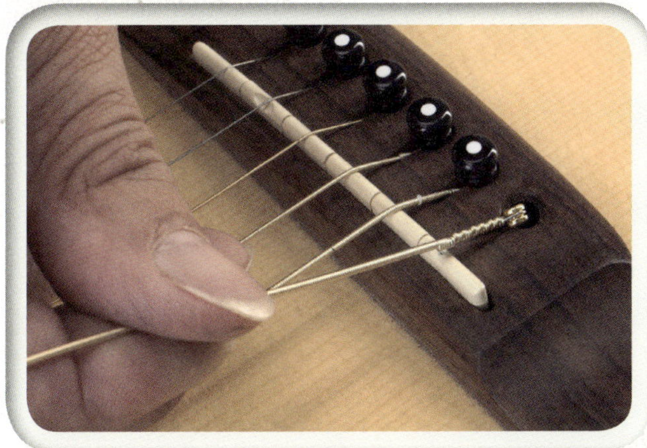

Nimm das Ende der neuen Saite mit dem Kügelchen und schiebe es ca. 2 cm in das entsprechende Loch im Steg.

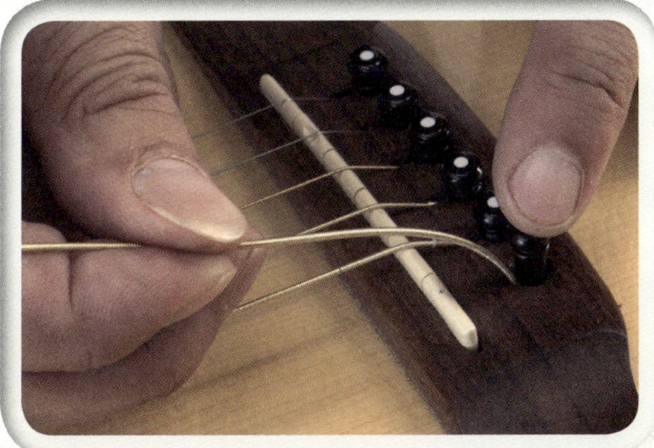

Drücke den Steg-Pin leicht ins Loch. Jetzt ziehst du an der Saite, bis das Kügelchen direkt unter dem Pin ist. Nun drücke den Pin richtig kräftig ins Loch, so dass die Saite nicht mehr heraus kann.

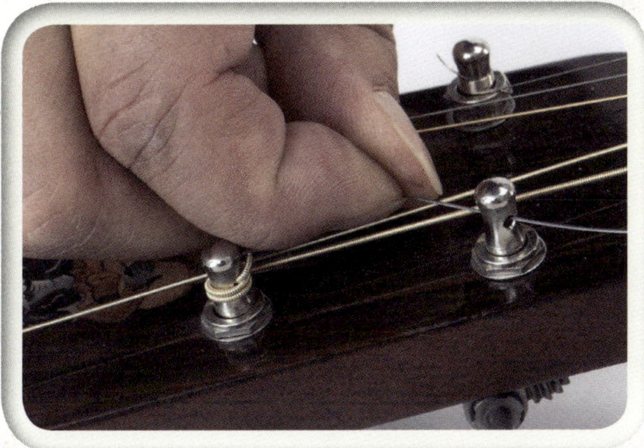

Jetzt nimmst du das andere Ende der Saite und führst es durch das Loch des richtigen Wirbelkopfes.

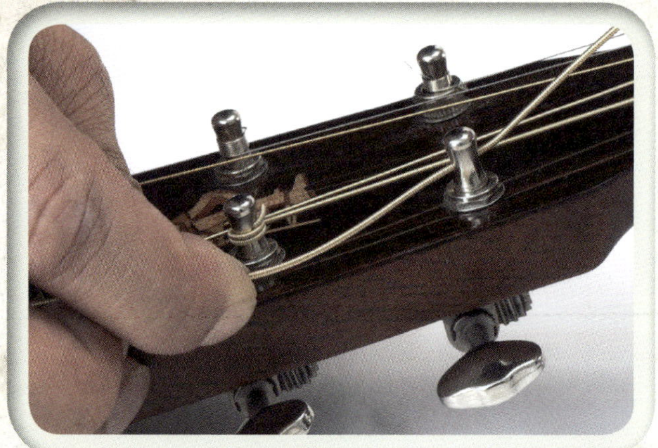

Ziehe die Saite nicht stramm, sondern lasse sie so locker, dass du damit ein paar Umdrehungen mit dem Wirbel machen kannst (von dir weg drehen). Bei den dicken Saiten nur zwei, bei den dünnen Saiten mindestens vier Umdrehungen. Knicke den Saitenrest direkt hinter dem Wirbelkopf nach oben ab.

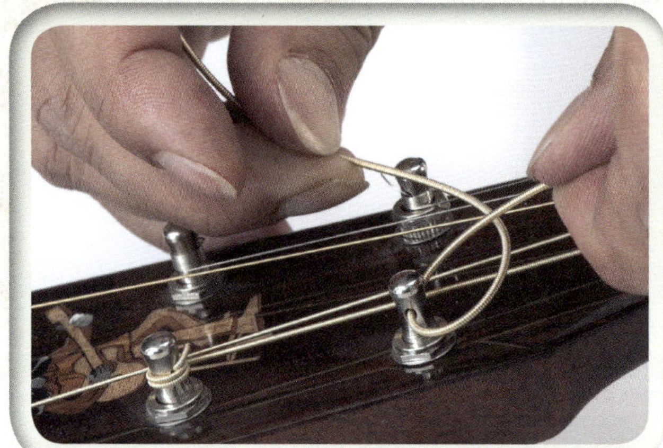

Mache die erste Umdrehung so, dass du die Saite die vom Steg kommt, über die Saite führst, die am Ende aus dem Wirbelkopf herausragt. Alle anderen Umdrehungen führst du unter den Rest der Saite, der aus dem Wirbelkopf herausragt.

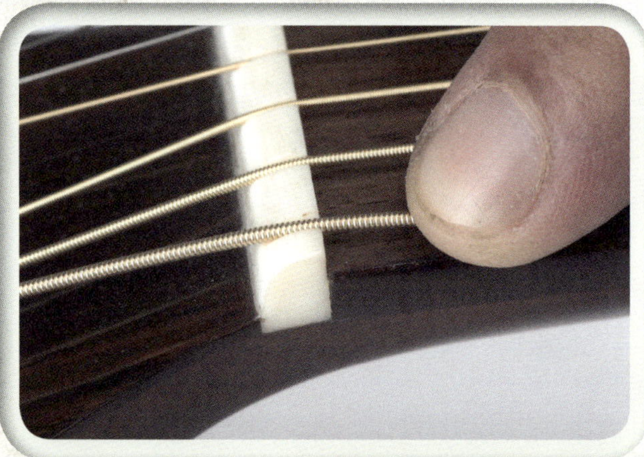

Achte darauf, dass die Saite über die richtige Kerbung am Sattel geführt wird.

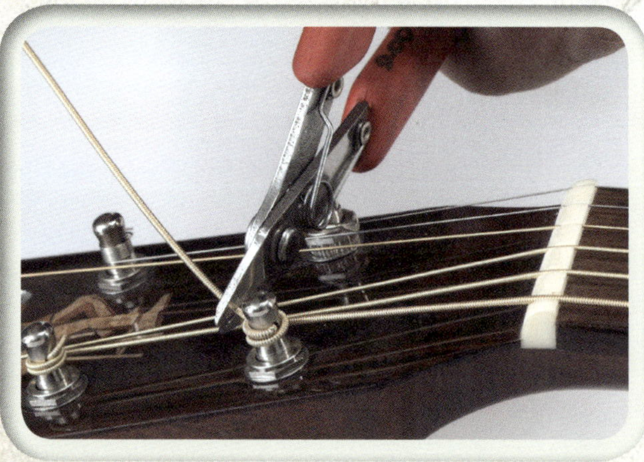

Jetzt kannst du die Saite zu Ende aufdrehen und dabei stimmen. Zum Schluss knipst du mit einem Seitenschneider den Rest der Saite am Wirbelkopf ab.

Auch hier gilt, dass sich die neuen Saiten erst an den entsprechenden Saitenzug gewöhnen müssen. Ziehe an den Saiten über dem 12. Bund und stimme sie entsprechend nach (s. a. Hinweis zum Kapitel: *Das Aufziehen der Saiten bei der Konzertgitarre*).

Das Aufziehen der Saiten bei der E-Gitarre

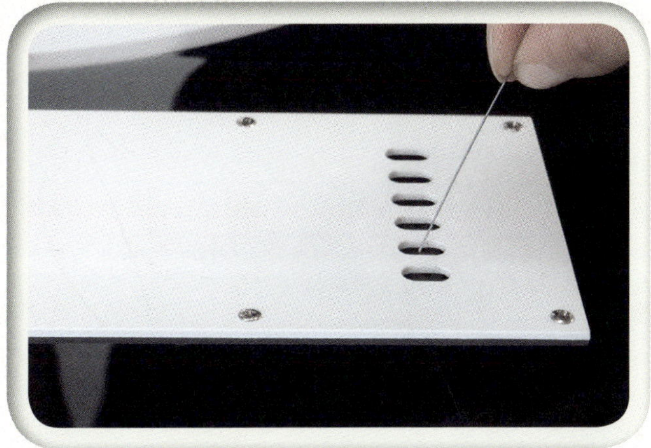

Nimm das Ende der Saite ohne Kügelchen und schiebe sie von der Rückseite der E-Gitarre durch den Korpus. Das Kügelchen hält die Saite im Korpus fest.

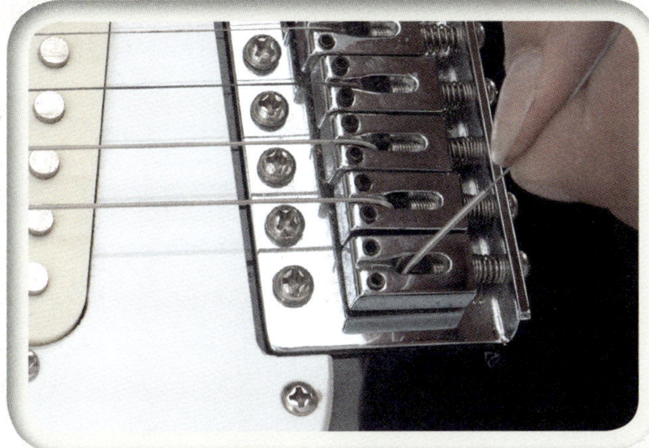

Die Saite kommt jetzt vorne im Steg heraus.

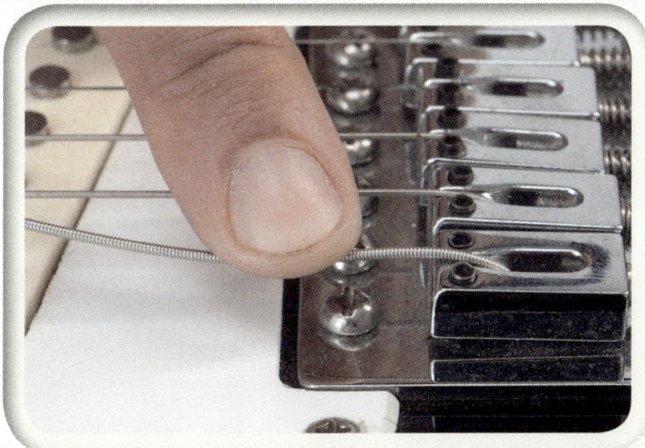

Führe sie über das entsprechende Stegröllchen zum Wirbel.

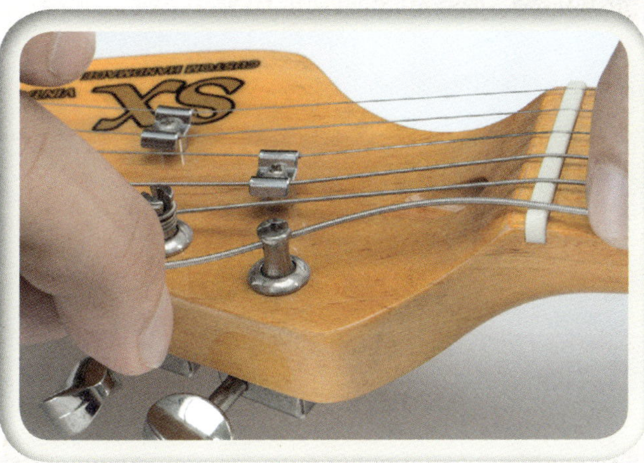

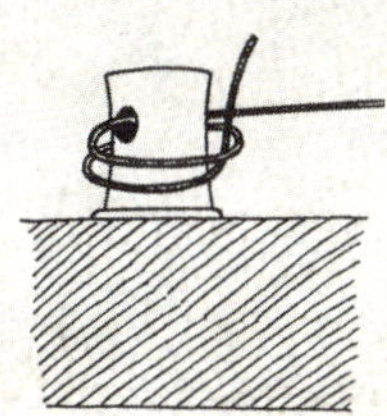

Schiebe die Saite über den Sattel durch die Öffnung des Wirbeldrehkopfes.
Damit die dünnen Saiten besser halten, kannst du einen Knoten machen.

Die Konzertgitarre von innen

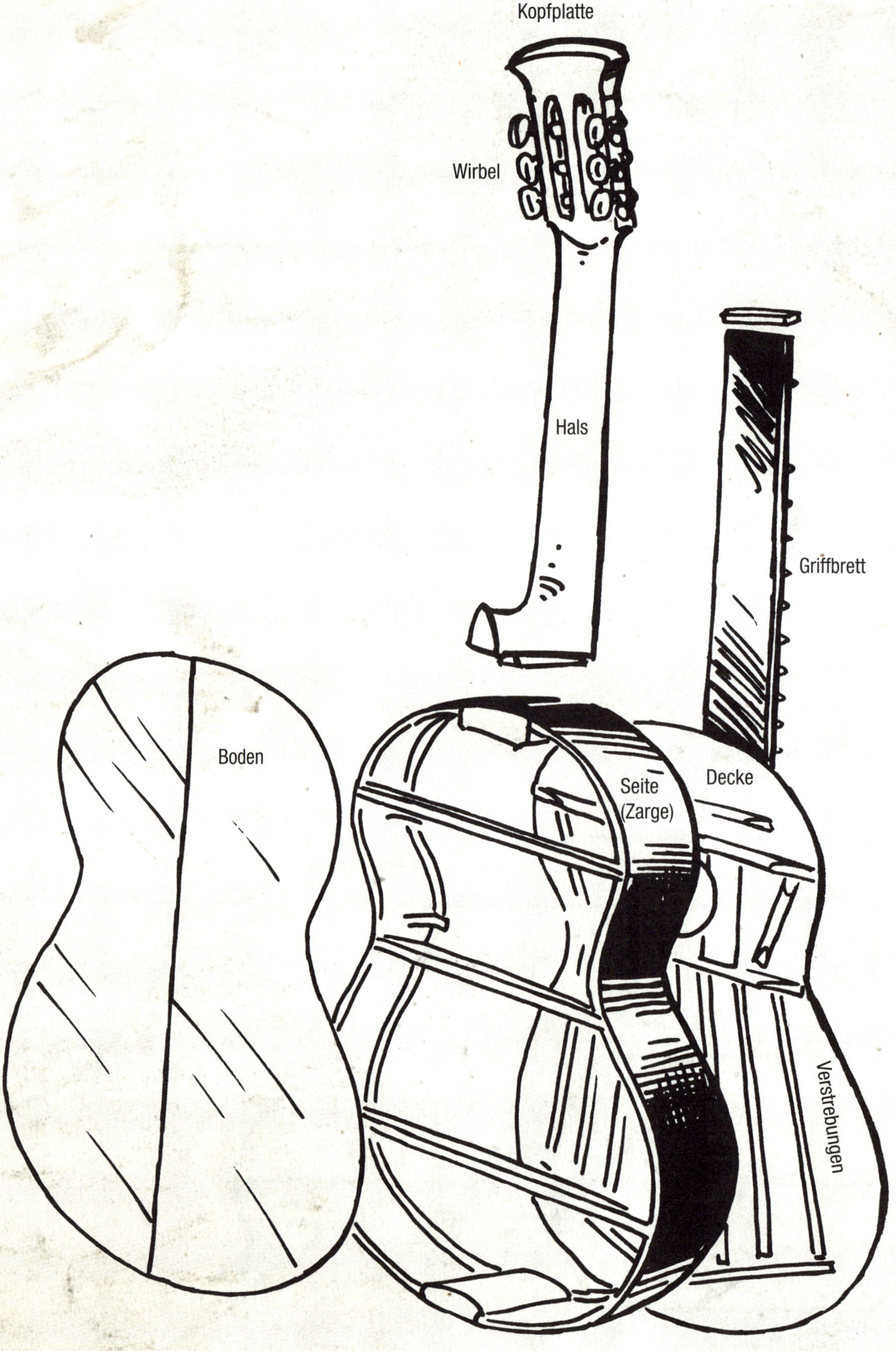

Die Akustikgitarre von innen

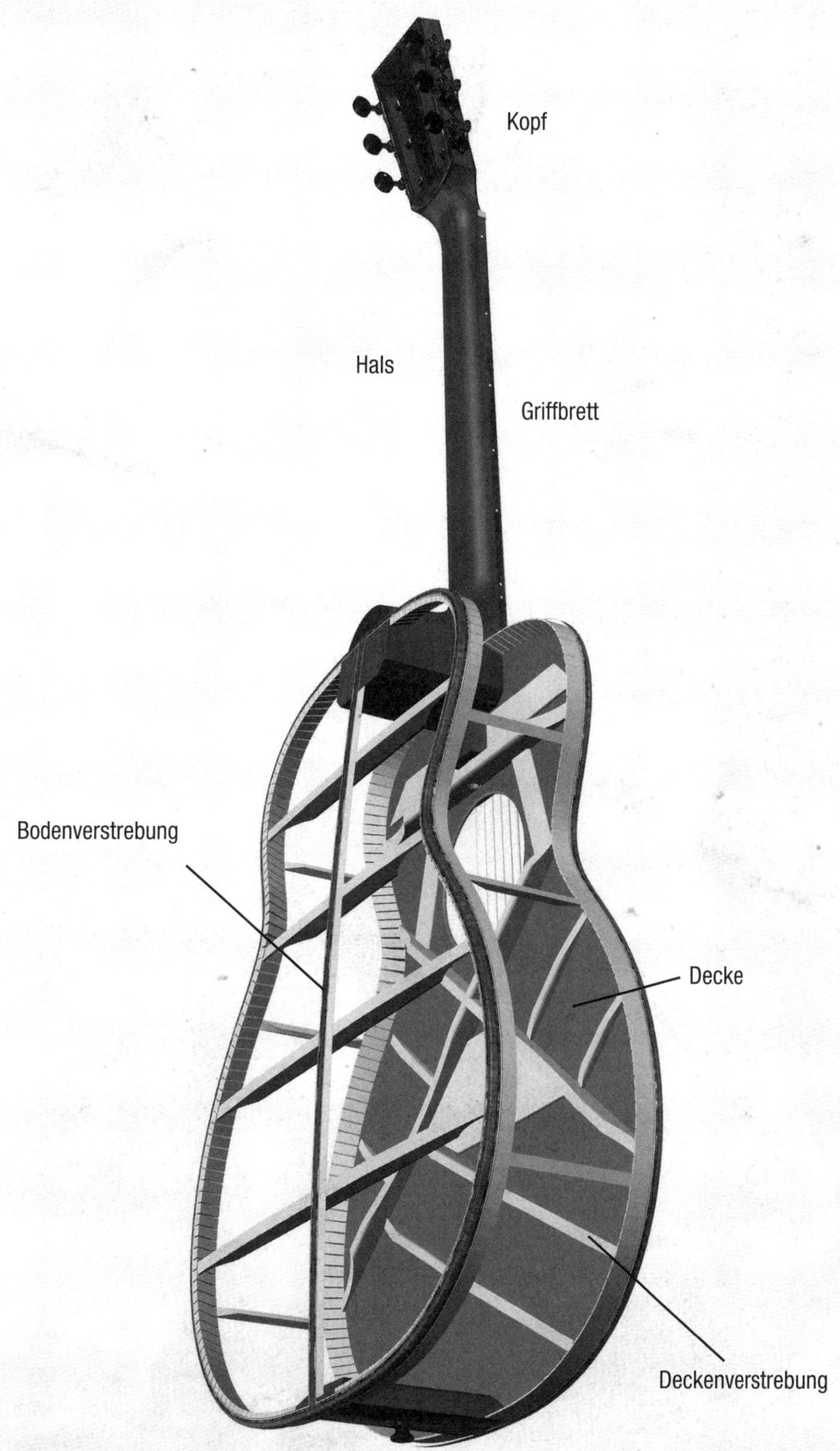

Die Einzelteile der E-Gitarre findest du in diesem Buch im Kapitel *Die E-Gitarre*.

6. HINWEISE FÜR LINKSHÄNDER

Falls du tatsächlich Linkshänder bist, brauchst du nicht in Panik zu verfallen. Die meisten Linkshänder spielen ganz normal die Gitarre wie Rechtshänder. Sie greifen die Saiten auf dem Griffbrett mit der linken Hand und zupfen oder schlagen die Saiten mit der rechten Hand an. Allerdings lernen einige mit der linken Hand die Griffe schneller wechseln als Rechtshänder. Dafür haben sie beim Anschlagen mit der rechten Hand mehr Probleme. Das gleicht sich aber nach einer gewissen Zeit aus.

Ein gutes Beispiel dafür ist *Mark Knopfler*. Er ist Linkshänder und spielt eine Rechtshänder-Gitarre und das hervorragend.

Trotzdem gibt es spezielle Linkshänder-Gitarren. Es reicht dabei nicht die Saiten einfach auszutauschen. Also die dünne e-Saite zur dicken E-Saite nach oben zu versetzen und umgekehrt die dicke E-Saite zur dünnen e-Saite, oder die h-Saite zur A-Saite usw.

Die Gitarren sind so gebaut, dass die Decke bei den Bass-Saiten mehr an Saitenzug aushalten muss, als bei den dünnen Saiten. Wenn man jetzt einfach die Saiten wechselt, dann kann es passieren, dass die Decke an bestimmten Stellen reißt oder sich verformt. Auch muss die Saitenführung auf dem Sattel und Steg nachgearbeitet werden. Das gilt auch für die E-Gitarren.

Dazu kommt, dass die Rechtshänder-Gitarren oft preisgünstiger sind und die Modell-Auswahl viel größer ist.

Das Beste ist, man lässt sich im Musikgeschäft beraten und probiert verschiedene Gitarren für Rechts- und Linkshänder einfach aus.

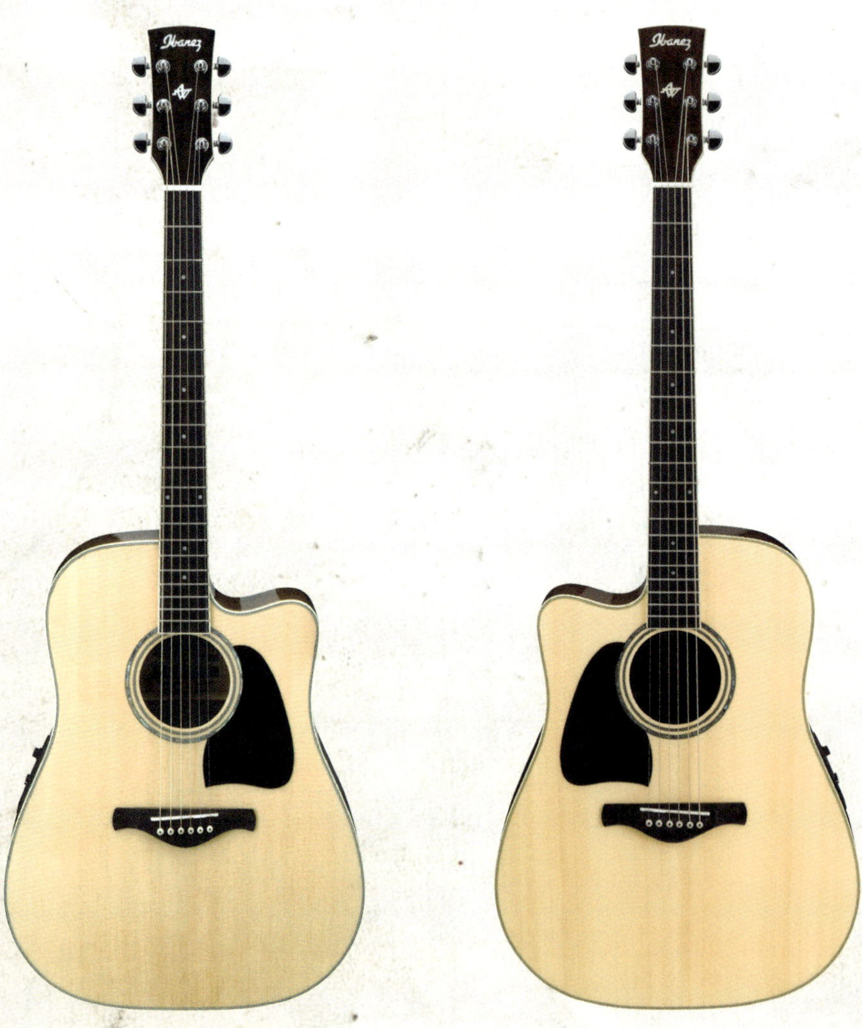

Rechtshänder-Gitarre

Linkshänder-Gitarre

7. KOFFER ODER TRAGETASCHE (GIG-BAG)

Die einfachste Form, dein Instrument zu transportieren ist die **Tragetasche**. Die Musiker sagen dazu **Gig-Bag** (Gig = Auftritt, Konzert; Bag = Tasche). Diese sind schon sehr preisgünstig gut gepolstert zu bekommen. Man kann sie sich sogar wie einen Rucksack umhängen.
Sicherer sind natürlich feste solide **Gitarrenkoffer**, die allerdings teuerer sind. Natürlich kann dein Instrument auch damit noch beschädigt werden, aber die Gitarre ist beim Transport einfach besser geschützt. Auch größere Temperaturschwankungen werden damit vermieden, was nicht unbedeutend ist.

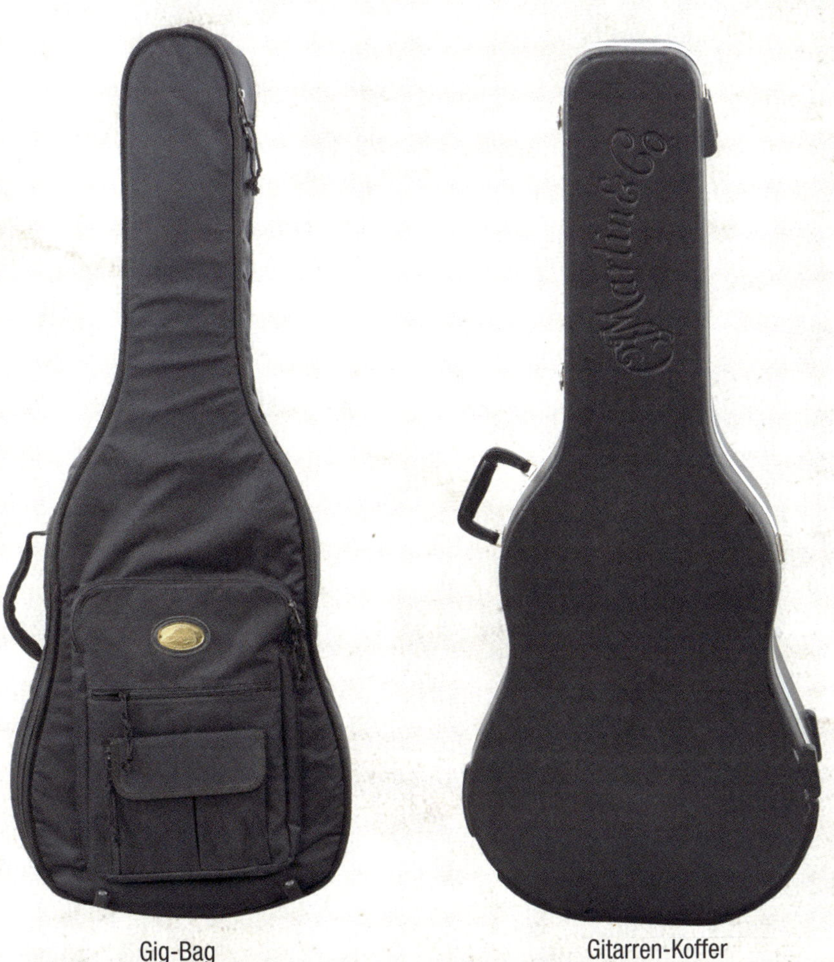

Gig-Bag

Gitarren-Koffer

Tipp!

Hänge dein gutes Instrument auf keinen Fall direkt an die Wand. Die Temperatur der Wand ist meist geringer als die deines Instrumentes. Das Holz könnte sich dadurch verziehen. Benutze lieber einen Gitarrenständer. Wenn du dafür keinen Platz hast und deine Gitarre unbedingt an die Wand hängen willst, dann besorge dir einen speziellen Wandhalter, bei dem die Gitarre mindestens 10 cm von der Wand entfernt hängt. Du bekommst sie in jedem guten Musikgeschäft.

8. GRIFFTABELLE

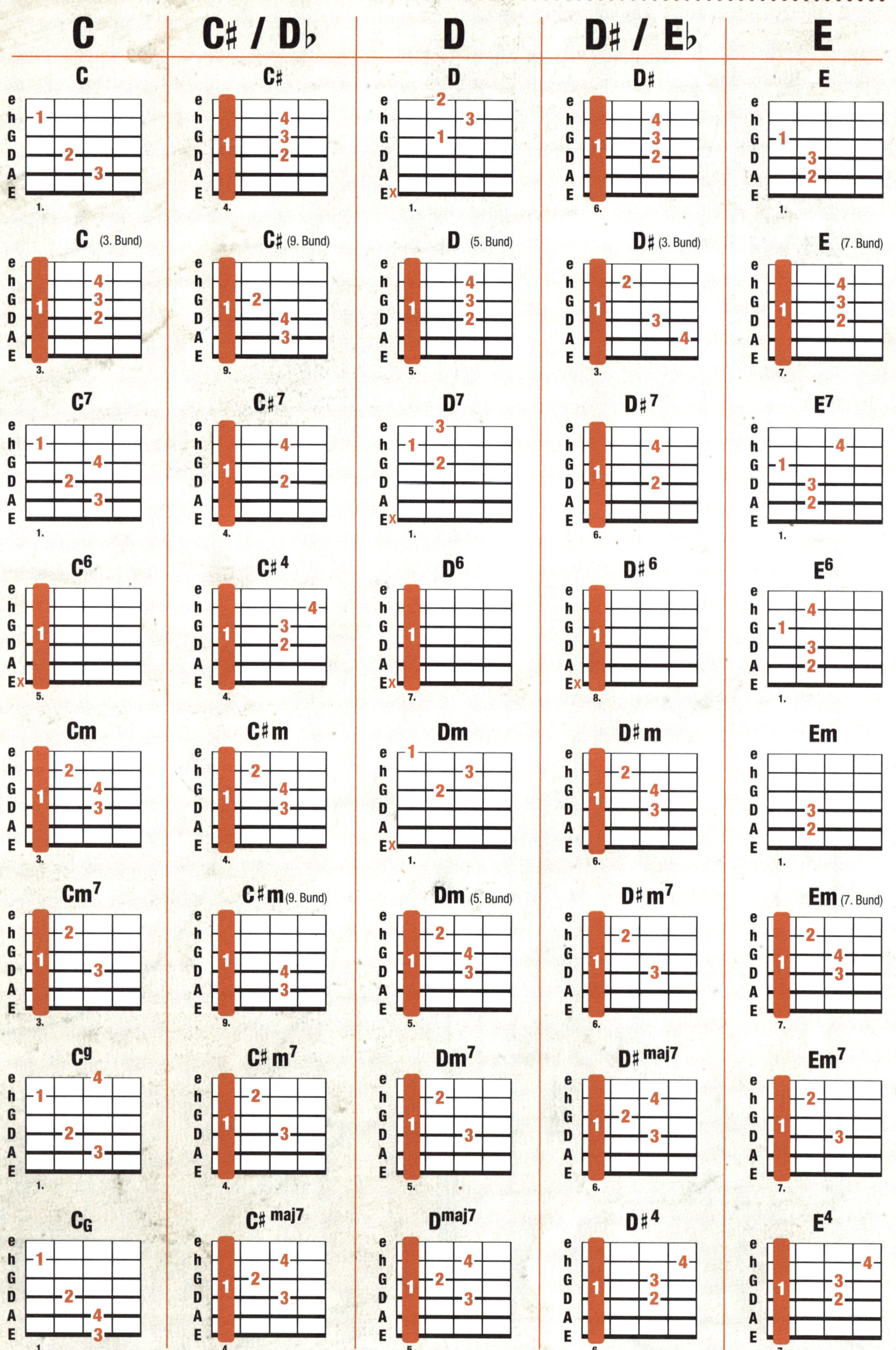

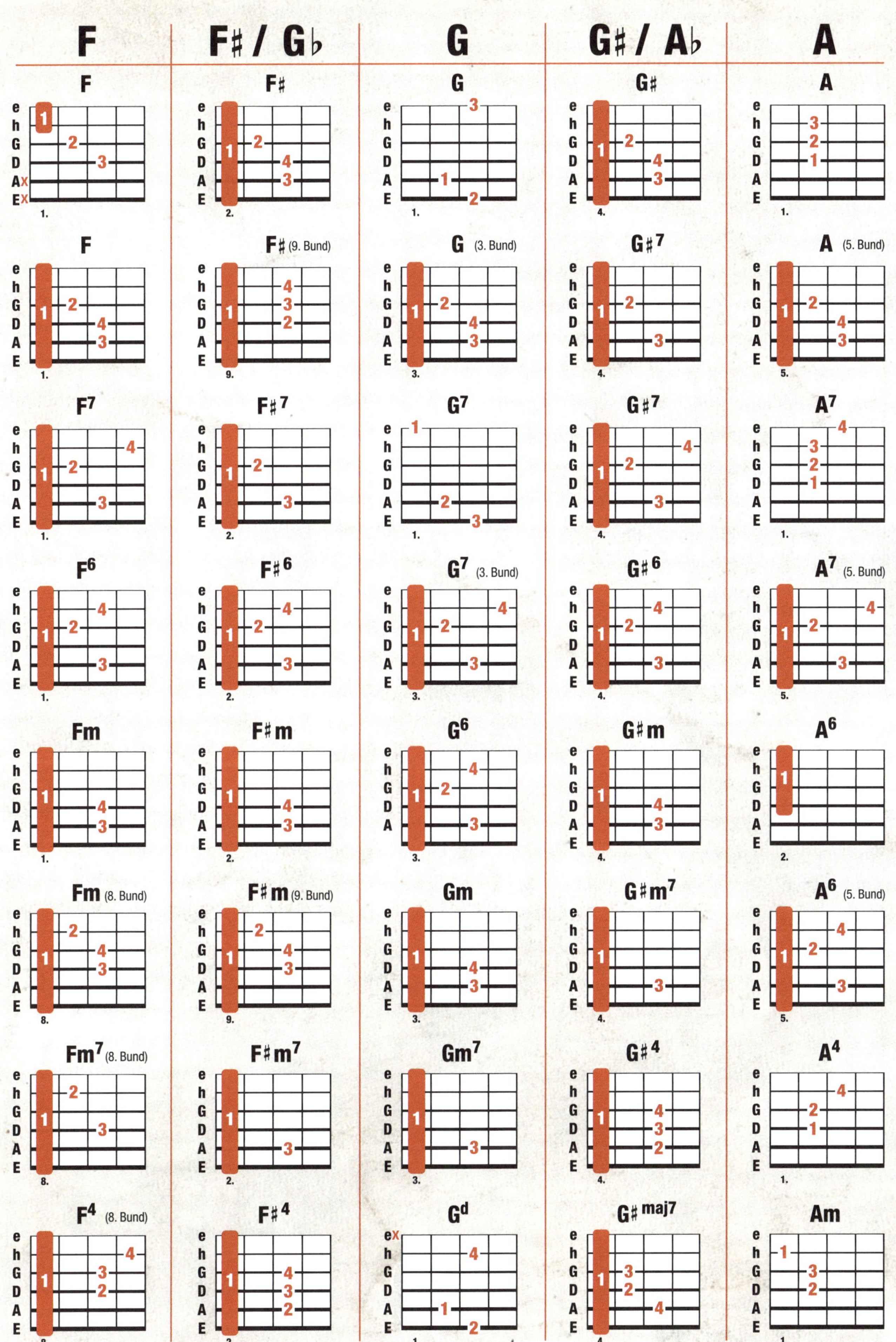
F
F♯ / G♭
G
G♯ / A♭
A
F
F
F7
F6
Fm
Fm (8. Bund)
Fm7 (8. Bund)
F4 (8. Bund)
F♯
F♯ (9. Bund)
F♯7
F♯6
F♯m
F♯m (9. Bund)
F♯m7
F♯4
G
G (3. Bund)
G7
G7 (3. Bund)
G6
Gm
Gm7
Gd
G♯
G♯7
G♯7
G♯6
G♯m
G♯m7
G♯4
G♯ maj7
A
A (5. Bund)
A7
A7 (5. Bund)
A6
A6 (5. Bund)
A4
Am

B

H

Hier kannst du eigene Akkorde eintragen.

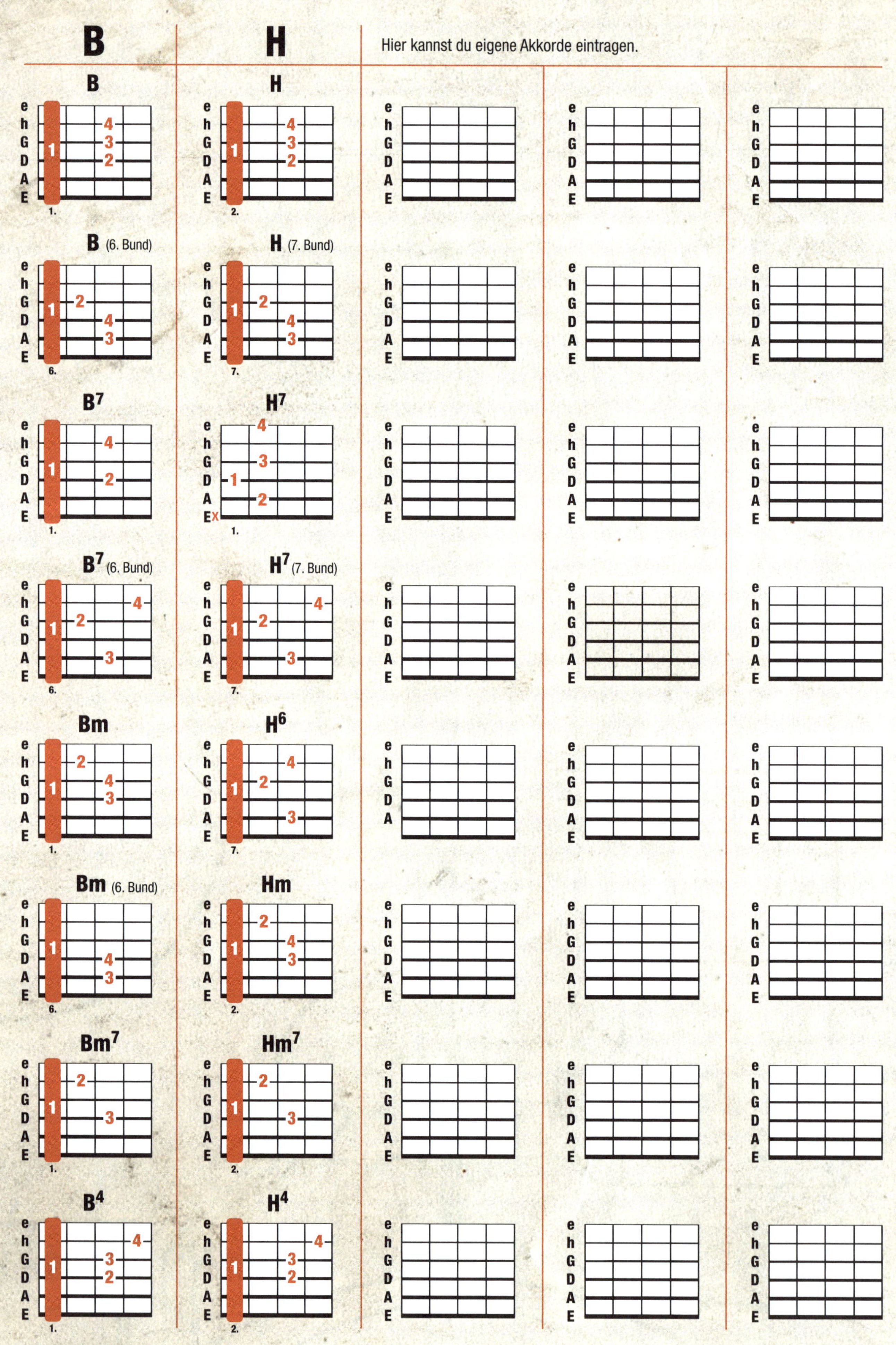

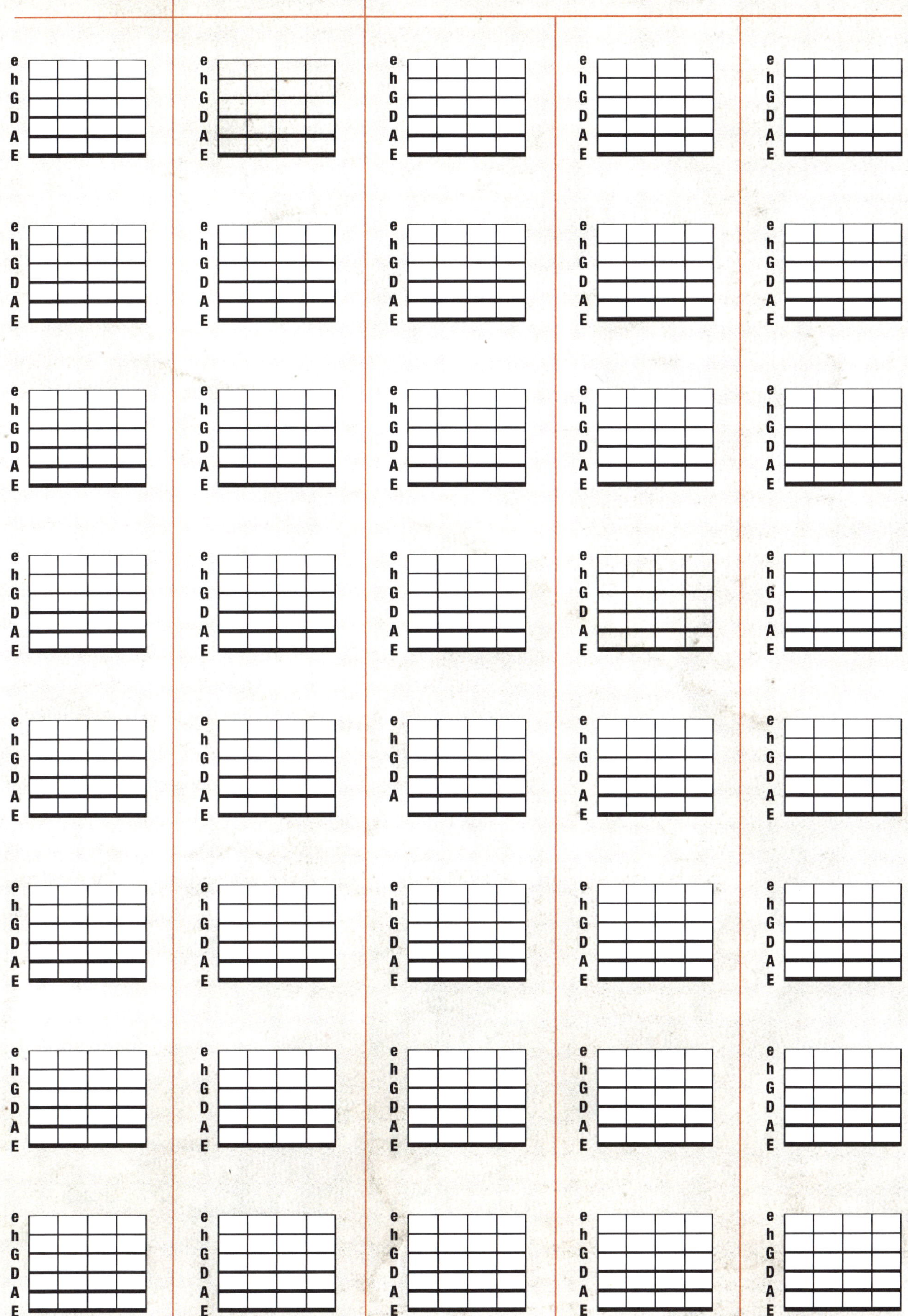

9. SCHLUSSWORT

Es gab für dich bestimmt einige Übungen, Songs und Spieltechniken in diesem Buch, die dir besonders gut gefallen haben. Ich hoffe, dass du jetzt ohne dein Gitarrenspiel nicht mehr auskommst. Wer einmal Feuer gefangen hat, der kann ohne seine Gitarre nicht mehr leben!

Da auch ich noch ständig dazu lerne, bin ich für jede Ergänzung, jeden Änderungsvorschlag und jede gute Idee dankbar.

Wer darüber hinaus noch Fragen hat, bei meinen Gitarren Workshops mitmachen möchte, oder mir einfach schreiben will, kann mich erreichen unter:

Peter Bursch's Gitarrenschule
Duissernstr. 13-15
47058 Duisburg
Tel: 0203-362420
peter.bursch@t-online.de
www.peter-bursch.de

Hinweise zu den Audiotracks

In den Audiotracks hörst du die Gitarre und den Gesang auf getrennten Kanälen. Du kannst dir also mit dem Balance-Regler deiner Stereo-Anlage die Gitarre oder den Gesang lauter oder leiser drehen. Damit hast du die Möglichkeit, wenn du gut spielen kannst, die Gitarre ganz wegzudrehen und dann ganz alleine dazu zu spielen. Falls du die Beispiele mit dem Kopfhöhrer hörst, dann schiebe die entsprechende Ohrmuschel etwas nach hinten.
Falls dein Abspielgerät bestimmte Passagen automatisch wiederholen kann, dann programmiere den Anfang und das Ende des jeweiligen Tracks ein. Das gilt natürlich auch für kleinere Ausschnitte des jeweiligen Beispiels. Damit kannst du dann leicht üben.

Die Videos

Etwas Besonderes sind die Videos zu diesem Buch. Hier spiele ich dir alles so intensiv vor, als würdest du direkt vor mir sitzen. Du siehst mir also beim Spielen genau zu und kannst jedes Beispiel so oft wiederholen wie du möchtest und dabei sofort mitspielen. Du bestimmst also selbst deinen Lernryhythmus.

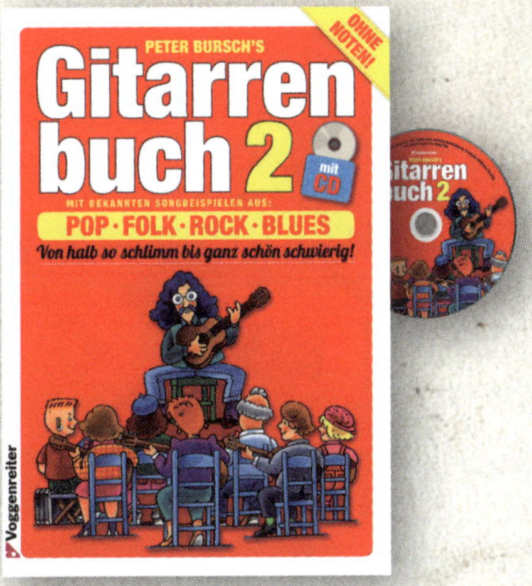

Peter Bursch's

Gitarrenbuch 2

Teil 2 des Bestsellers!

Die Fortsetzung von Peter Bursch's Gitarrenbuch, der erfolgreichsten Gitarrenschule Deutschlands! Du lernst mühelos und mit viel Spaß neue Griffe und leichte Zupf- und Anschlagstechniken für Akustik- und E-Gitarre. Alle Spieltechniken werden in bewährter Peter-Bursch-Manier langsam und mit leichten Erklärungen erweitert und verfeinert. Ohne Noten! Die beiliegende CD enthält Tonbeispiele von „halb so schlimm" bis „ganz schön schwierig".

Außerdem gibt es zu diesem Buch eine Playlist auf YouTube. Hier werden viele Techniken aus dem Buch in einem Video gezeigt.

DIN A4, farbig, 160 Seiten, mit CD (auch als **Download**)
ISBN: 978-3-8024-0214-2

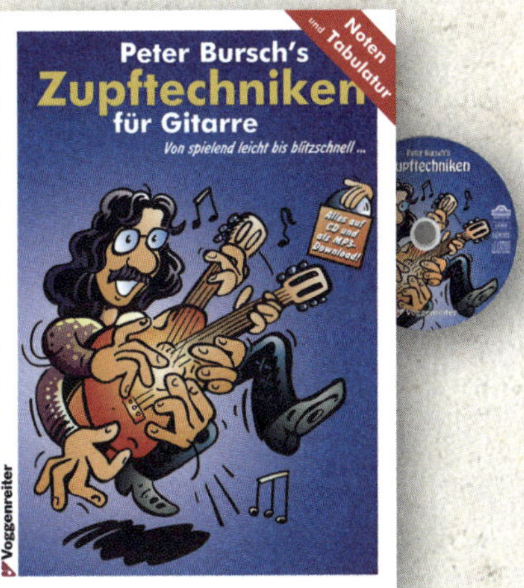

Peter Bursch's

Zupftechniken für Gitarre

Von spielend leicht bis blitzschnell ...

In diesem grundlegenden Lehrbuch mit vielen bekannten Zupftechniken des Pop, Folk, Rock, Blues und der Klassik erklärt dir Peter Bursch alles so leicht wie möglich und von Anfang an. Ob du Einsteiger oder Spezialist bist – alle Spieltechniken sind mit speziellen Fingerübungen und systematischen Spielanleitungen versehen. Jede Fingerbewegung wird mit aufwändigen Fotos und Zeichnungen verständlich und Schritt für Schritt erklärt. Damit kommt jeder klar. Alles auf CD (auch als Download) zum Mitspielen! Mit Tabulatur und Noten.

DIN A4, 128 Seiten, mit CD (auch als **Download**)
ISBN: 978-3-8024-0385-9

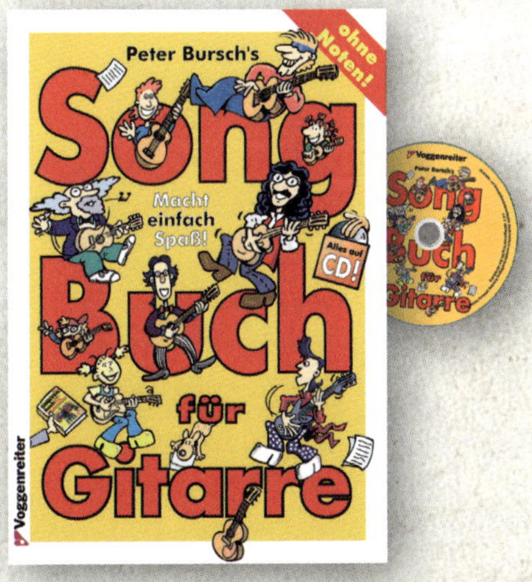

Peter Bursch's

Songbuch für Gitarre

Eine tolle Sammlung von Rock- und Popsongs, die leicht zu spielen und zu singen sind. Es finden sich darin z. B. Songs von den Bee Gees, Eagles, Metallica, Westernhagen, Paul McCartney, Pink Floyd, Eagle-Eye Cherry, Uncle Kracker, Beatles und viele mehr. Alle in „leicht singbare" Tonarten transponiert mit allen Griffen und Spieltechniken. Peter Bursch hat jedes Lied so einfach wie möglich erklärt. Alle Songs mit Spieltechniken finden sich wie immer auf der beiliegenden CD zum Mitspielen. Dieses Songbuch ist die ideale Ergänzung zu Peter Bursch's Gitarrenbuch.

DIN A4, 140 Seiten, mit CD
ISBN: 978-3-8024-0366-8

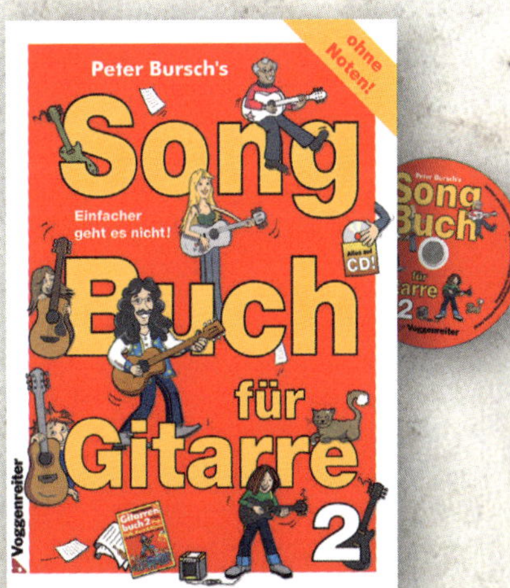

Peter Bursch's

Songbuch für Gitarre 2

Peter Bursch's zweites Songbuch für Gitarre enthält wieder tolle Songs berühmter Stars wie z. B. „Dreamer", „Hey Jude", „American Pie" u.v.m. Peter Bursch hat in seiner einzigartigen und international bekannten Art jedes Lied für die Gitarre bearbeitet. Ohne Noten! Die Songs sind in „leicht singbare" Tonarten transponiert und mit allen Griffen und Spieltechniken ausführlich erklärt und dadurch einfach zu spielen und zu singen. Außerdem finden sich alle Songs und Spieltechniken wie immer auf der beiliegenden CD zum Mitspielen.

DIN A4, 144 Seiten, mit CD
ISBN: 978-3-8024-0454-2

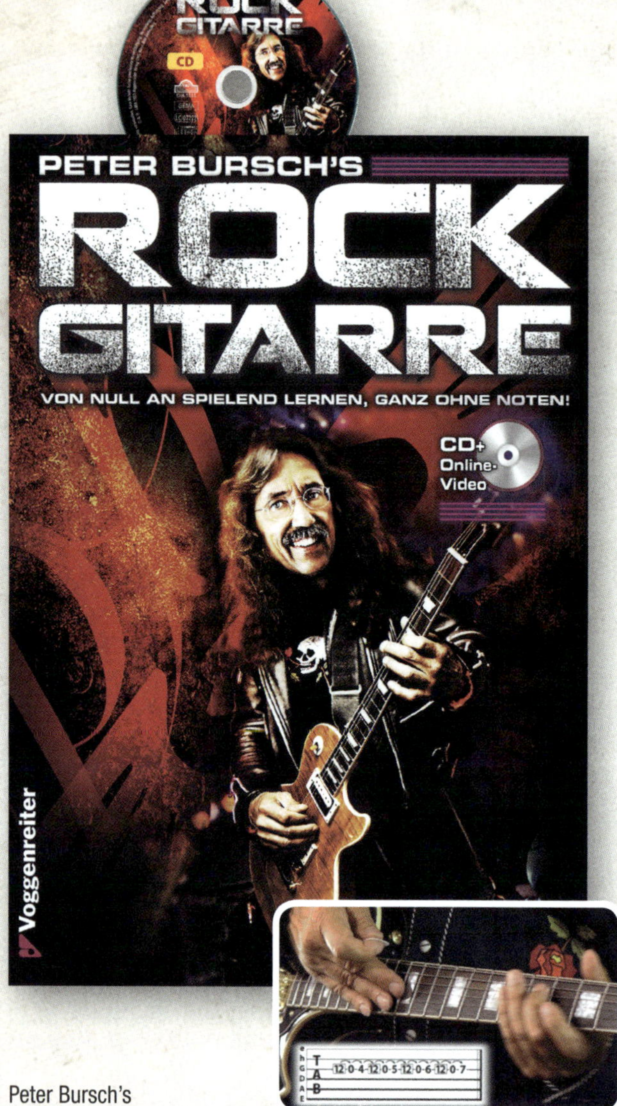

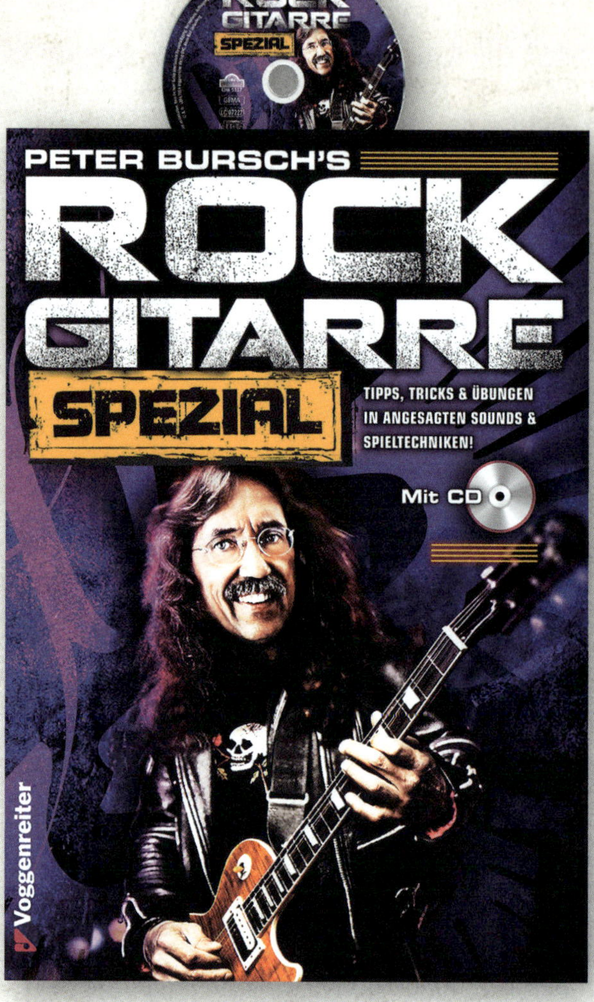

Peter Bursch's

Rock Gitarre

Von Null an spielend lernen!

Zahlreiche namhafte Rockgitarristen und hunderttausende Peter-Bursch-Schüler können nicht irren: Dieses Buch ist der beste Einstieg in die Geheimnisse der Rockgitarren-Spielweise!
Peter Bursch erklärt dir das Rockgitarrenspiel leicht verständlich und mit viel Spaß. Du kannst sofort loslegen und direkt zur beiliegenden CD mitspielen.
Zusätzlich gibt es viele Videos, in den Peter Bursch dir die wichtigsten Spieltechniken und Tricks zeigt – so bleiben keine Fragen offen! Diese Filme sind einfach per QR-Code aus dem Voggenreiter-YouTube-Kanal abrufbar.

DIN A4, 96 Seiten, farbig, mit CD und **Online-Videos**!
ISBN: 978-3-8024-0228-9

Peter Bursch's

Rock Gitarre Spezial

Randvoll mit Profi-Tricks!

Für alle, die noch tiefer in die Rockgitarre einsteigen möchten – hier ist die Fortsetzung des Bestsellers „Rock Gitarre"!
Rock Gitarre Spezial erklärt dir Sound und Spieltechnik deiner Lieblingsgitarristen und führt dich in drei lockeren Abschnitten zum schnellen Erfolg – wie immer einfach erklärt und ganz ohne Noten!
Mit groovigem Rock 'n' Roll und schnellen Metal-Techniken verbesserst du im ersten Teil dein Timing und lernst rhythmische Tricks im Stil von AC/DC, Kiss und Metallica.

DIN A4, 112 Seiten, vierfarbig, mit CD
ISBN: 978-3-8024-0238-8

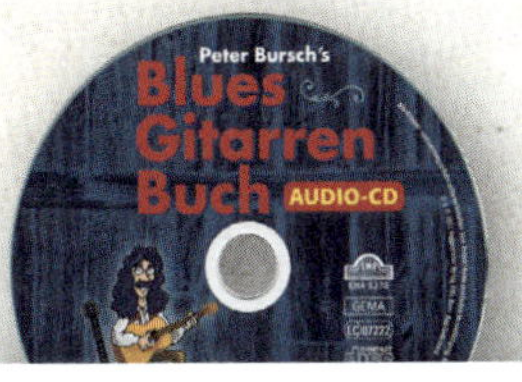

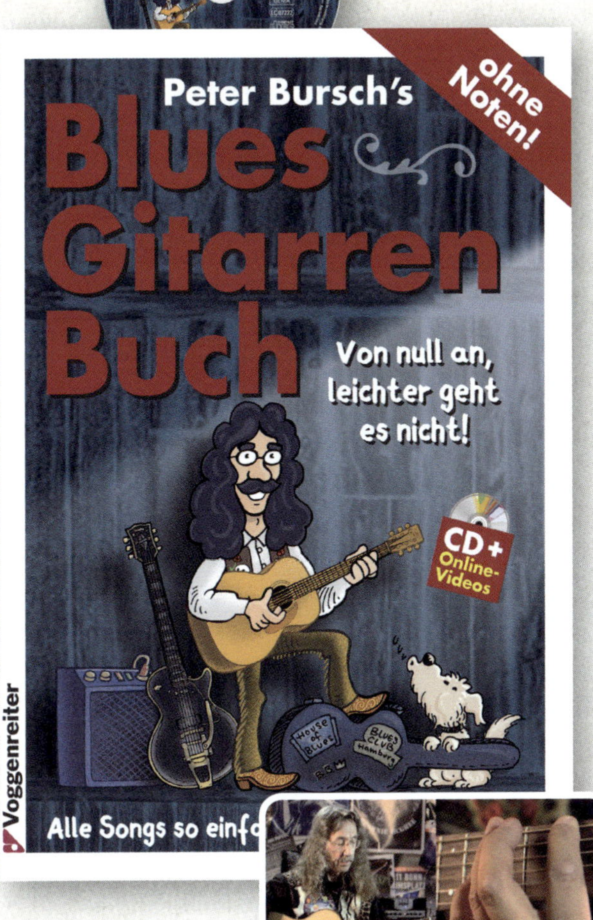

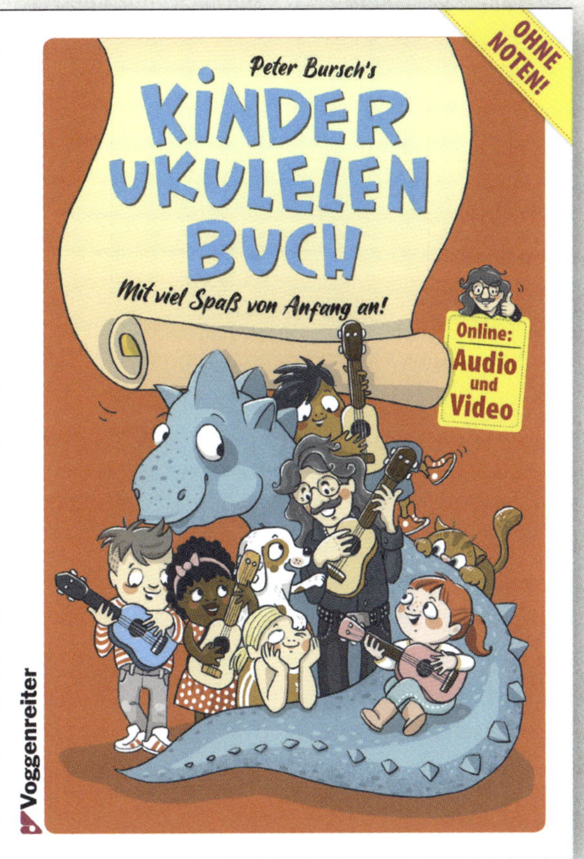

Peter Bursch's

Blues-Gitarrenbuch

Leichter geht es nicht, mit CD und Online-Videos!

Wenn der Blues dich erst einmal gepackt hat, lässt er dich ein Leben lang nicht wieder los. Das mitreißende Lebensgefühl dieser aufregenden Musik ist die Grundlage der heutigen Rock- und Popmusik.
Peter Bursch zeigt dir die wichtigsten Spieltechniken und Geheimnisse der Bluesgitarre von Null an und so einfach wie möglich. Alle Beispiele, Songs und Übungen sind deshalb in Tabulatur-Schreibweise aufgeschrieben. Du musst also nicht Notenlesen können. Du lernst die typischen Blues-Akkorde, Blues-Anschlagstechniken, Turnarounds, die Blues-Tonleiter und deine ersten Blues-Soli. Auch die fantastische Bottleneck-Spielweise wird mit einem tollen Song ausführlich erklärt. Mit vielen bekannten Songs von Robert Johnson, Leadbelly, Muddy Waters.
Außerdem Blues-Klassiker, die viele berühmte Musiker und Bands wie z. B. Eric Clapton, Joe Cocker, Cream, Aerosmith, Jeff Beck und Johnny Winter auf ihren Konzerten spielen.
Durch spannende Geschichten rund um den Blues wird es dir niemals langweilig.
Alle Songs und Übungen sind auf der beiliegenden CD (auch als **Download**) so von mir aufgenommen, dass du sofort mitspielen kannst. Bei den Online-Videos siehst du mir beim Spielen genau zu – so bleibt keine Frage offen!

DIN A4, farbig, 152 Seiten, mit CD und **Online-Videos** (ca. 56 Min.)
ISBN: 978-3-8024-0770-3

Peter Bursch's

Kinder-Ukulelenbuch

Mit viel Spaß von Anfang an!

Mit diesem Buch macht das Ukulele spielen erst richtig Spaß! Vom Stimmen und einfachen Übungen bis zu den Liedern erklärt dir Peter Bursch alles kinderleicht und Schritt für Schritt. Schon nach wenigen Minuten spielst du dein erstes Lied – ganz ohne Notenquälerei!
Für alle Lieder und Übungen gibt es Audio- und Videotracks, so dass du direkt mitspielen kannst. Leichter geht's nicht!
Und falls du noch keine Ukulele hast, kannst du dir die Tipps zum Kauf einer Ukulele durchlesen. Am Schluss gibt es noch eine Zusammenstellung aller Griffe, die du schon in diesem Buch gelernt hast.
Für Kinder, Eltern, Omas, Opas und Pädagogen von 0–99 Jahren!
Peter hat speziell für dieses Buch viele Videos und Audio-Tracks aufgenommen, die du ganz einfach per QR-Code auf deinem Handy, Tablet oder Computer im YouTube-Kanal des Voggenreiter Verlags ansehen kannst – so kommt Peter Bursch als dein persönlicher Ukulelenlehrer zu dir nach Hause.
Für Ukulele in C-Stimmung.

DIN A4, Hardcover, farbig, 120 Seiten, **mit Audio-Download**
ISBN 978-3-8024-1107-6

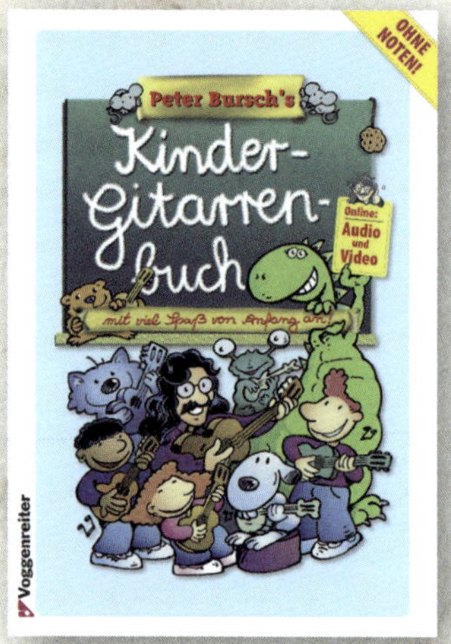

Peter Bursch's

Kinder-Gitarrenbuch

Hier lernst du kinderleicht Gitarre spielen – ab 6 Jahren!
Der Verzicht auf das Notenlesen, die spielerische Umsetzung des Lehrstoffes und nicht zuletzt die schöne Liedauswahl zeichnen Peter Bursch's Kinder-Gitarrenbuch aus und sorgen für viel Spaß! Dieses Buch ist auch für alle Eltern, Omas, Opas und Pädagogen, die gerne mit ihren Kindern, Enkelkindern oder Schülern Musik machen wollen.
Peter hat speziell für dieses Buch viele Videos und Audio-Tracks aufgenommen, die du ganz einfach per QR-Code auf deinem Handy, Tablet oder Computer im YouTube-Kanal des Voggenreiter Verlags ansehen kannst – so kommt Peter Bursch als dein persönlicher Gitarrenlehrer zu dir nach Hause.

DIN A4, Hardcover, farbig, 112 Seiten, mit Audio-Download
ISBN: 978-3-8024-0304-0

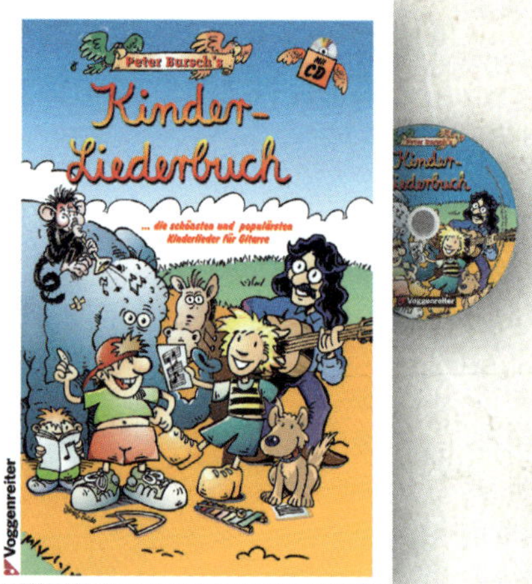

Peter Bursch's

Kinder-Liederbuch

Das Songbuch für junge Gitarristen!

Hier finden kleine Gitarristen eine ausgesuchte und bunte Liedauswahl von Fernsehserien-Melodien, Kinderliedern und Rolf-Zuckowski-Hits. Zu jedem Lied erklärt Peter Bursch für Kinder leicht verständlich die entsprechenden Gitarren-Spieltechniken. Lustige Geschichten und Bilder sorgen dabei für Spaß und Abwechslung. Für alle, die gerne mit Kindern Gitarre spielen und singen wollen! Mit Noten und Tabulatur.

DIN A4, Hardcover, 176 Seiten, mit CD
ISBN: 978-3-8024-0387-3

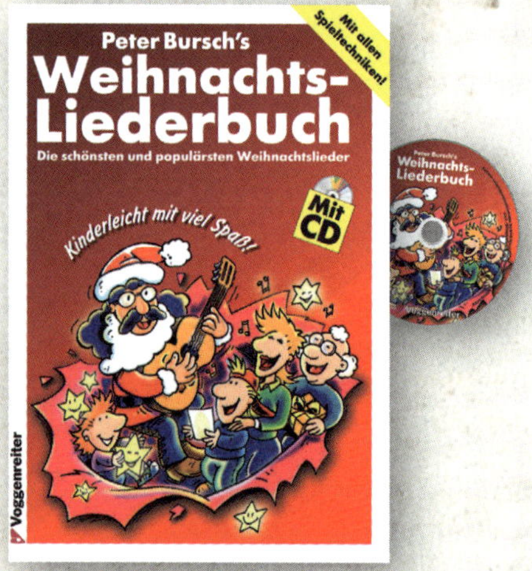

Peter Bursch's

Weihnachts-Liederbuch

Mit der Gitarre unter den Weihnachtsbaum!
Peter Bursch hat mit seinen Bearbeitungen von bekannten Weihnachtsliedern für die Gitarre ein Gitarrenliederbuch zusammengestellt, das wortwörtlich für frohe Weihnachten sorgt. Wie immer mit allen Griffen und Gitarrenspieltechniken.
Als Besonderheit gibt es zu jedem Lied eine sehr leichte Anschlag- und Zupftechnik. Auch wenn einige Melodien nicht so bekannt sind – oder die hier erklärten Spieltechniken vertieft werden sollen – hilft die beiliegende CD mit über 60 Titeln weiter. Hier spielt Peter Bursch alles so langsam wie möglich vor, so dass ein direktes Mitspielen möglich ist. So steht dem Gitarrenspaß unterm Christbaum nichts mehr im Wege!

DIN A4, 168 Seiten, mit CD
ISBN: 978-3-8024-0303-3

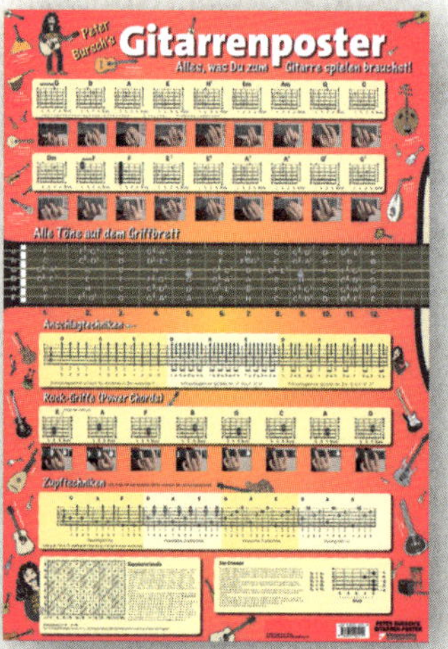

Peter Bursch

Peter Bursch's Gitarrenposter

Hier hat Peter Bursch alles zusammengestellt, was der Gitarren-Anfänger braucht: Die wichtigsten Akkorde mit Grafik und Foto; alle Töne auf dem Griffbrett der Gitarre; die grundlegenden Anschlagtechniken; Power Chords; Zupftechniken; eine Kapodastertabelle zum Transponieren der Töne und eine Übersicht zum Stimmen der Gitarre.

DIN A1, plano/gerollt
ISBN: 978-3-8024-0511-2

Sevilla

Konzertgitarren

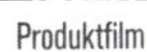

Produktfilm

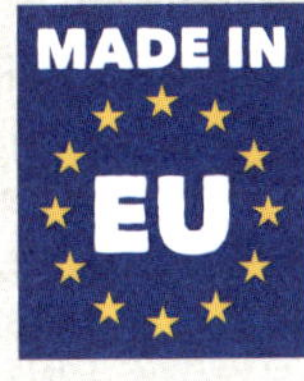

Die idealen Einsteigerinstrumente!

Die Konzert-Gitarren Sevilla KG-6000.

Konzipiert und bestens für Gitarren-Schüler geeignet. Die neuen Modelle gibt es in den gängigen Größen ½ , ¾, 7/8 und 4/4 und sind somit für alle Altersstufen geeignet. Diese neuen Konzert-Gitarren werden komplett in Europa gebaut! In einer traditionsreichen Manufaktur in der dritten Generation, die besonders großen Wert auf Nachhaltigkeit setzt.

Alle verwendeten Hölzer der Instrumente sind schonend getrocknet. Massive Fichte oder Zeder für die Decken, Nussbaum für Zargen und Boden. Die Gitarren mit ihren massiven Decken überzeugen durch ihren hervorragenden Klang und die leichte Bespielbarkeit. Optisch sind sie eine Augenweide. Alle Instrumente sind vom Werk aus mit **D'Addario-Saiten XS** bestückt.
In diesem Preissegment sind sie nahezu konkurrenzlos.

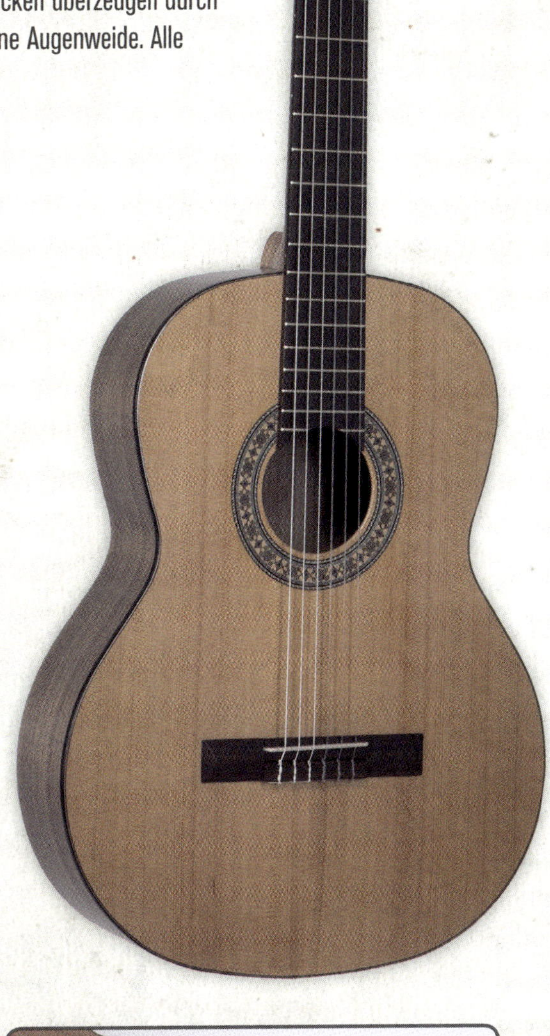

KG-6000

- Decke: Zeder, massiv
- Boden & Zargen. Nussbaum
- Hals: Mahagoni
- Griffbrett & Steg: Palisander
- Offene Mechaniken mit schlichten perlmuttfarbenen Knöpfen
- Bundstäbchen: Neusilber, seitliche Bundmarkierung
- **Besaitet mit D'Addario XS**

hochglänzend

ab 8 Jahre

Größe: 7/8
Lackierung: hochglänzend
- 620 mm Mensur
- 50 mm Sattelbreite

EAN: 42-502583-1263-9
€ 399,-

ab 10 Jahre

Größe: 4/4
Lackierung: hochglänzend
- 650 mm Mensur
- 52 mm Sattelbreite

EAN: 42-502583-1264-6
€ 399,-

ab 10 Jahre

Größe: 4/4
Lackierung: hochglänzend
- 650 mm Mensur
- 52 mm Sattelbreite
- **Soundport**

EAN: 42-502583-1381-0
€ 419,-

offenporig

ab 6 Jahre

Größe: 1/2
Lackierung: offenporig
- 530 mm Mensur
- 46 mm Sattelbreite

EAN: 42-502583-1265-3
€ 369,-

ab 8 Jahre

Größe: 3/4
Lackierung: offenporig
- 580 mm Mensur
- 48 mm Sattelbreite

EAN: 42-502583-1266-0
€ 369,-

ab 8 Jahre

Größe: 7/8
Lackierung: offenporig
- 620 mm Mensur
- 50 mm Sattelbreite

EAN: 42-502583-1267-7
€ 369,-

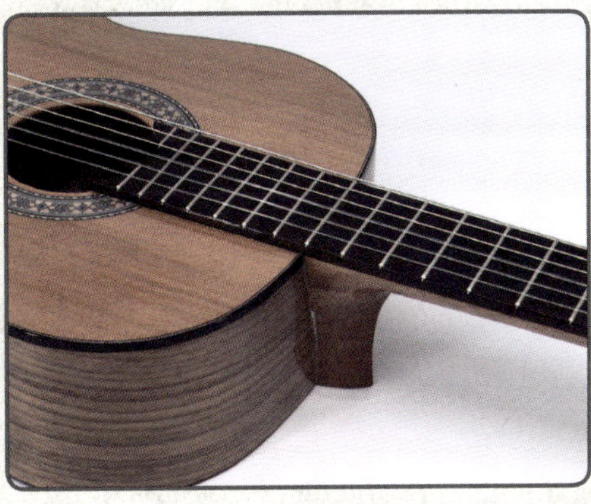

ab 10 Jahre

Größe: 4/4
Lackierung: offenporig
- 650 mm Mensur
- 52 mm Sattelbreite

EAN: 42-502583-1268-4
€ 369,-

ab 10 Jahre

Größe: 4/4
Lackierung: offenporig
- 650 mm Mensur
- **48 mm Sattelbreite**

EAN: 42-502583-1270-7
€ 369,-

ab 10 Jahre

Größe: 4/4
Lackierung: offenporig
- 650 mm Mensur
- **48 mm Sattelbreite**
- **Soundport**

EAN: 42-502583-1382-7
€ 389,-

VOLT CLIP-TUNER RCT-5000

Dieser Clip-Tuner hat eine ganz spezielle Eigenschaft: die integrierte Batterie lässt sich über USB aufladen – **nie wieder Batterien wechseln**! Einfach den USB-Anschluss des Clip-Tuners mit einem ladefähigen USB-Gerät verbinden und frischen Strom für bis zu 10 Stunden hemmungsloses Stimmen tanken!
Der Clip-Tuner wird einfach an die Kopfplatte oder eine ähnliche Stelle des Instruments geklemmt, ist um 360° drehbar und ermöglicht das perfekte Stimmen auch in lauter Umgebung. Das eingebaute Kontaktmikrophon reagiert nur auf die Schwingungen des Instruments, nicht auf Umgebungsgeräusche und das große Display mit hohem Farbkontrast ermöglicht das bequeme Stimmen auch bei schlechter Beleuchtung. Der integrierte Schutzschalter schaltet das Stimmgerät bei Nichtbenutzung zur Verlängerung der Batterie-Lebensdauer automatisch ab.

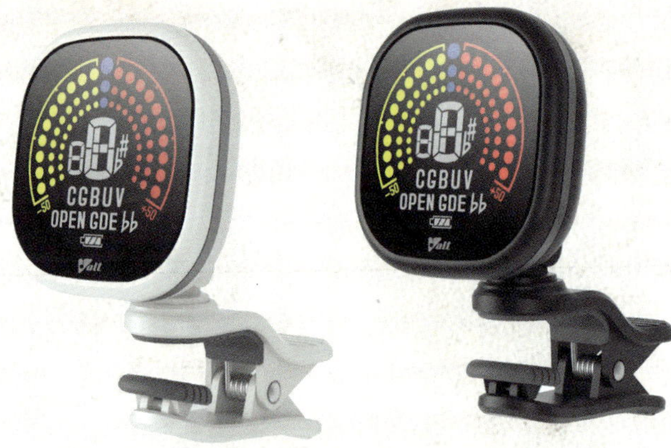

Modi: Chromatisch, Gitarre, Bass, Ukulele, Bariton, Violine

Farbe: weiß
Inkl. USB-Ladekabel
EAN: 42-502583-1196-0
€ 24,95

Farbe: schwarz
Inkl. USB-Ladekabel
EAN: 42-502583-1204-2
€ 24,95

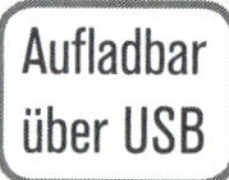

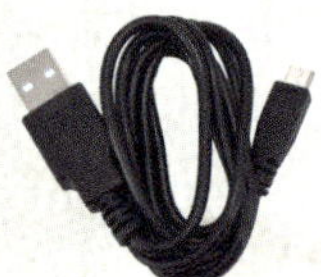

Produktfilm

VOLT UKULELE „TEXAS“

Diese Ukulele mit der Optik einer Western-Gitarre ist ein echter Hingucker! Perlmutt-Einfassungen am Korpus und Schallloch unterstreichen die edle Optik. Die durchbrochene Kopfplatte im Stil von Konzert-Gitarren und alten US-Klassikern ist bei Ukulelen eine Seltenheit und sorgt für einen ausgewogenen Grundsound. Der kräftige und sonore Ton basiert auf der Kombination der verarbeiteten Hölzer und der exzellenten Verarbeitung. Die gute Saitenlage, stimmstabile Mechaniken und eine saubere Intonation machen das Spielen zum Vergnügen. Besaitet mit hochwertigen Aquila-Saiten. Erhältlich in den Größen Soprano, Concerto und Tenor.

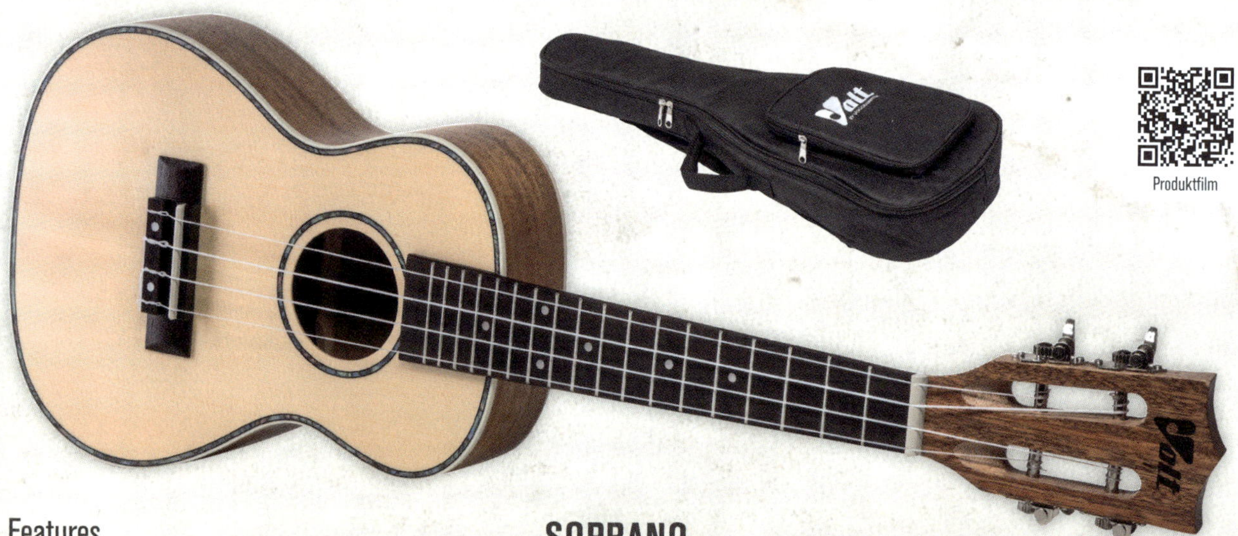

Produktfilm

Features

- Decke: Fichte, massiv
- Boden und Zargen: Mahagoni
- Hals: Okoumé
- Griffbrett und Steg: Palisander
- Leichtgängige stimmstabile Mechaniken, verkapselt
- Gurtknöpfe für ermüdungsfreies Spiel im Stehen
- Hochwertige gefütterte Tasche mit Zubehör-Fach und Rucksackfunktion
- Besaitet mit Aguila Markensaiten

Das Model EQ enthält außerdem einen integrierten Tonabnehmer mit Tuner und 3-Band-Equalizer (inkl. Batterien).

SOPRANO

Gesamtlänge: ca. 540 mm
EAN: 42-502583-1214-1, € 119,-

CONCERTO

Gesamtlänge: ca. 610 mm
EAN: 42-502583-1218-9, € 129,-

CONCERTO EQ

Gesamtlänge: ca. 610 mm
EAN: 42-502583-1272-1, € 159,-

TENOR

Gesamtlänge: ca. 660 mm
EAN: 42-502583-1219-6, € 139,-

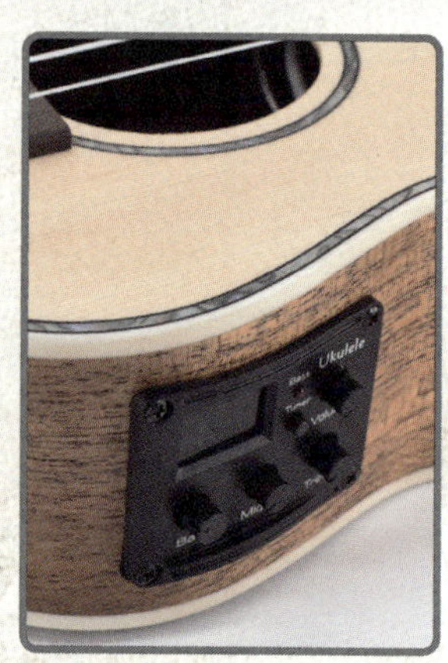

VERZEICHNIS DER VIDEOS

Die beiden Bonus-Tracks (41 und 42) findest du bei YouTube mit diesen QR-Codes.

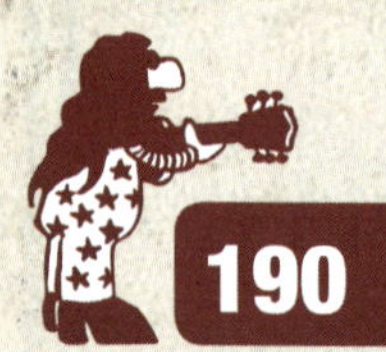

VERZEICHNIS DER AUDIOTRACKS

Du kannst dir die Audiotracks zu diesem Buch (im MP3-Format) ganz einfach auf dein Smartphone, dein Tablet oder deinen Computer laden. Scanne dafür einfach den QR-Code rechts und entpacke die heruntergeladene Datei mit einem Doppelklick.

MP3